U0633596

2017年度浙江省社科联省级社会科学学术著作出版资金资助出版（编号：2017CBZ14）

当代浙江学术文库

DANGDAI ZHEJIANG XUESHU WENKU

新闻网站平台化转型与发展研究

门书均 著

中国社会科学出版社

图书在版编目（CIP）数据

新闻网站平台化转型与发展研究／门书均著 . —北京：
中国社会科学出版社，2023.5
（当代浙江学术文库）
ISBN 978 - 7 - 5227 - 1823 - 1

Ⅰ.①新… Ⅱ.①门… Ⅲ.①新闻—网站—研究 Ⅳ.①G206.2

中国国家版本馆 CIP 数据核字（2023）第 069594 号

出 版 人	赵剑英
责任编辑	田　文
责任校对	杨沙沙
责任印制	王　超

出　　版	中国社会科学出版社
社　　址	北京鼓楼西大街甲 158 号
邮　　编	100720
网　　址	http://www.csspw.cn
发 行 部	010 - 84083685
门 市 部	010 - 84029450
经　　销	新华书店及其他书店

印　　刷	北京君升印刷有限公司
装　　订	廊坊市广阳区广增装订厂
版　　次	2023 年 5 月第 1 版
印　　次	2023 年 5 月第 1 次印刷

开　　本	710×1000　1/16
印　　张	13.5
插　　页	2
字　　数	228 千字
定　　价	75.00 元

凡购买中国社会科学出版社图书，如有质量问题请与本社营销中心联系调换
电话：010 - 84083683
版权所有　侵权必究

目　　录

第 一 章
导 论

第一节 研究的缘起与选题意义

关注新闻网站经营与管理的转型与发展肇始于"报业数字化生存与转型研究"课题①的启迪,通过参与该课题并深入探索了当前报业经营与管理的核心问题。该课题以数字技术背景为起点,重点考量了数字化背景下报业的生存形态和产业形态的问题,并聚焦于中国报业数字化所面临的重大问题上。课题中提出了报业数字化生存形态的具体设想,深入剖析了手机报、报纸网络版、网络视频等报网终端融合的数字化生存形态,并指出报业网络化生存的终极形态应当是数据库生存,中国报业应实施基于个性化、特色化、专业化的内容生产和数据库生存。

网络经济呈现出大数据、移动化和全球化的发展态势,网络媒体、社交媒体、搜索引擎,甚至是电子商务网站都演变成为综合信息服务平台、交易平台和广告发布平台,而传统媒体的网络化、数字化转型与全媒体运营则还处于不断探索与尝试的阶段,尚无成功案例可以借鉴。传统的广告业务不断被上述媒体所侵袭与蚕食,造成报纸媒体广告客户流失,用户规模不断萎缩,广告收入逐年下降。尤其是在移动互联网时代,用户信息消费方式呈现出了移动化、社交化与碎片化的趋势,而传统媒体尚不具备追踪用户消费习惯并深度挖掘用户数据的能力,因此无法提供满足不同网络用户需求的个性化信息服务产品,也缺少能让用户快速进入网络的"入口"以及能够绑定用户并提升用户忠诚度的核心产品,这些因素都直接或间接地促使传统报媒不断走向衰退与消亡。

---

① 冉华、张金海、程明、李小曼:《报业数字化生存与转型研究——基于产业发展的视角》,武汉大学出版社 2010 年版,第 7 页。

"这是一个最好的时代，也是一个最坏的时代"，英国查尔斯·狄更斯（Charles Dickens）的这句名言是对传统媒体生存困惑的最好注解。

是生存还是消亡？全球传统媒体面临着共同的生存问题与竞争挑战。

一　新媒体的扩张与传统报纸媒体的衰亡

皮尤研究中心发布的 2010—2013 年新闻业年度报告（State of the News Media）显示：美国传统媒体在 20 世纪末以大报为龙头，在资本市场通过兼并重组等方式实现了跨媒体化、公司化、集团化、全球化的发展战略。而始于 2005 年的"报业寒流"则让整个西方报业扩张态势分崩离析，从而采取了收缩战略。从 2005 年到 2013 年，美国有三百多家纸媒宣布停刊，上千家报社推出网络版报纸以寻求改变，美国报业整体萎缩了28.4%。这不是西方报业的简单个案，而是全行业的普遍衰退与消亡，也意味着新媒体技术正在全方位地挑战传统报纸媒体原有的生存模式。伴随着新闻巨头瘦身、倒闭与变卖的则是 Facebook（脸书）、Twitter（推特）、Google（谷歌）与 YouTube（优兔）的爆发式增长，全球有近 20 亿人手持各类即时发布工具在社交媒体平台上浏览、发布和分享着各种新闻，传统媒体在用户眼里则显得无足轻重。新媒体的快速扩张必然以侵占传统媒体固有的市场份额为前提，传统报纸媒体的衰亡则是媒介市场竞争的必然结果。

1. 报纸媒体广告收入递减与新媒体广告收入递增

美国报业协会（NAA）2003—2010 年的统计数据显示，2005 年起美国报业广告收入（印刷广告＋线上广告）开始持续性走低，虽然线上广告在不断增长，但是也难掩报业衰退的事实。

2013 年美国报纸行业收入下降了 2.6%，总收入 376 亿美元。其中发行收入 109 亿美元，增长了 3.7%，连续 2 年实现增长，但是发行收入的增长未能弥补印刷广告需求的萎缩。广告收入 236 亿美元，下降了6.5%。其中印刷广告收入 173 亿美元，下降了 8.6%；数字广告收入34.2 亿美元，增长了 1.5%。发行和广告以外的业务带来营收 31.5 亿美元，增长了 5%。

从 1956 年到 2007 年美国报业来自发行的收入要比来自广告的收入下降得更为迅速。

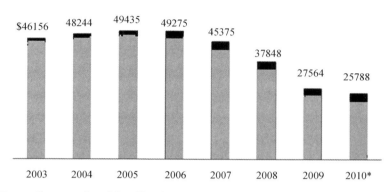

图 1 - 1　2003—2010 年美国报业印刷广告与线上广告收入图（单位：百万美元）

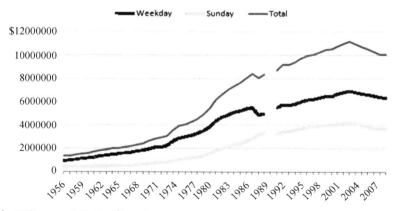

图 1 - 2　1956—2007 年美国报业发行收入图（单位：千美元）

美国报业印刷广告的传统优势——分类广告，自2000年以来大约下滑了70%，在2004年到2006年期间虽然出现小幅上升，但随后便快速下滑。传统报媒在与新媒体的竞争中一直处于劣势地位，网络媒体的持续冲击与蚕食直接导致了传统报媒分类广告收入的不断衰减。

2. 传统报媒发行量下降

经济合作与发展组织（OECD）的研究显示，全球报纸发行量自2007年开始便停止增长，2008年更是出现下降趋势。英国报纸2007年至2009年两年间下降了25%，北美报业发行量下降最为明显，2008年下降了14%，2009年下降了18%，而美国报业发行量则下降了30%，每日报纸发行量跌至4100万份。在OECD中有2/3的成员国面临着报纸发行量下降的问题。

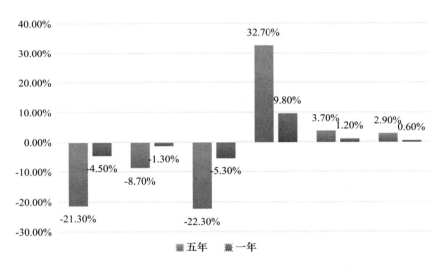

图1-4 2010-2014年全球报业每日报纸发行量增长率

Source：World Press Trends database and WPT analysis.

世界报业协会在世界报业趋势报告中指出，2010年全球报纸总发行量减少了900万份，降幅为2%，全年报纸总发行量为5.19亿份，并指出报纸拥有23亿读者。数字报纸所增加的读者数虽然可以弥补报纸印量减少而失去的读者数，但是数字报纸的线上广告并不足以弥补报纸广告收入的大幅下降。

3. 报业用户消费方式的转变

皮尤研究中心的调查显示，美国民众对新闻的消费习惯和内容选择正在发生改变，他们把对新闻的需求从传统媒体转移到网络媒体。31%的美国成年人已经停止阅读一份纸质媒体，或不再收看某一电视频道，原因很简单，就是这些媒体已经不能给他们提供有价值的新闻。而社交媒体则成为重要的新闻发布渠道，大量传统媒体只有借助社交媒体与搜索引擎才能够覆盖广大的网络用户群体，而社交媒体也把新闻作为其增加用户兴趣内容、提升自身广告业务的一种途径。

新闻成为用户社交平台所使用的社交工具、在线游戏、网络小说、电子商务等信息服务的组成部分，新闻在用户网络应用中显得并不是那么重要。有数据显示，Facebook 作为全球最大的社交网络，有 64%的美国成年人每月访问该网站，其中有 30%通过 Facebook 获取新闻，使 Facebook 成为美国第一大新闻阅读网站。用户自觉登陆社交网站并花费大量时间在其平台上浏览、发布与分享相关信息与服务，但他们不是选择新闻网站作为网络入口，只是在使用社交网络平台时顺便消费新闻而已。

皮尤研究中心的数据显示，YouTube 是美国使用量仅次于 Facebook 的第二大社交网络平台，有 51%的美国人会使用 YouTube。但是因为该平台以视频内容为主，所以大约有 10%的美国成年人通过 YouTube 获取新闻资讯。同时虽然只有 16%的美国成年人每月使用 Twitter，其使用人数相比 Facebook 与 YouTube 较少，但近年来其对新闻传播速度的影响巨大，有 8%的美国成年人通过其获取资讯。Google + 位列第四，有 4%的美国成年人用其获取新闻。但是由于 Google 收购了 YouTube 并强力推广其用户绑定 Google + 和 YouTube 账号，未来二者形成合力在在线新闻领域将会占据更大的市场份额。还有一个较小众的社交网站 Reddit（红迪网），虽然只有 3%的美国成年人使用该网站，但是也有 2%的美国成年人在上面浏览新闻。

社交平台与搜索引擎成了网络用户阅读新闻的重要渠道，而传统媒体的新闻网站则少有人光顾，甚至很多用户在阅读新闻时也很少关注新闻来源于哪家传统媒体。报业用户的消费方式逐渐呈现出社交化、移动化、碎片化的趋势，而传统报媒并没有及时跟上网络用户的实际需求，因而不断被新媒体边缘化。

二 数字化浪潮与新商业模式的再造

"一切能够数字化的都将被数字化，印刷也不例外"，正如数码之父、兰达公司董事长班尼·兰达所言，随着传统互联网和移动互联网加速改变社会各领域的生态环境，传统媒体在数字化浪潮中面临着生存与转型的压力。

互联网媒体对传统报媒的直接影响就是导致其出现难以抑制的下滑趋势，报业市场广告收入及用纸量都在下降。包括传统纸媒、广电和互联网在内的所有媒体中，只有移动端的用户黏性在增长。传统纸媒和新闻网站原有的"内容＋广告"的商业模式受到了来自新媒体的挑战，无论是内容、渠道、用户、服务，还是商业模式都发生了颠覆性的转变。

传统报媒通过报网互动和报网融合，创办新闻网站和新闻移动客户端、微博和微信平台，但是互联网只成就了互联网创业团队和商业网站，却没有成就传统媒体。数字世界不是简单地在老的商业模式上开发新的业务增量，而是破除旧的商业模式，再造新的商业模式和服务。传统互联网和移动互联网的发展，颠覆了传统的内容生产方式与传播方式。网络用户借助社会化媒体，利用众包模式和自媒体模式进行信息内容的生产与传播，改变和打破了传统媒体生产社会新闻的采编流程。大多数传统报媒的内容优势已不再，传统的内容一次销售和二次销售的赢利模式也随着经济从粗放型向集约化转变而发生改变，传统媒体的单向传播方式在新媒体的互动传播方式面前不堪一击。以往传统报媒是整个社会公共信息传播的主渠道，但是互联网让新闻、商业信息还有其他信息的传播、流通都有了更多的选项与体验，用户获得信息的渠道不断增加与多样化。传统报媒无论是在内容领域，还是在渠道方面都已经丧失了原有的优势。

传统报媒原有的读者不断地流向新媒体，虽然报媒也在尝试利用各种渠道传播自己生产的内容，利用新技术和新渠道让报媒重新焕发青春，但是，就目前而言，报媒聚集用户的营销手段、内容资源、资本实力等都不能完成汇聚海量用户的目标。

网络彻底颠覆了传统媒体的商业模式，但是新商业模式也在被创造。传统媒体从主要依赖广告的单一收入模式转向更加多元化的收入模式，依靠付费订阅、个性化定制、电子商务分成以及公益捐赠等模式向版面外的收益拓展，利用报媒的影响力和公信力实现商业化的转型。阳狮锐奇根据对全球传统媒体的观察和判断，提出了传统纸媒数字化转型的四种模式：付费墙模式、赫芬顿邮报模式、电子商务模式和社区服务模式。

付费墙模式是纽约时报和华尔街日报收费阅读的模式，它是通过寻找热门话题，然后邀请全球写手对这个话题或新闻进行深入报道，通过内容集聚流量实现广告变现的模式。目前，中国用户已经习惯了免费阅读的互联网文化，改变用户信息内容的消费习惯是很难的；中国大量媒体基于传媒体制和新闻行业政策体制，主要以大众资讯传播为主，还达不到纽约时报和华尔街日报提供的高端、有深度的阅读体验；网络用户一旦遇到媒体收费阅读的情形就会大量流失并选择其他免费的新闻聚合平台。因此，付费墙模式在中国是行不通的，也不符合互联网企业在多边市场中针对用户较多一边的补贴或免费策略。

赫芬顿邮报模式是美国新兴的网络阅读方式，是基于共有媒体建立"分布式"的新闻发掘方式和以 Web2.0 为基础的社区化新闻交流模式，集数字技术、制作者、销售者、消费者为一体消解传统信息中介的媒体系统。用户能够参与到公共领域中进行个人表达与公共讨论，发掘新闻并形成舆论的合力，从而改变传统媒体常有的信息垄断和单向传播的弊端。但赫芬顿邮报在内容版权、媒体权威性和个性化服务方面还存在着一些问题，比如，个人定制会导致群体去中心化等问题。在中国现有的媒体政策环境下做共有媒体的新闻发布是不现实的，互联网作为媒体的主要舆论阵地，政府会更加关注并进行适度管理。所以，赫芬顿邮报模式在中国也是行不通的。

电子商务模式指的是媒体基于自身的优势与特质，创新媒体，延伸拓展电子商务业务。社区服务模式指的是媒体进一步向下延伸，拓展社区养老、配送等服务。对于这两种模式，目前有很多传统报媒基于新闻网站平台在做一些尝试。

随着传统媒体的数字化转型与商业模式的再造，中国媒体融合的"大分化"过程在加速，以服务为核心，以用户间的关系为传播机制，以互动为生产动力，以新闻＋服务有机融合的新商业模式，以平台和生态圈的互联网生存模式，形成了新的产业平台和生态圈。

传统媒体将建立以用户为核心、以产品为导向的人才配置，从人事管理模式转向人力资源运营模式，整合内容、技术、运营和数据分析等资源，形成以产品和项目为中心的、更加灵活的组织形式。打造以内容生产、整合传播与即时反馈于一体的"同步—闭环"模式，用内容做流量入口，通过社群运营用户，以用户数据库为核心，向用户提供个性化定制的多终端分发服务，再用服务变现。

在移动互联时代，新商业模式的重塑与再造将基于数据驱动和用户数据库来架构传媒运营的平台型媒体公司，平台型媒体公司和细分媒体将主导未来的媒体产业市场。在新闻内容越来越同质化的背景下，平台型媒体公司必须通过扩大用户规模来实现全国化和全球化，细分媒体则需要基于社区服务和实时互动从当地小规模用户群中寻找新的盈利方式。新生代将重构整个传媒新世界，图像、视频和游戏将在未来十年的媒体产业中占据更重要的地位，在网络平台上将出现平台型超级媒体，国内市场的大数据媒体集团能够在市场竞争中生存下来的将不会超过 10 家。

三　选题的意义

在过去的二十年里，中国政府拥有丰富的传播手段和广阔的受众市场，但是其影响力、渗透力和公信力却始终有限。媒体缺乏一个有效整合信息和汇聚意见的机制，而用户也缺乏一个有效表达民意的平台，媒体与用户之间无法有效沟通信息、汇聚意见，很难形成凝聚力与社会共识。

在以"互联网思维"推动媒体变革与转型的时代背景下，新闻网站作为互联网资讯发布平台与网络舆论引导平台将改变以往传统媒体的传播模式和产业模式，以用户体验为中心颠覆性重构互联网用户平台，聚合用户规模以实现增量拓展，增强用户使用平台的黏性，提升新闻网站的平台容量与体量，创新平台型企业的运营模式，构建多方共赢的平台生态圈。

1. 新闻网站平台化转型提升影响力与公信力的战略意义

通过解读中央出台的《关于推动传统媒体和新兴媒体融合发展的指导意见》可以发现：互联网不仅是工具和渠道，更是一种改变世界的新结构方式。传统媒体需要了解市场需求，洞察传媒变迁，它不仅需要自我改良，更需要进行改革，以"互联网思维"重新整合媒体资源，构建传媒规模和传播实力，对内实现民众心情舒畅的民意表达，形成社会共识，对外让世界了解中国，提升中国的软实力。

习近平主席强调，要遵循新闻传播规律和新兴媒体的发展规律，强化互联网思维，坚持传统媒体和新兴媒体优势互补、一体发展，坚持以先进技术为支撑、内容建设为根本，推动传统媒体和新兴媒体在内容、渠道、平台、经营、管理等方面的深度融合，着力打造一批形态多样、手段先进、具有竞争力的新型主流媒体，建成几家拥有强大实力和传播力、公信力、影响力的新型媒体集团，形成立体多样、融合发展的现代传播体系。

互联网竞争是寡头竞争，互联网时代传统媒体在技术方面没有任何竞争优势，单纯的网站与新闻客户端也很难获得海量的用户群体。对于新闻网站，尤其是全国性新闻网站和地方重点新闻网站，需要真正运用互联网思维颠覆以往的传播逻辑和产业逻辑，利用优质的资讯服务、敏锐的用户洞察和精准的数据分析，来构建拥有海量用户的用户聚合平台和多方共赢的平台生态圈。喻国明认为，未来网站和传统媒体的合并将成为必然，新闻网站与互联网公司紧密结合才是互联网时代下新的资源配置方式。新闻网站以互联网思维融合内容、渠道、平台、经营和管理等领域，形成3—5家形态多样、手段先进、具有竞争力的新型主流平台型媒体企业，凸显拥有强大实力的主流传播平台的传播力、公信力和影响力，实现在网络舆情监测、网络舆论引导和资讯信息服务等领域的国家战略。

2. 新闻网站平台化转型的理论意义

新闻网站基于互联网思维进行平台化转型，其理论意义体现在以下三个方面。

首先，新闻网站颠覆性重构以用户聚合平台为中心的传播逻辑与产业逻辑，通过用户的平台黏性提升新闻网站的平台体量与容量。平台型企业在互联网时代将秉承互联网生存法则：社区法则、品质法则、跨界法则和集成法则。社区法则一改传统媒体过于强调媒体属性而忽视用户体验与关系维护的做法，重点强调新媒体时代以用户体验为中心的关系属性。通过互联网思维考虑如何用流量吸引用户并把用户黏在媒体平台上，通过文化内容的认同把流量沉淀下来，通过资讯服务借助商业活动发挥其交易属性，把内容流量的价值变现。品质法则是产品法则的"极端化"，指新闻网站需以极致精神给用户提供高品质的产品和服务，从而提升内容与社区的商业价值。跨界法则是指新闻网站通过媒体为前导做资本的跨界平台，实现传统文化产业的变现。集成法则是指新闻网站通过经营平台用户群，并基于社区对用户进行深入挖掘，以形成产业闭环。互联网四大生存法则的核心就是用户聚合平台，新闻网站应以互联网生存法则构建用户聚合平台，并转换传播逻辑与产业逻辑。

其次，新闻网站通过破坏性创新构建以多边市场为内核的平台业务模式与运营模式。网络平台经济的发展和影响涉及媒体、用户、产业、区域和国家的国际竞争力，对国家和区域的经济发展战略和产业政策调整提出了新的要求。网络平台经济正不断改变需求面的消费者行为和生活方式，也改变着供给面的企业组织和商业模式以及平台产业链的延伸与拓展。平台经济学主要研究网络时代与大数据时代由传统市场演化而成的平台组织及相关产业的基本经济现象和特征，是探讨平台组织形成、竞争、发展与演化规律，挖掘其商业模式应用与实践价值的一门学科。① 主要研究双边市场和多边市场形态，通过交叉外部性、交易成本、合约理论和长尾理论等，分析不同平台类型企业的发展模式、竞争机制、生存形态与商业模式，为平台经济的发展与实践提供一般性的理论指导与实践指南。新闻网站利用互联网思维和平台经济理论，以多边用户市场为基础构建平台，整合视频、音频和游戏等内容作为平台入口。所以说，构建新闻网站是基于资讯服务为核心的多平台业务模式和运营模式。

最后，基于平台话语权新闻网站构建多方共赢的平台生态圈。新闻网站应该通过巧妙掌控双边市场的互动，在提升双方优势的同时提高平台自身的价值，以用户增长引发网络效应，实现规模发展的正向循环，使用户市场规模转变为平台话语权。新闻网站在拥有平台话语权之后，召集和吸附更多的多边参与方共同打造多方共赢的平台生态圈。

3. 新闻网站平台化转型的现实意义

目前，新闻网站在体制机制、信息服务、融资渠道和平台运营等方面都存在着限制，导致核心战略摇摆不定、商业模式混沌、管理观念落后以及忽视人才战略。无论是其用户规模，还是网站的影响力和商业价值，都远远落后于商业网站。对于中央级新闻网站与地方重点新闻网站而言，要想成为新型主流媒体并拥有强大的传播力、影响力和公信力，则必须以互联网思维颠覆原有的核心战略、组织结构和经营模式。

第一，新闻网站平台化转型将加速新闻网站从体制内的桎梏走向体制

---

① 王玉梅、徐炳胜主编：《平台经济与上海的转型发展》，上海社会科学院出版社 2014 年版，第 27 页。

外的创新，在文化创意产业领域开拓多元化业务，在稳定存量空间的同时实现增量拓展。新闻网站应在不触犯原有的条条框框和利益关系的前提下，换取既得利益者对新闻网站平台化转型的支持，基于平台的开放性和无限延展性，在体制外的框架内实现增量拓展，最终实现传统媒体和新闻网站用户规模的扩大和媒体整体实力的增强。

第二，新闻网站平台化转型将促使新闻网站从"内容＋广告"的传统运营模式走向大数据时代的平台运营模式。大数据是社会经济的离散化结构和全息化重构，通过行业间海量数据的跨界融合实现行业内海量数据的深度挖掘。新闻网站需基于大数据平台生态圈，深度挖掘用户数据，构建平台商业模式。

第二节 基本概念的界定

一 网络外部性

1890 年，阿尔弗雷德·马歇尔（Marshall）在《经济学原理》中提出了外部经济和内部经济的概念，并讨论了二者在起因和作用上的差异。在此基础上，庇古（Pigou）于 1920 年在《福利经济学》中进一步系统研究了外部性问题，提出了"内部不经济"和"外部不经济"的概念，应用边际分析方法，提出边际社会净产值和边际私人净产值，最终形成了外部性理论。他的杰出贡献在于指出不仅在生产过程中会产生外部性，而且在消费过程中也会产生外部性。科斯在《社会成本问题》一文中认为外部性问题可以从整个社会总效应上来考虑，即只要产权是明晰的，私人之间的契约同样可以解决外部性问题，实现资源的最优配置。提勃尔·西托夫斯基（Tibor Scitovsky）于 1954 年在《外部经济的两个概念》[1] 一文中建构了厂商利润与外部性之间的函数关系，指出在做投资决策时厂商要考虑外部性对利润的影响，但是这种关系不是通过市场来产生的。对外部性理论的研究不断走向多层次、多方位、多角度，其内容与范畴也逐渐扩展到消费外部性、不稳定的外部性、外部性的内部化、公共产品的外部性等领域。

---

[1] Tibor Scitovsky, "Two Concepts of External Economies", *Journal of Political Economy*, Vol. 62, No. 2 (Apr., 1954), pp. 143 – 151.

Karz 和 Shapiro（1985）把网络外部性定义为："当一个用户消费（使用）一种产品所获得的效用随着使用该产品的用户人数增加而增加时，就存在网络外部性。"Tirole（1998）在《产业组织理论》中提出"当某产品对某消费者的效用随着采用相同产品或可兼容产品的消费者增加而增加时，就出现正的网络外部性"。Liebowitz 和 Margolis（1995）认为网络外部性是指"当采取相同行动的代理人数量增加时该行动产生的静价值增量"。

网络外部性不仅仅存在于有形网络中，许多无形网络同样表现出这一特征。比如软件—硬件范式，就是因为二者间的互补关系才形成了具有网络外部性的无形网络。网络不仅仅指节点和链路所构成的一种网状结构，更是指这种结构所表现出的正消费外部性特征，也就是大多数经济学家所公认的"正网络外部性"。

对于信息产品而言，人们生产与使用它们的目的就是更好地收集和交流信息，这种信息产品需求的满足程度与网络的规模相关。当网络中只有少数用户时，他们需要承担高昂的运营成本，而且能够与之交流信息和使用经验的用户也是有限的。用户数量的不断增加，将会改善之前的规模不经济情况，用户承担的成本将随之下降，同时信息和经验交流的范围也随之扩大，用户网络规模的不断扩大使所有用户都获得更大的价值。某种产品对一名用户的价值取决于使用该产品的其他用户的数量，这种情况在经济学中被称为网络外部性。

当网络外部性为正时，网络价值的增长大于网络规模的增长。网络外部性其实就是网络规模扩大过程中的一种规模经济。

网络外部性可分为直接网络外部性和间接网络外部性。直接网络外部性是指消费者需求之间的相互依赖性，使用一种产品的消费者可以直接增加使用同种产品的其他消费者的价值，消费者的消费对其他使用相同产品的消费者产生正的外部效应。而间接网络外部性是指由基础产品和辅助产品之间技术上的互补性而形成的某种虚拟网络而非物理网络而实现的外部性效应。这种互补性导致了产品需求上的相互依赖，而这种相互依赖性使基础产品与辅助产品之间无法单独为消费者或消费者群体带来效应。

平台的网络外部性是指一边用户的外部性是由同一边的用户数量和另一边的用户数量来决定的。平台中不同的产品面对的是不同的消费者群体，市场两边的相互作用会形成很强的互补性，而这种外部性则不会被终端用户内部化。Belleflamme 和 Toulemonde（2004）提出平台产业或双边市场的网络外部性也有正负之分，同边用户产生的是负的外部性，异边用户产生的是正的外部性。其实在平台产业中，同边用户和异边用户产生的网络外部性都有可能为正或为负，而且在一定的情况下还可以相互转化。比如，过载的网络新闻会造成用户边际效用递减，越多的信息被放在网络上，用户搜寻信息的时间成本就会不断上升，错误与虚假信息也就会增多，这都会使用户的边际效用递减，这种情况下，网络外部性递减甚至为负。

二 双边市场

双边市场理论无论是在国内还是在国外都还处于不断探索阶段，至今还没有获得一个明确的、统一的概念。

Rochet 和 Tirole（2004）首先提出用价格结构（Price Structure）[①] 非中性来判定双边市场或双边平台的原则，并试图从价格结构和网络外部性两个角度对双边市场进行界定，通过一个或多个平台让最终用户基于平台相互交易，且通过适当的向其中一边用户收费而将双边或多边用户维系在该平台。Rochet 和 Tirole（2005）重点强调平台企业对双边用户定价的非中性特征，他们对双边市场定义为"价格总水平不变，价格结构变动就会影响平台交易量的具有双边结构的市场"。在价格结构满足价格总水平约束的情况下，使得交易量最大的一对双边市场价格是唯一的，这样的市场才是双边市场。

Armstrong（2004）从间接网络外部性的角度，认为双边用户（最终用户）需要通过中间层或平台进行交易，而且一边用户加入平台的净效用取决于加入该平台的另一边用户的数量，并随其增长而增加，这样的市场称之为双边市场。

Wright（2004）认为，双边市场涉及两种或多种不同类型的用户，每一类用户通过使用共有平台与另一类用户发生交易而获得价值。

Reisinger（2004）认为，双边市场是指两种不同类型的用户，通过公共平台而发生相互作用的市场。

Roson（2004）认为，双边市场可定义为销售特殊服务，允许双边或

---

① 价格结构是指向平台的买方或卖方收取的总费用在二者之间的分配。

多边用户在第三方平台上发生相互作用的市场。

根据上述代表性的概念界定以及双边市场的产生可以知道，双边市场具有鲜明的结构特征：①存在一个双边或多边的平台结构。即平台运营商通过提供有形或无形的平台服务，为双边或多边用户提供一个可以发生交易或相互影响的平台。②不同类型的用户之间存在着显著的间接网络外部性。双边用户对平台需求存在互补性特征，即基于不同市场的用户基础产生的非功能性互补需求决定了市场需求的特殊性。这种双边用户间的需求互补性是产生间接网络外部性的主要原因。同时双边用户多平台接入行为是双边市场固有的本质特征。③平台企业定价时存在着价格结构非中性，即双边市场的价格总水平和价格结构都会影响到平台的交易量。

因此，具有间接网络外部性和需求互补特征的双边或多边异质用户通过一个或多个采用多产品定价方式的平台进行交易，且该平台对交易双方的价格结构具有敏感性，这个市场就是双边市场。

从双边用户的需求特征来分析，双边市场具有以下特征：双边用户需求互补特征、间接网络外部性特征和双边用户多平台接入特征。

在双边市场中，双边用户对于平台服务的需求存在着显著的互补性特征。在双边市场中，平台运营商同时向两个市场的消费者提供互补性产品，而这种互补性是一种非功能性的互补，是基于不同市场的用户安装基础而产生的。平台厂商的需求来自于双边市场的联合需求，缺少任一单边市场的需求，厂商的需求就很难形成。

间接网络外部性更关注双边市场用户之间的相互影响，这种相互影响能够给用户自身带来间接效应。间接网络外部性基于平台实现这种外部性的价值溢出，其强度差异也决定了双边市场中平台对双边定价结构的话语权，而这种差异使甲方用户增加对乙方用户所产生的贡献（间接网络外部性效应）可能会大于（或小于）乙方用户增加对甲方用户所产生的贡献。平台运营商就需要通过对不同的市场用户制定不同的价格来达成吸引双方参与平台交易的目标。

双边用户基于多样化需求而形成的多平台接入行为则是双边市场中经常会出现的状况。多平台接入特征是双边市场固有的本质特征，并不断影响着双边市场中平台运营商的定价行为、平台竞争和平台产品兼容性选择等结果。传统市场竞争中厂商满足消费者的排他性需求，而在双边市场中双边用户可能会出现非排他性需求而导致用户多平台接入的行为。由于平台产品或服务的不完全替代性和消费者偏好的差异，部分消费者会出现多重购买的行为，其根本动机就是尽可能多地享受另一边用户的规模带来的好处。Armstrong（2002）提出，相对于多平台接入的用户而言，只加入一个平台的用户对平台运营商来说则是在另一边市场上的瓶颈资源；或者对多平台接入的用户而言，平台运营商成为其完成与平台另一边的不同用户交易的唯一途径。

从供给特征分析，平台运营商通过同时运营两个相互依赖的需求且高度相关的市场来获得利润或者至少保持盈亏平衡，平台则作为连接和协调不同市场需求的主体来撮合双边用户之间的交易。双边市场中产品和服务的寄生特征决定了平台运营商始终需要围绕促进双边用户相互作用而行事，且平台提供的产品或服务不具有独立性。具有截然不同诉求的用户之间的互补性需求使得平台不能简单按照互补性多产品厂商那样行事，平台运营商必须协调双边用户产生的过度需求和不足需求，并通过价格、质量结构来影响市场需求并从中获益。平台运营商提供的产品或服务具有信息产品的特征，这种平台产品具有高固定成本与低边际成本的特点，平台产品提供给用户的数量越多，平均成本就越低，平台产品只要生产出来，便可以无限复制，几乎不受自然能力的限制。

三　平台经济

对于平台的学术定义，不同学科的学者给出了不同的界定，也赋予了平台不同研究视角和理论体系。在平台经济学的定义中，"平台实质上是一种交易空间或场所，可以存在于现实世界，也可以存在于虚拟网络空间，该空间引导或促进双方或多方客户之间的交易，并且通过收取恰当的费用而努力吸引交易各方使用该空间或场所，最终追求收益最大化"①。平台经济学就是研究平台之间的竞争与垄断情况，强调市场结构的作用，通过交易成本和合约理论，分析不同类型平台的发展模式与竞争机制，并提出相应政策建议的新经济学科。②

---

①　徐晋：《平台经济学：平台竞争的理论与实践》，上海交通大学出版社 2007 年版，第 1 页。

②　徐晋：《平台经济学：平台竞争的理论与实践》，上海交通大学出版社 2007 年版，第 1 页。

　　平台经济，就是两类及多类用户基于平台实现交换行为的双边或多边市场。其中，平台企业为客户提供专业化或差异化的服务，而两类及多类用户则通过这个平台服务发生交易或相互影响；不同类型的终端用户之间存在着显著的间接网络外部性，这种外部性效应可以通过平台服务有效实现；平台企业定价时存在着价格结构非中性，即不仅是双边市场的价格总水平，双边市场上的价格结构也会影响平台的交易量。[①]

　　简而言之，平台经济就是指平台能够为多个用户提供核心价值，并使平台内部与外部、平台外部与外部之间的互联成为可能，通过建构不同的客户群网络，以连接消费与供给的形式创造价值，最终实现用户规模与经济效益的网络效应和滚雪球效应。

　　究其本质，我们发现，平台最基本的构成元素都是以基本的双边模式搭建而成的。无论何种平台，或拥有多边群体的复杂的平台模式，即使是能够同时连接四五个不同边群体的平台，也都是基于双边模式构建的。如图1-5所示，在双边模式的基本架构中，双边群体通过平台联系在一起，平台就成为了连接供给与需求的中介渠道，进而引发更大规模的网络效应。

图1-5　双边市场模式基本架构

　　而多边模式则是指以双边模式为基础构建单位，连接起三个不同边的群体。多边模式大多是双边模式在其壮大的过程中再增加一边群体的模式。而对于媒体平台的多边模式而言，三边群体以循环的方式吸引彼此，任何一边都缺一不可，否则其商业模式就失去价值。如图1-6所示，报纸首先以专业性的新闻内容来吸引读者，而数量庞大的读者群体又会吸引广告商的关注，这就形成了"内容——使用者——广告"的三边模式。但是在这种三边模式中，三边群体间的核心引力是单向的，一旦该平台中某两个群体之间产生了跨边网络效应，就会造成第三边群体的消失，进而

[①]　陈宏民、胥莉：《双边市场：企业竞争环境的新视角》，上海人民出版社2007年版，第21页。

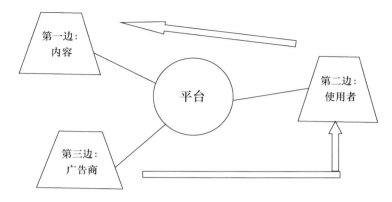

图1-6 媒体产业的三边模式基本架构

使该平台简化为双边模式。

第三节 国内外研究综述

一 国内外报业转型与新闻网站研究综述

(一) 国内外报业转型研究综述

任何一个问题的缘起都有其坚实的理论基础，通过梳理国内外传统报业的经营与发展过程发现，传统报业在新媒体时代、大数据时代和多平台时代的外在压力和报业经营长期衰退而导致的内在动力的双重诱因下迈向了艰难的转型之路。陈国权认为，报业转型是报业在面对其他产业的冲击之下，为了应对报纸的衰退趋势与危机，而变革自身运作模式、体制机制、理念思路的过程。① 报业是指以报纸作为主业的传媒产业，报业转型甚至有可能将报纸改为任何可持续发展的生存形态，比如电子商务、物流、印刷、地产、信息中介等单一生存形态或混合生存形态。同时，报业转型也是一个系统化和长期化的过程，不仅包括经营模式的转型和体制机制的转型，也包括人力资源的转型和经营理念的转型。

1. 报业转型的时代背景

第一，"报业消亡论"是报业转型的内在动力。早在1994年，美国未来学家迈克尔·克莱顿就将报纸称为"媒介恐龙"。1997年，报

---

① 陈国权：《什么是报业转型？》，《中国记者》2013年第6期。

业经济学家罗伯特·G. 皮卡德认为整个报纸行业印刷总量的下降预示着报纸正在走向死亡。① 美国学者菲利普·迈耶（2005）在《正在消失的报纸：拯救信息时代的新闻业》一书中指出，以互联网为主的新信息技术对公众时间的激烈争夺，导致了报纸读者的分流。迈耶通过分析传统报业向报业集团提供了一种走出困境的模型——影响力模型，提出新闻的质量与报纸的收入成正比，并探讨了利用报纸媒体社会影响力来提升商业价值的途径。迈耶指出，市场规模本身并不重要，可靠性可以改善发行量的稳健性。这种观点并没有考虑到互联网规模效应强大的影响力对报媒的冲击，只是就如何通过提高报业内容来提升报业商业价值进行了探讨。2005 年秋，日本每日新闻原总编辑歌川令三在《报纸消失的日子》一书中指出：日本报纸消失的日子是2030 年。②

对中国报业危机的研究发轫于喻国明教授基于北京报业广告收入下滑趋势提出的"拐点论"。随后，京华时报原社长吴海民也断言整个中国报业的冬天已经来临。2005 年，刘建明教授更是直接提出了"报纸消亡论"。在 2007 年底到 2011 年间，美国有 200 家报社关闭，2007 年至 2009 年间，欧洲与日本的报纸广告收入也大幅度下滑。这些数据和实例都促使业界与学界对报纸未来的发展与生存进行深入的思考与探索。苏荣才在《对话美国报业总裁》一书中详尽介绍了全球媒体融合的先行者"Media General"的"坦帕模式"。崔保国教授在《走进日本大报》一书中就报业发展的忧思，提出了报纸模式的重建。范东升教授在《拯救报纸》一书中重点探讨了报业全新的盈利模式。

上述中外学者对报业消亡与否的讨论，主要集中在报业如何改变现有的生存形态，探索适应新形势下的新媒体形态和构建新常态下的商业模式。

第二，新媒体对传统媒体的超越是报业转型的外在压力。新媒体改变了受众的阅读习惯，甚至新闻内容的生产方式也随之改变以适应新受众的阅读方式，同时新媒体的话语权和干预权也在不断强化，而传统媒体的话

---

① ［美］罗伯特·G. 皮卡德、杰弗里·H. 布罗迪：《美国报纸产业》，周黎明译，中国人民大学出版社 2004 年版，第 2 页。

② 崔保国：《走进日本大报》，南方日报出版社 2007 年版，第 344—345 页。

语权和影响力却不断被新媒体所蚕食。传统报业将在内容深度挖掘、传播形态，甚至是媒体形态和经营业态等方面发生革命性的变化，新媒体对传统媒体的超越促使传统报业基于外在压力实施平台化的全媒体战略。

戴六华通过分析新媒体时代美国报业面临的困境，提出了美国报业的应对措施：发挥报纸优势，做强调查类报道；创新办报手段，增强报纸的吸引力和权威性；改变报道方式，提高新闻的时效性；改进电子版收费方式，吸引更多有效读者群；办好报纸网站，吸引非传统报纸广告商和读者群。①

京华时报社总编辑李洪洋认为，新媒体时代报纸转型应该顺应数字化浪潮，传统媒体也应主动适应并学习使用新的介质形态，实施平台化的全媒体战略。全媒体战略应该是一种平台化模式，需要充分挖掘自身内部资源，整合出一个相对完善的包括内容生产、传播、推送、互动、终端、营销、各个媒体互动促进的生态链条。②

崔保国教授认为，传统媒体和新媒体都离不开移动终端的发展平台，未来的媒体结构主要分为传统媒体、网络媒体和移动媒体。媒体形态和媒介技术决定了未来报业发展的方向。③ 从大众媒体到自媒体再到社会化媒体，媒介内容的传播方式发生了很大的改变，呈现出公开、免费、互动性和社区化的特征，UGC④ 和 CGM⑤ 让用户参与度提升，人人都可以创造内容和分享内容。

张志刚认为在新媒体冲击下，媒体竞争不仅仅是内容上的竞争，更包括表现形式的竞争、技术的竞争、渠道的竞争和品牌的竞争在内的传播能力的综合竞争。报业需要实现从全媒体发展到多媒体业务融合、从单一报业到多元产业和从内源性成长到外源性成长的转变。⑥

第三，大数据和多平台是报业转型升级的战略目标。杭报集团副总编辑吴文平提出以大数据为触发点和支撑点向现代传媒转型升级：从新闻报道角度用数据说话将成为媒体在大数据时代体现权威性、公信力的重要手

---

① 戴六华：《新媒体时代美国报业的困境与前景》，《传媒观察》2013 年第 1 期。
② 李洪洋：《新媒体时代的报业转型》，《传媒》2014 年第 2 期（上）。
③ 崔保国：《新媒体形态与报业转型探索》，广告人网站。
④ UGC 就是用户创造内容。
⑤ CGM 就是消费者产生的媒体。
⑥ 张志刚：《新媒体冲击下的报业转型》，《中国地市报人》2013 年第 9 期。

段；从报业经营角度大数据将成为媒体精准营销、数据交易的基础平台；从数据到利润，传统报业需要全面转型。①

尹明华提出，新媒体本质上就是数据处理。报业转型应置于大数据背景来考虑，借助新媒体转型、增强议题设置的针对性、特色精准的数字营销、引导需求的数字化报品、准确客观的自我评价、对海量数据的分析，增强数字敏感能力。②

于毛毛、丁骋和禤支兰分析了大数据背景下数据新闻的产生、背景、优势及报道流程，认为数据新闻呈现了数据可视化、数据叙事化和数据私人定制的特征，并提出数据新闻海量数据收集与整合、把关人的重要作用和提高新闻工作者的媒体素养的对策。③④ 郎劲松和杨海则从大数据时代新闻可视化传播的创新路径来谈数据新闻，认为数据新闻是全媒体时代新闻报道的"升级版"，数据叙事是新闻可视化传播的创新路径，看图说话是数据新闻可视化传播的新方式。⑤

陈国权通过分析华商传媒集团，认为大数据时代的报业转型模式是构建数字化的城市综合服务体。集团各报以自身的公信力和影响力优势为依托，开发适应市场和用户需求的新型信息或内容服务产品，构建信息服务平台。在为用户提供服务的过程中逐步形成细分领域商家和用户的有效数据库，进而建立报业自己的数字化服务和营销的核心能力和核心产品。以统一品牌、服务、技术、运营架构构建细分领域的数字化产品平台，淡化纸媒在产品体系中的地位，重点凸显数字化产品和服务平台，最终建成数字化的城市综合服务体。⑥

郭之恩提出，多平台时代美国受众新闻消费渠道日益多元化，报业平台分众化趋势明显，根据不同受众的特征布局移动媒体发展平台，分门别类地推动 APP 应用的开发，善用不同平台的"黄金时间"融合协同争夺

---

① 吴文平：《以大数据为支点推动传统报业转型的思考》，《新闻事件》2013 年第 11 期。
② 尹明华：《大数据时代的报业转型》，《中国报业》2013 年第 11 期上。
③ 于毛毛：《大数据时代数据新闻的发展现状和对策》，《今传媒》2014 年第 7 期。
④ 丁骋、禤支兰：《大数据背景下数据新闻的生产和挑战》，《新闻知识》2014 年第 6 期。
⑤ 郎劲松、杨海则：《数据新闻：大数据时代新闻可视化传播的创新路径》，《现代传播》2014 年第 3 期。
⑥ 陈国权：《大数据时代的报业转型思索：城市综合服务体》，《中国记者》2013 年第 7 期。

话语权，把握不同平台的消费场合赢得特色发展。①

陈昌凤提出，网络时代的新闻业策略是多平台生存，美国大多数人仍依赖报纸获取新闻和信息，多平台策略增加了人们查阅新闻的频次，也让广告到达率更高，报纸媒体通过创新、融汇新技术，构建新的平台获取更多的用户。②

范以锦和许俊仟认为，全媒体时代对于报纸内容和传播的平台与渠道不能厚此薄彼，新媒体环境下平台和渠道已成为用户获取信息的重要方式。平台信息比较繁杂，同时可以兼容多种渠道，平台更注重信息和用户的集聚而不会拒绝多渠道的信息。如果平台与渠道不畅，则会影响报纸内容的传播力度，报业需要改变泛内容传播的状态，为特定人群定制适宜的产品，优质内容通过多平台战略来延伸经济价值。③

"报业消亡论"在新媒体、大数据和多平台时代的背景下引发的报业转型引起了众多学者的思考与探索。报业仍将存在，但报业将结合时代背景进行媒介形态、传播形态、用户理念和经营业态的转型，以适应新环境下的媒介生态并构建报业生存模式的新常态。

2. 报业转型的路径选择

报业转型目前主要集中在传统媒体的固有领域内探索新媒体融合、数字化转型和全媒体转型等路径。

（1）报业内容的新媒体融合

报业转型始于报纸网络版的建设。潘健重新审视了"弃纸上网"的理念与现实，认为"弃纸上网"将成为谋求报业生机的必然路径，提出从对社交网络关系的认识转向在采编过程中对社交网络关系的具体运用，融合网络社区与社交网络关系，建立一个"自媒体"与"公共媒体"兼容的、根植本土化的新闻网站。④

陈国权认为，报业是一个产业，不应该只局限于报纸，这是现阶段报业转型的理念基础，并提出报业转型的五个路径：资本运作、多元产业、区域整合、区域渗透和数字报业。⑤ 报业数字化转型只是报业转型的路径

① 郭之恩：《多平台时代美国受众的新闻消费方式》，《新闻与写作》2013 年第 4 期。
② 陈昌凤：《多平台生存：网络时代的新闻业策略》，《新闻与写作》2012 年第 9 期。
③ 范以锦、许俊仟：《平台、渠道优势是内容优势的保障》，《新闻战线》2014 年第 7 期。
④ 潘健：《"上网"与"弃纸"：传统报业路径的新思考》，《中国报业》2012 年第 10 期下。
⑤ 陈国权：《报业转型的路径梳理》，《中国记者》2013 年第 6 期。

之一，过于强调报业数字化转型将会限制报业未来发展的视角与范围。在《报业转型新战略》（2014）一书中，陈国权认为，报业的出路就是产业转型和平台再造。传统媒体具有"事业性质，企业管理"的双重属性，既是赢利平台，更是舆论平台。在多元媒介生态时代，报纸的赢利能力衰减而报业的舆论引导责任却不能够减轻。报业必须打造新的平台来担负起报业被衰减掉的能力。报业投资、报业整合、报业地产、产业链的转型等都是报业产业转型的再造平台，这些平台着眼于赢利能力，因为报业赢利能力是报业舆论能力的基础，也是未来报业继续生存发展的基础。所以赢利平台的再造必须放在非常重要的位置上进行考量。而报业的数字化平台也可以成为再造的舆论平台。扬弃传统报业粗放式的发展战略，通过平台再造、报纸分化、增量改革、模式转换、重心下移、专业精耕等战略寻找报业成功转型的规律，真正理解、阐释报业转型的新战略。①

（2）报业内容的数字化转型研究

传统互联网和移动互联网时代，互联网呈现出的媒体性、社交性、便捷性和去中心化的特征加剧了传统报纸用户流失的危机。报纸媒体的内容优势并没有在网络时代转换为用户移动化和社交化的需求，报业内容的数字化转型则是报业基于网络介质的一次自我救赎。

冉华教授与张金海教授在《报业数字化生存与转型研究——基于产业发展的视角》（2010）一书中以技术与媒介发展之间的逻辑关系为线索，将媒介产业发展作为基本研究取向，重点考量数字化背景下报业的生存形态和产业形态的问题。针对报业的现实情况提出了报业数字化生存形态的设想，深入剖析媒体手机报、报纸网络版、网络视频等报网终端融合的数字化生存形态，并指出报业网络化生存的终极形态是构建内容数据库，报业应实施基于个性化、特色化、专业化的内容生产和数据库生存。② 该书重点探讨了中国报业数字化转型的生存形态，提出了内容数据库网络化生存的终极形态。通过研究报业数字化生存形态的变迁，延伸到产业形态的变迁，进而重构传统报业的产业组织、产业价值量以及赢利模式。

石磊在《分散与融合——数字报业研究》一书中将报业的数字化转

---

① 陈国权：《报业转型新战略》，新华出版社 2014 年版。
② 冉华、张金海、程明、李小曼等：《报业数字化生存与转型研究——基于产业发展的视角》，武汉大学出版社 2010 年版。

型放到数字化生存和媒介融合的大背景下进行了系统全面的研究，认为数字化转型是报业发展的必然选择。他提出，报业不仅是与新媒体融合的技术转型，更是全方位的战略转型，要在组织构架和业务流程上进行重构和再造，破除阻碍报业数字化转型的体制机制障碍，构建报业适应数字化时代的商业模式。他将数字化转型概括为内容融合与渠道融合，变报业内容生产为全媒体的数字内容生产，变"报纸业"为"报道业"，把报纸、广电、新媒体等渠道有效地整合在统一的数字平台上，实现全媒体的融合。①

王正鹏在《报纸突围：数字时代传统媒体变身记》（2010）一书中主要研究了英国报纸业在互联网大潮下的转型路径。王正鹏区分了"媒介"和"媒体"的不同，认为媒介就是一种所谓的阅读器，而媒体则是内容。在数字时代，开始脱离介质的媒体内容进入互联网渠道传播，互联网企业因为提供海量内容而吸引了大量的受众，广告也随之而来，报业的衰落不是影响力的衰落，而是广告的衰落。即便报业出售内容也并不足以弥补报业广告收入的损失，因为内容的转移也伴随着广告的转移，而互联网企业以海量用户为筹码在内容销售谈判中往往占据主导地位。英国报业网站在互联网上占得先机，而中国报业却是"起个大早却赶个晚集"。报纸其实是被方便、海量和快速击败的，但是这三个因素报业却很难解决。作者认为报业印刷版应与网络版整合运营实现报网互动，联合广告部和编辑部，与博客一起创造内容，实现 Web2.0 支撑的多媒体内容集成。报业未来的机会在移动设备的介质层面，面向高端小众的艺术化生产和面向低廉大众的免费化生产。②

陈国权在《新媒体拯救报业？》（2012）一书中以对媒介融合的反思、传媒细分导致的传媒分化趋势为主线，重点回答了业界最关注的话题：为什么报业运作了那么多的新媒体，却很少能找到盈利模式？为什么"报人办网，十年不成"？为什么报业在与新媒体的竞争中总是处于弱势？为什么一些报社投资新媒体能获得盈利，运作新媒体却血本无归？作者总结了报业利用新媒体、借用新媒体、运作新媒体的成败及原因分析，进而分析了新形势下报业发展的规律及运作新媒体的规律。提出传媒发展的趋势

---

① 石磊：《分散与融合——数字报业研究》，中国社会科学出版社 2010 年版。
② 王正鹏：《报纸突围——数字时代传统媒体变身记》，中山大学出版社 2010 年版。

是分化而不是融合，媒体不应仅仅传播新闻；区域特性是报业为数不多的最后防线，应该坚守它；权威性、公信力是报纸微薄的绝对优势；重新审视新闻的价值等观点。陈国权也认为报业的数字化转型注定是个败局，不断推进媒介融合，最后的结局就是报业被新媒体融合，而不是报业融合新媒体。报业在新旧媒体的融合竞争中会逐渐丢失自己的核心资源，最后找不到自己。[①]

在《中国报业：市场与互联网视域下的转型》（2014）一书中吕尚彬基于市场与互联网视域，探讨中国报业的转型发展与中国社会及其政治、文化、经济、技术等因素的互动互构，在市场化、数字化等战略向度上展开转型发展的历史与逻辑。该书就我国报业数字化演变轨迹是渐进性演变还是激进性变革进行了分析，探索我国报业如何构建付费墙与报媒在重组中重生的转型生存逻辑。[②]

赵曙光在《媒介经济学》（2014）中提出，用户生产模式已经开始崛起，而传统的基于注意力的盈利模式则面临困境，互联网企业和少数传统媒体开始布局线上与线下整合的 O2O 产业生态系统，决定媒体盈利模式的关键是转化率。转化率就是充分挖掘注意力红利，而高转化率的媒体盈利模式包括：开放式整合的平台型高转化率盈利模式、一体化管理的垂直型高转化率盈利模式、虚拟产品直接货币化的线上型高转化率盈利模式和实体产业互联网化的线上线下整合型高转化率盈利模式。

梳理报业数字化转型理论可以发现：第一，讨论报业内容数字化转型的生存形态，构建报业数字化时代的商业模式；第二，提出报业内容数字化转型是媒体分化而不是融合的观点；第三，阐明报业数字化转型是产业转型和平台再造。

（3）报业渠道的全媒体转型研究

长期以来传统报业并没有形成自己特有的传播渠道，在网络时代种种介质频现的情形下，报业开始尝试接触并借助种种传播介质，以实现内容传播渠道的多元化和移动化，最终完成全媒体的战略转型。

《全媒体融合模式研究：中国报业转型的理论逻辑与现实选择》是国内第一本报业全媒体转型研究专著，通过剖析传统新闻业突围的"中国

① 陈国权：《新媒体拯救报业》，南方日报出版社 2012 年版。
② 吕尚彬：《中国报业：市场与互联网视域下的转型》，社会科学文献出版社 2014 年版。

式逻辑"，对全媒体的概念体系、实践模式与发展逻辑等进行了翔实而系统的创新研究。借助全国性全媒体典范的田野调查与深度访谈，记录了中国报业融合变革的首个五年进程（2006—2011）。对中国式的融合路径作了多维度考察，洞见未来十年行动的趋势与规则，构建从"联结度"到"嵌入性"的媒体融合度测量指标体系，基于本土化实践语境来创新媒体融合理论，提出以再造流程构建全媒体新闻生产的路径与模式、以开放性协商构建全媒体新闻生产的协作机制、以"身份焦虑"诠释全媒体的角色认同与观念转型、以"关系为王"建构全媒体融合模式诠释新框架。①

黄升民教授提出报业转型需要从"全媒体"转向"全媒体营销"，认为报业需要理顺机制体制、内容流程再造和媒体渠道拓展才能实现全媒体转型。同时也发现，全媒体转型并没有解决困扰报业多年的商业模式，并未涉及营销层面。全媒体之后的报业需要建立一种全新的营销方式——全媒体营销：找到读者，使读者显在化；由提供内容变为提供产品和服务；发现需求，提供对位服务；构建社区，提供生活服务。未来报业可持续发展的途径是塑造品牌核心价值观和持续满足消费者需求。②

范以锦教授认为中国报业经历了两次重大转型，即市场化转型和全媒体转型。报业的全媒体转型需要认清报纸仍有生存的空间，转型并不是放弃纸媒的转型，传统纸媒既应坚守、创新和发展固有领域，又要积极、稳妥地介入新媒体转型。传统纸媒一直在探索内容创新、形态创新、机制创新、营销手段创新等，根据竞争与受众的需求来调整创新策略。③

李阳和刘丹凌以南都全媒体"南都 PAI"为例，分析了传统报业抢占移动终端作为报业转型的重要举措，从注重内容为王到传播渠道的扩展，从注重内容的开发到抢占移动终端，南都全媒体成为传统报业探索发展新路径的一个范例。④

---

① 麦尚文：《全媒体融合模式研究——中国报业转型的理论逻辑与现实选择》，中国人民大学出版社 2012 年版。

② 黄升民、马涛：《报业转型：从"全媒体"到"全媒体营销"》，《中国报业》2011 年第 5 期。

③ 范以锦：《向全媒体转型中的创新与坚守》，《中国新闻出版报》2013 年 6 月 4 日第 006 版。

④ 李阳、刘丹凌：《全媒体时代报业转型新路径——以南都全媒体"南都 PAI"为例》，《媒体时代》2013 年第 1 期。

蔡敏和韦文杰在《媒介融合胜出战略》（2012）一书中从产业经济学、媒介生态学、媒介经营与管理等理论入手，分析众多传统媒体与新媒体融合的案例，探究媒介融合的内涵和外延，分析生态条件、市场需求、产业基础、制度保障、环境制约等因素对媒介融合的影响，提出了基于技术、内容、产权和组织等媒介融合模式的特征和融合途径，其中就腾讯大渝网和凤凰网的媒介融合之路进行了分析。①

伍刚在其主编的《传统媒体和新兴媒体融合发展的愿景与路径》（2014）一书中以传统媒体和新兴媒体融合发展为主线，从国家软实力、互联网对国际舆论话语权影响、新闻网站盈利模式、复合型传媒人才培养、新媒体战略等角度，通过问卷调查中国互联网国际传播的理论研究和相关硬件设施的现状，系统研究了我国互联网的发展状况和当今国际互联网行业的发展趋势，以人民网上市为例分析新闻网站的赢利模式，展望传统媒体和新兴媒体融合发展的愿景，并提出了具体的路径选择。②

林籽舟和谭天提出了"全媒体"难以拯救报业的观点，认为只有"全业态"才能拯救报业。"全媒体"须在运营中坚守新媒体是媒介平台的认识，如何为用户提供适宜的内容是"全媒体"运营的关键，"全业态"须在跨界中重构，拓展非纸媒产业和社会服务的多元化。

上述学者对全媒体转型的探索主要集中在传统报业的内容创新与多种传播形态的尝试，希望能够实现信息内容的网络化和数字化迁移，但目前成功者很少。同时传统报业也缺少对全媒体商业模式和营销方式的探索，将新媒体融合于全媒体运营的市场化实践。

3. 报业的体制机制转型

报业转型的顺利与否与传媒体制机制是否顺畅有关。陈娟和范以锦认为，非时政类报刊的"整体转制"将加速报业走上产业化发展的道路。传媒的企业化经营需要完善包括管理层在内的员工激励机制，把事业单位和采编经营"两分开"，实现将经营性资产从事业单位中剥离出来成立公司的制度创新，最终实现"整体转制"的体制改革。所谓整体转制就是指非时政报刊的采编和经营不需要"两分开"，直接把非时政报刊整体转

---

① 蔡敏、韦文杰编著：《媒介融合胜出战略》，中国书籍出版社2012年版。

② 伍刚主编：《传统媒体和新兴媒体融合发展的愿景与路径》，社会科学文献出版社2014年版。

制为企业。这种体制改革是以培育市场主体为根本特征的重新制度化的过程，完整规范的市场主体、法人实体和完整的产业链构成了报业转型、改革与发展壮大的基础。①

4. 欧美报业转型的研究综述

欧美报业的转型源自于报业经营衰退的现实。为了摆脱报业生存的困境，欧美报业从流程再造、内容创新、媒介形态和商业模式等领域探索未来报业生存的新形态。美国报业数字化转型包括媒介技术的数字化、新闻内容的数字化、报业从业人员的数字化、报业组织结构的数字化、报业商业模式的数字化等多个层面的拓展。目前美国报业已基本实现新闻内容的数字化以及内容采编和发布的多元化，为用户提供多元化的新闻阅读体验，成功转变为进行综合内容服务的全媒体平台。组织结构的数字化则需要适应全媒体时代的发展要求，整合媒体集团的各种资源，调整和改革内部组织结构并使之数字化。报业的数字化转型能否成功，取决于转型后的赢利水平，这是传统报业走出困境的保证。

（1）数字化转型与"付费墙"

2010 年，《泰晤士报》成为传媒市场推出"付费墙"的第一家报纸，此后，众多报纸纷纷开始拥抱"付费墙"，即报纸的"数字内容付费计划"。到 2012 年底，美国的 1400 家日报中，大约有 20% 对数字内容进行收费。虽然时至今日，除了《华尔街日报》等极少数报纸网站收费成功外，大多数报纸网站的尝试都以失败而告终，但是付费墙却是报业为摆脱困境、生存下去而不得不作出的选择。

《华尔街日报》于 1996 年 8 月开始对网络版订户收取每年 49 美元的订阅费，他们认为只靠广告费是很难支撑产品的长期运营的，他们需要抓住那些频繁登陆的忠实订户。事实证明，《华尔街日报》是全球最大、也是最成功的付费新闻网站。《华尔街日报》在线内容的收费方式为：在线新闻信息服务（包括在线市场数据中心信息、独家和即时新闻、新闻内容分析）和数字内容套餐服务。它的成功源自于具有不可替代性的专业财经类的独家新闻和深度分析以及作为目标受众且具有很强支付能力的专业商业财经人群，而综合性新闻类的报纸网站将很难复制《华尔街日报》的成功模式。另外，《泰晤士报》还联合苹果公司推出了 iPad 版的数字付

---

① 陈娟、范以锦：《突破体制之困，报刊产业化才能实现》，《新闻记者》2012 年第 5 期。

费业务，尝试移动终端的内容投放。[①]

戴佳梳理了美国早期报业数字内容经历了订阅模式、广告模式、交易模式、捆绑模式等探索与实验但均以失败告终的原因，解析出 2012 年美国报业数字内容收费的转机源自于收费模式由粗放走向精细，从硬收费走向软收费，针对不同内容实施差异化收费，针对依赖度高和忠诚度高的用户实施订阅收费，进而总结出收费模式的多元化特征。[②]

范东升和易东明提出，"内容免费"和单纯依赖数字广告来实现纸媒收入的增长和转型都被证明行不通，《纽约时报》为数字版创立"付费墙"模式[③]，改变以往过度依赖广告的经营结构，增加了新的收入来源，为传统报业维护自身品牌价值和发挥自身资源优势提供了一条数字化转型的新路。他们认为，报业应该根据用户的需求制作有特色、高质量的新闻内容，并实行数字产品及服务的收费制，这才是报业经营模式创新的重要尝试。[④]

喻国明教授与李慧娟以舆情分析的视角研究处于转型期的美国报业盈利模式的景气度，借助词云分析概述美国报业和数字化的进程，通过构建主题词语料库和语义网络分析，评估报纸数字付费计划的景气度，提取具有情感色彩倾向的景气词进行词频和词数分析，提出欧美报业数字化转型已进入以用户为中心的"付费墙2.0"时代。通过"关联与开放"的思维与逻辑与互联网加深对接，重构纸媒与用户二者之间的关系，开放自身资源，实现协同合作、众筹众包，形成报业新的价值链和经营模式。通过跨界整合进入互联网新的平台之上，实现从服务内容到经营模式的创新，从二次售卖模式走向为用户提供全套解决方案的综合应用服务商模式，进而成为具备互联网逻辑的新标准和新规则的制定者与执行者。[⑤]

---

① 甘恬：《美英主流报纸数字业务付费革命之路》，《新闻实践》2011 年第 4 期。

② 戴佳：《数字内容收费：美国报业面临转机与挑战》，《新闻与写作》2013 年第 3 期。

③ "付费墙"是 2012 年《纽约时报》网站推出的数字内容收费计划的升级版。它允许访问者每个月免费阅读网站一定数量的文章，通常是 10 篇（包括滚动新闻、视频和其他形式的内容），初期是 20 篇。一旦读者阅读的数量超过免费定额，则会收到付费订阅数字内容的提示。走过了第一代以接入付费为主的"硬收费"模式，"付费门"开启了第二代付费墙的"软收费"模式，较第一代更为科学，分级的数字内容收费计量体系（metered system），既能够吸引核心受众，又不至于把潜在用户挡在门外。

④ 范东升、易东明：《"付费墙"能否拯救报业》，《新闻与写作》2014 年第 7 期。

⑤ 喻国明、李慧娟：《从"付费门"到"付费墙2.0"：数字报纸盈利模式的景气度研究》，《当代传播》2014 年第 4 期。

而 Learmonth（2011）认为，《纽约时报》对综合性新闻产品的收费是个赢不了的游戏，因为这类新闻的可替代性很强，除了金融财经信息和情色类信息之外，其他新闻内容都应该免费提供给用户。①

美国报业的数字化转型中对于付费墙的研究主要集中在付费墙模式、付费内容、受众和广告业务等领域，关于付费墙的研究仍在争议中前行。

（2）数字化转型与盈利模式

美国报业的数字化转型源自于报网融合，即在媒介融合的背景下，报纸与网络不仅在技术上产生融合，而且在制度和结构上也产生融合。在早期的网络经济研究中，有学者提出了网络的四种赢利模式：订阅收费模式、广告收入模式、网上交易收费模式和捆绑服务模式。② 美国报业的报网融合赢利模式的典型性代表有《华尔街日报》《纽约时报》和《今日美国》。皮卡特（2000）指出，网站要从现在的门户网站和个人门户网站的模式发展成为数字门户网站模式，才能为网站发展新的赢利模式。③ 数字门户网站模式不仅能够向用户提供图片、文字、音频和视频信息，而且能够提供有效查找、检索以及购买信息的途径。

美国报业面对危机采用多种途径推进数字化转型：减少印刷版报纸印刷，以网络发行为主；结束免费时代，对内容进行收费；利用手机、电子阅读器等终端推广新闻；充分利用新媒介、新技术，深化报业内容的数字化。美国报业数字化的盈利模式主要表现为深度挖掘报纸网站的广告资源和实施付费阅读。④

基于双边市场的特征，美国的数字报纸商业模式主要有以深化内容为核心的单边市场商业模式（用户直接付费）、以优化广告投放为核心的双边市场商业模式（受众免费＋广告主付费）和以增值服务为核心的多边市场商业模式。其中，多边市场商业模式是指数字报业组织应该利用数字

---

① Learmonth Michael, "Arianna Huffington: Nyt Paywall won't Work, But will be Good for Us", *Advertising Age*, Vol. 82, Issue 15（Apr., 2011）, pp. 8 - 8. 1/3p.

② Mings S, White P, "Profiting from Online News: The Search for Viable Business Models", *Internet Publishing and Beyond: The Economics of Digital Information and Intellectual Property*, MIT Press, Brian. Kahin and Hal R. Varian, 2000, pp. 62 - 96.

③ Picard, Robert G. "Changing Business Models of Online Content Services - Their Implications for Multimedia and other Content Producers", *The International Journal on Media Management*, Vol. 2, No. 2, 2000. pp. 60 - 68.

④ 杨燕：《中美报业数字化途径及其盈利模式的对比分析》，《电子商务》2013 年第 4 期。

内容产品和广告产品及服务吸引更多相关利益方在其平台上开展各种增值业务，促进报业数字平台的获利渠道趋于多样化。另外，多边市场商业模式也是数字报业解决用户多归属行为的良策。①

美国报业基于跨平台战略构建了付费订阅、广告和电子商务等商业模式。② 报业借助苹果或谷歌的分销平台将内容出售给用户，如何分成成为了报纸难以决断的问题。美联社联合 100 多家报纸和 20 多家零售商提供了电子优惠券服务，使得用户可以在多平台报纸阅读中获取附近商家的优惠信息，而零售商则推送附近商店的特价信息给消费者。报纸与零售商合作的电子商务模式成为了报业新的收入增长点。当用户在更多的平台进行内容消费时，报业就需要通过多平台营销内容产品或服务，并建立适合自身的商业模式。

（二）国内外新闻网站研究综述

梳理 2000—2015 年间关于新闻网站方面的研究文章与著作可以发现，学界和业界关注的重点主要集中在新闻网站的体制机制、功能定位、内容创新、赢利模式、产业链重构和新闻客户端等领域，同时对于地方新闻网站的发展、现状、出路、困境与对策方面的研究也相当多。

1. 新闻网站的功能定位与体制机制研究

脱胎于传统媒体的新闻网站虽然在不断强化政治任务、社会责任和网络舆论引导的功能，但是其体制机制依然停留在初始阶段。2001—2005 年间，国家确立了重点新闻网站战略并初步创建了一批综合性新闻网站。《关于深化新闻出版广播影视业改革的若干意见》③ 提出"把新闻网站办成思想政治工作新阵地和对外宣传新渠道"，"新闻网站可在新闻出版系统内融资，必要时可吸收国有大企业参股，不吸收私人资金和外资，暂不上市"，这基本确定了新闻网站的发展体制和发展方向。

2006 年，国内基本形成了中央、省级、市级的三级新闻网站布局，国家"十一五"时期文化发展规划纲要明确提出"要加快建设一批综合实力强、在国内外有广泛影响的新闻网站，形成若干个与我国地位相称

---

① 金雪涛、虞海侠：《美国数字报业商业模式及其启示》，《重庆社会科学》2011 年第 10 期。

② 李娟、肖叶飞：《美报业跨平台运营内容策略与商业模式》，《青年记者》2013 年第 1 期下。

③ 《关于深化新闻出版广播影视业改革的若干意见》是 2001 年 8 月 20 日由中宣部、国家广电总局、国家新闻出版总署共同发出的文件。

的、具有较强国际竞争力和影响力的综合型网络媒体集团，争取其中一到两家重点新闻网站进入世界前列"，从新闻网站的布局到功能上给予了其更多的政治任务和舆论引导责任。

新闻网站功能定位在不断地调整与提升，政治任务和社会责任在不断强化，但是从早期母媒体的网络版到现在的综合性新闻网站，再到未来的综合型网络媒体集团，其体制机制依然停留在初始阶段。目前新闻网站主要有三种运营管理体制：完全依附型的"编辑部"体制、半依附型的"事业单位企业化运作"体制和完全独立型的公司化运营体制。①

新闻网站产权关系不明晰，资产所有权和资本经营权没有分离，网站管理者也缺少责、权、利和激励分配权益，融资政策的约束致使新闻网站的融资渠道不畅。新闻网站横跨新闻媒体和网络技术两大领域，需要复合型人才，而事业单位的性质却决定了网站高层管理人员的选拔与任用必须按照行政方式来进行，这种人才管理体制导致网站难以形成优胜劣汰的用人机制，其直接后果就是新闻网站的发展陷入体制性怪圈。

2014 年，《深化新闻出版体制改革实施方案》就如何完善新闻出版管理体制改革任务提出了政策措施，即新闻网站转企改制的具体措施。新闻网站转企改制只是其市场化的开始，新闻网站需要按照现代企业制度的要求，通过产权制度改革进行股份制改造，构建具有独立法人的治理结构和资本运行机制，彻底转变为运作规范的现代传媒企业。黄逸秋认为，新闻网站的转企改制需要四个到位：资源整合要到位；内部改革要到位；产业投资要到位；政府职能转变要到位。②

禹芳从法律风险防范的视角探讨了事业单位新闻网站如何转企改制，针对公司的成立出资、公司章程的制定和股权配置等方面提出了具体的法律防范策略。③ 郭全中就非时政类报刊转企改制指出其存在的九大问题，即非时政类报刊的出资人、认定范围与标准、坚持党管媒体、人员分流安置问题、主管主办资格问题、刊号资源是否进入企业问题、税收问题和具体改革规程问题。④ 吴光振从报业的视角解读文化事业单位转企改制政策

① 詹新惠：《新闻网站体制之困》，《青年记者》2009 年第 6 期下。
② 黄逸秋：《转企改制：新闻网站改革全面铺开》，《中国记者》2009 年第 11 期。
③ 禹芳：《事业单位新闻网站转企改制法律风险防范初探》，《新闻世界》2012 年第 7 期。
④ 郭全中：《非时政类报刊转企改制的九大问题解析》，《传媒》2011 年第 11 期。

的体制创新与约束。① 杨琳瑜从转企改制到上市探析新闻网站的改革路径，认为新闻网站需要建立现代企业制度，规范企业经营并找到合适的业务发展方向和盈利模式，确保资产的保值增值，重视人才培养，改变传统的人力资源管理模式。② 陶俊培以四川新闻网为例，分析地方新闻网站的转企改制之路，提出打造区域强势新媒体。

综上所述，新闻网站的体制机制改革虽取得了一定的成果，但转企改制仍存在着一些体制性约束，比如融资政策约束并未解除，在新闻出版行业实力并不强大的时候，业内并没有充裕的资金投向盈利能力不强的新闻网站，而国有大企业的参股却不控股也必将削弱其投资热情。一旦新闻网站能够在控股的前提下引入社会资本和风险投资，则必然会加速构建与市场经济相适应的运行体制，实现跨越式发展。

2. 新闻网站的内容创新与移动终端研究

新闻网站经历了从"内容为王"到"渠道为王"再到"内容创新"的凤凰涅槃般的重生。"内容为王"的传统媒体在新媒体时代得不到广告商青睐和用户大量流失的背景下充满了迷惘与骚动，与传统媒体一脉相承的新闻网站也同样承受着类似的煎熬。

朱琪基于转企改制的背景认为新闻网站内容架构调整的目标为：大媒体、大平台、大品牌、大机制。③ 新闻网站以专业化内容生产形成网站特色内容和核心竞争力，这是网站内容架构支撑和内容业务拓展的基础。基于媒介融合平台分置和融合理念以社会化内容生产形成的多元化平台，将关注内容规模化分工生产和个性化差异需求的契合，加强内容产品或服务的跨平台推送，进而提升新闻网站的传播影响力，加速新闻网站转型为互联网内容供应商、互联网内容发行商和运营商。

蔡雯教授基于"全媒体战略"分析传统媒体转型后的内容生产创新，认为无论传统媒体如何转型，最重要的不是媒体形态，而是如何借助新兴渠道和终端，把传媒原有的采编、信息、公信力和品牌等资源优势转化为竞争优势，为用户提供更好的内容产品或服务。由此可见，新闻内容的生

---

① 吴光振：《从报业视觉解读文化事业单位转企改制政策走向》，《中国报业》2014 年第 7 期上。

② 杨琳瑜：《从转企改制到上市：新闻网站的改革路径探析》，《新闻界》2010 年第 8 期。

③ 朱琪：《大媒体 大平台 大品牌 大机制——转企改制背景下的新闻网站内容架构调整》，《传媒》2009 年第 12 期。

产在"全媒体战略"中依然是媒体组织的核心工作。①《华尔街日报》和《经济学人》依靠独家而优质的内容产品成功转型，网络成为其发展新用户和延伸产品链、价值链的工具。

《纽约时报》把报纸编辑部门与数字部门合并，对传媒的组织结构和生产过程进行流程再造，颠覆以往内容生产的常规模式，直接促使内容生产的专业化与开放性相结合，甚至其采编理念也从"刊登一切适合刊登的新闻"转变为"所有的一切都是关于对话"，意味着新媒体时代面向全体社会公众开放的媒体已不仅是新闻内容的创造者，同时还是社区的建立者。《纽约时报》通过构建数字内容的开放平台，以业态转型和终端前移作为目标，把数字内容标准化处理后通过 API 端口开放给第三方开发者调用，开发者可以将其开发的新闻客户端植入各种移动终端，为用户提供新闻阅读新体验，同时《纽约时报》通过流量联盟和广告分成来赢利。②《纽约时报》的新闻客户端通过数据可视化技术与社交媒体深度整合来提高内容的社会价值，绑定 LBS 和视频分享等新业务来提高内容的用户粘性和经济价值。开放战略和新闻客户端战略将成为新闻网站平台化战略实施的原点。

杨立和刘彧扬以网易新闻客户端为例分析网络新闻内容的整合与创新，认为新闻客户端强大的互动功能会推动原创内容的产生和内容的多媒体展示。③ 让用户深度参与新闻生产流程，甚至通过新闻策划让用户的心声和反馈信息成为新闻事件本身，这种即时快捷的双边互动成为加深用户深度交流互动的有效措施。此外，还要给用户提供以高清图片和高清视频为主的新闻产品或服务，满足用户的需求。

米莉以人民网 E 政广场的内容生产进行实证研究，认为新媒介时代主流新闻网站丧失了传统的时效性的优势，记者的角色定位和舆论引导的影响力都受到了挑战。人民网 E 政广场通过主动建立与受众的互动合作来共同完成内容生产，深入公共新闻实践实现记者和受众角色的转变，主

---

① 蔡雯：《"全媒体战略"中的内容生产创新——对新形势下传统媒体转型的思考》，《新闻战线》2013 年第 1 期。

② 刁毅刚：《〈纽约时报〉的内容数据开放和新闻客户端战略》，《中国记者》2012 年第 2 期。

③ 杨立、刘彧扬：《新闻客户端：网络新闻内容的整合与创新——以网易新闻客户端为例》，《观察》2013 年第 8 期。

动把握舆论导向，提高新闻网站的舆论引导力，在实践中实现内容创新。[①]

新闻网站在实现内容创新的同时也通过新闻客户端来拓展内容传播的渠道。当前关于新闻客户端的研究主要集中在报业数字化转型与新闻客户端的发展现状、特征、优势、内容与路径选择。

王琪按照内容的产生方式把新闻客户端分为 UGC[②]、PGC[③] 和 AAC[④] 三类。目前，以搜狐、网易、腾讯为主的互联网巨头已颇具规模并形成了自有特色，竞争焦点从扩大用户规模转变为如何吸引用户并留住用户，第一梯队的三大新闻客户端开始在产品设计、内容定制、品牌建设与运营以及平台搭建等方面展开全方位的竞争。除了个别品牌知名度高和影响力大的媒体外，绝大多数传统媒体的新闻客户端则显得不尽如人意，两极分化较为严重。背负传统媒体移动转型与移动化生存的新闻客户端，不仅是给用户提供信息服务的工具，更是移动互联网的入口与平台。[⑤]

詹新惠把新闻客户端分为四类：聚合实时类新闻客户端、自有定时类新闻客户端、自有实时类新闻客户端和综合实时类新闻客户端。目前，新闻客户端的盈利模式主要有四种：付费订阅模式、移动广告模式、结合电商的 O2O 模式和服务增值模式。[⑥] 他认为基于移动互联网的用户"转移成本定律"，如果用户转移成本越小，则该市场能够容纳的同类应用数量就越多，同时新闻客户端的用户沉浸度较低、转移成本较小。用户的平台转移几乎不需要付出太多的时间和智力成本，所以新闻客户端主要注重内容差异化建设，利用大数据挖掘用户的喜好与兴趣，从新闻内容竞争转向精准匹配和个性化体验。

贾金玺基于五款新闻客户端产品，通过比较分析它们的发展困境，认为纸媒的新闻客户端可以从平台化、社交化、垂直化、个性化和商业化五

---

① 米莉：《新媒介时代主流新闻网站的内容创新——以人民网 E 政广场内容生产的实证研究》，《传媒》2015 年第 1 期下。

② UGC 型新闻客户端是指用户生产内容，典型代表有"鲜果联播"。

③ PGC 型新闻客户端是指专业人士生产内容，这是目前国内最常见的一种类型，搜狐、新浪和绝大多数传统媒体的客户端都采用这种类型。

④ AAC 型新闻客户端是指算法生产内容，典型代表有"今日头条"。

⑤ 王琪：《新闻客户端发展现状分析》，《青年记者》2014 年第 3 期下。

⑥ 詹新惠：《探寻传统媒体运营新闻客户端的路径》，《青年记者》2014 年第 3 期下。

个方向探索适合自己的突围路径。[①]

　　刘大颖提出纸媒新闻客户端的四大路径：以移动发布为融合手段、以内容为核心优势、以生活服务为赢利平台和以智能化为发展方向。[②] 而移动新闻客户端的发展趋势为：聚合、社交化、专精和兼职、舆情与大数据、从原生 APP 到 HTML5、从目录结构到信息流、从 RSS 到用户行为分析。[③]

　　综上所述，当用户市场随着移动互联网发生改变时，新闻网站基于大数据和个性化需求进行采编、品牌、渠道等领域的内容创新，不同的新闻客户端针对差异化的用户群体采用了平台化、社交化、垂直化、个性化的发展路径。

　　3. 新闻网站的盈利模式研究

　　传统媒体的商业模式并没有在新闻网站上得到延续，到目前为止，新闻网站的盈利模式仍然处在不断探索的过程中。有大量学者和从业者基于不同的视角对新闻网站的盈利模式进行了探索与尝试。

　　吴江文认为新媒体的盈利模式主要有内容产品赢利、二次销售赢利、出售广告资源赢利、平台赢利、增值服务和与传统媒体融合等。只要基于内容、平台和衍生产品，新媒体肯定能够找到自己的盈利模式。[④]

　　任义忠认为商业网站的业务收入主要由互联网增值业务（包括网络游戏）、移动及电信增值业务、网络广告、商业搜索与电子商务等组成，其中网络广告在商业网站中占比普遍较低但增速较快。以人民网和凤凰网为代表的新闻网站通过优化版面结构、强化行业频道运营和加强全媒体营销拓展在线广告业务。新闻网站也可以通过并购的方式拓展互联网增值业务，尤其是网络游戏领域。此外，网络视频业务和移动互联网增值业务也是新闻网站可以尝试的路径。人民网通过版权销售、信息咨询服务等方式进行内容分销获得信息服务收入，并形成完整的一体化经营产业链。[⑤]

　　张立伟通过分析纸媒数字化转型从低门槛竞争到幂律魔咒，提出新闻网

　　① 贾金玺：《纸媒新闻客户端发展困境与突围路径——基于五款新闻客户端产品的比较分析》，《中国出版》2014 年第 12 期下。

　　② 刘大颖：《纸媒布局手机新闻客户端的路径选择》，《传媒观察》2014 年第 3 期下。

　　③ 《移动新闻客户端的七大趋势》，《互联网周刊》2014 年第 5 期。

　　④ 吴江文：《新媒体盈利模式探析》，《当代传播》2010 年第 1 期。

　　⑤ 任义忠：《新闻网站盈利模式探析》，《新闻战线》2012 年第 9 期。

站的五种盈利模式：经验曲线模式、快速差异模式、零成本售卖模式、创业游击战模式和多客户系统模式。只有把新媒体开发为读者和广告商之外的第三个客户，变"两次售卖"为"三次售卖"，才能使新闻网站走出困境。①

李维益、王国、赵凤华和刘冠群、严勤以及吴幼祥分别以新华网、地方报业网站、河北省主流媒体网站和杭州网为例探索新闻网站盈利模式的逻辑。新华网上海频道有四种可行性较强的盈利模式：广告支持的盈利模式、Web2.0时代的社区型盈利模式、数字内容盈利模式和无线增值业务盈利模式。② 王国认为，地方新闻网站应该改变单一的新闻网站模式，集中资源创办内容丰富的城市综合信息门户网站，通过体制创新与结构再造提升影响力，创新赢利手段，发展多样化的商业模式。③ 赵凤华和刘冠群认为，河北省主流媒体网站应该以"内容为王吸引受众注意、多元经营保持受众注意和走特色竞争之路实现媒体价值提升"三步走战略建构媒体影响力，提高新闻网站的盈利能力。严勤和吴幼祥以杭州网为例，认为地方新闻网站不能坚持以广告为主的盈利模式，应该融合自身的品牌、公信力、政府资源、技术支撑等核心优势，根据移动互联发展的规律，构建一个多元的线上新闻发布平台与一个全方位的线下服务体系，二者形成一个O2O生态闭环，然后设计出种种人无我有的极具核心竞争力的产品，比如政府主导、网站执行的重大活动；代理、代维、代管的多功能管家；舆情服务；评价、标签营销和无线增值服务等。④

美国新闻网站的盈利模式主要集中在广告资源的深度挖掘和数字内容的付费墙模式上。⑤ 中美新闻网站的盈利模式最大的不同可能就是数字内容的付费墙模式，在美国行得通的付费墙模式在中国也许会遭遇滑铁卢，这就需要中国的新闻网站探索内容收费之外的盈利模式。

二 国内外双边市场与平台理论研究综述

平台经济研究肇始于2000年以来对产业组织理论的研究，尤其是互

---

① 张立伟：《纸媒数字化的五种盈利模式》，《新闻记者》2014年第2期。
② 李维益：《新华网上海频道盈利模式研究》，《经营管理者》2009年第8期。
③ 王国：《地方报业网站如何实现盈利新模式》，《传媒观察》2009年第7期。
④ 严勤、吴幼祥：《地方新闻网站"O2O盈利模式"的构建——以杭州网的实践为例》，《传媒》2014年第10期下。
⑤ 杨燕：《中美报业数字化途径及其盈利模式的对比分析》，《电子商务》2013年第4期。

联网时代出现的平台型企业，使双边市场和多边市场等理论成为产业组织领域和互联网经济领域的热点问题。双边市场以企业竞争和定价机制等企业层面的研究为重点，逐步向产业组织领域的研究扩散。David S. Evans（2011）第一次提出了平台经济学概念。

1. 双边市场的概念界定

Rochet 和 Tirole（2004）基于价格结构，提出："如果通过提高向一边的收费，同时同等程度地降低向另一边的收费，平台可以改变交易量，则称这一市场是双边市场。"这种定义忽视了双边市场的间接网络外部性特征，只集中考虑价格结构在平衡双边用户需求时的作用，具有一定的片面性。

Armstrong（2005）基于网络外部性，根据双边市场的特征提出："两组参与者需要通过中间平台进行交易，并且一方的收益决定另一方参与者的数量。"[1]

我国学者黄民礼（2007）综合上述定义，把双边市场定位为："若某种产品或者服务的供求双方之间具有间接网络外部性而使得平台企业将买卖双方同时凝聚到一个交易平台，假定平台企业向买卖双方收取的总价格为 P = PB + PS（PB 和 PS 可以为零或者负数，P 大于零），这说明 PB 或 PS 直接影响平台企业的总需求和平台实现的交易量。"[2]

2. 双边市场的类型

通过梳理文献可以发现，双边市场主要分为四类：交易中介、媒体平台、支付工具和软件平台。

（1）交易中介

交易中介是双边市场中最简单的类型。对于交易中介的研究主要集中在平台定价和平台竞争这两个领域。Jeon 和 Rochet（2007）探讨了学术期刊的平台定价问题，就是向作者收费还是向读者收费，不同的定价模式会影响期刊的质量。如果期刊的边际成本很低，就对读者免费而向作者收费。Jeon 和 Rochet 认为，未来的发展趋势是读者免费阅读而作者付费，实现读者利益的最大化或者扩大期刊自身的影响力，但这有可能会对期刊的质量产生不好的影响。

---

① Mark Armstrong, "Competition in Two - sided Markets", *RAND Journal of Economics*, 2006, 37（3）: 668 - 691.

② 黄民礼:《双边市场与市场形态的演进》,《首都经济贸易大学学报》2007 年第 3 期。

在垄断市场结构下，平台企业可以很容易地确定平台定价的模式，平台会选择向一边制定较低价格或设定补贴模式来吸引该边的参与，另一边则成了平台利润的主要来源。Gabszewicz 和 Wauthy（2004）通过一个纵向差异化的模型考虑到参与者类型不同，存在多属行为，同时平台只向参与者收取注册费的情形。参与方多属行为和多平台策略，此时的均衡是参与方仅在一边多重注册，平台在这一边均实行垄断定价，而另一边则免费向参与方提供产品或服务。Armstrong（2006）也发现，当存在多重注册时，平台运营商会对多重注册的一边实行垄断定价，而对非多重注册的一边制定一个近似于边际成本的价格，甚至免费提供产品或服务。

Andrei Hagiu（2008）认为，多平台竞争的核心就是不断降低参与交易多边用户的搜寻成本和共享交易成本。Carliss Y. Baldwin and C. Jason Woodard（2008）认为平台竞争是推动平台企业进行形态演化与功能跃迁的重要动力。这种多平台竞争会改善和提高平台企业自身的竞争优势，并不断进行平台形态演化与功能跃迁，但也有可能造成行业寡头垄断。垄断平台在市场竞争中通过网络外部性的内在化来平衡市场的双边用户，并且其行为原则上与社会福利最大化一致。但是总体价格水平和相对价格因竞争压力较强而改变时，这种平台竞争就会导致平台的最终目标与社会福利最大化之间形成矛盾。

（2）媒体平台

对于媒介平台而言，传统媒体和网络媒体通过提供免费或廉价内容给读者或观众，在获得大量用户群体的同时获得广告商的青睐，进而构建了媒体平台长期生存的商业模式。

早期的媒体平台研究主要集中在媒介广告的"负外部性"对消费者的负面影响研究上。但是这些研究并没有考虑媒体产业的双边市场特性，研究重点是电视频道的节目选择问题，从媒介角度研究观众却忽略了观众和广告商之间的外部性以及这种外部性对媒体定价的影响。

Anderson 和 Coate（2003）对媒体产业进行了研究，他们通过分析电视节目制作方、广告商和观众在双边市场的地位与特征，探索广告过多或过少对节目的影响。如果节目过于单一，或者过于多样化，那么向观众收费的广告水平则一般较低。Reisinger（2004）以横向差异化的模型分析，如果媒体平台对用户免费且不存在用户多属现象，而广告商也只在一个平台做广告，平台运营商之间直接竞争广告商，进而分析某一边的竞争程度对另一边竞争程度的影响，以及这些竞争对平台利润的影响。如果平台差异化降低，则平台利润可能会因为广告商的竞争程度降低而增加；如果平台向消费者收费，则只有可持续增长的用户规模才能够保证其利润的提高。

Kaiser 和 Wright（2006）基于价格结构研究德国杂志行业的广告商与读者的双边关系发现，杂志的读者一般都是被补贴的一方，而广告商则是杂志获取利润的一方。广告商重点关注杂志的读者数量，当读者对某杂志的需求上升时，该杂志的广告水平一般会上升，而广告商在某杂志上刊登广告的需求上升时，该杂志将会通过降价来吸引更多的读者。Wilbur（2007）发现，如果电视节目中广告的播放时间减少 10%，在忽略竞争效应的前提下，负外部性对观众的影响减弱，而观众的社会福利会增加 25%。但是广告商青睐的节目占比却远远高于观众所喜欢的节目类型。

（3）支付工具

这种类型的双边市场，主要研究对象是银行卡。持卡人和商户各为一边，支付工具的充分利用取决于持卡人和商户同时愿意使用该平台。支付平台除了持卡人和商户，还包括发卡行和收单行，这些参与用户共同构成了支付平台的双边市场。对银行卡产业的研究主要集中在三个领域：一价政策①、交易费和交易工具之间的竞争。

Chakravorti，Emmons 和 Wright（2003）认为，如果在完全竞争的产品市场，则一价政策对社会总福利的影响将只取决于商户竞争水平的高低。如果在不完全竞争市场，则一价政策对社会总福利的影响就是不确定的，既有可能提高社会福利，也有可能会降低社会福利。

对交易费的研究主要集中在如何弥补发卡行在发卡与营销等成本上，实现利润最大化交易费和社会最优交易费之间的平衡。Gans 和 King（2003）、Rochet 和 Tirole（2002）发现，如果允许商户针对持卡人刷卡消费收取高价格，则交易费就是中性的，但对于持卡人一方则意味着降低社会福利。Rochet 和 Tirole（2006）分析 VISA 和 Master 制定的"一视同仁"政策，就是接受信用卡消费的商家，必须同时也接受发卡行所发行的借记卡。这种政策的目的就是为了平衡信用卡和借记卡二者之间交易费的差异，在扩大平台规模的同时对社会总福利产生正向影响。

---

① 一价政策是指不管消费者以何种支付方式完成消费，商户必须向消费者收取同样的价格。

对支付工具竞争的研究主要是平台运营商之间的竞争与支付工具层次间的竞争。Chakravorti 和 Roson（2004）分析了垄断市场、不对称网络和用户多属行为下支付工具的竞争，认为银行卡平台运营商之间的竞争会促进社会福利，也讨论了不同支付工具的使用成本问题。

（4）软件平台

在软件平台的多边市场中，Evans，Hagiu 和 Schmalensee（2004）认为买卖双方必须通过软件平台或硬件平台来实现共享投入。软件平台区别于其他类型或双边市场的重要特点就是纵向一体化，以双边市场主导软件平台则是行业的发展趋势。软件平台中的价格结构也存在较大差异，视频游戏平台以边际成本或者低于边际成本的价格向消费者出售游戏主机，在获得规模用户的同时向游戏软件开发商抽取一定比例的提成。而对于操作系统而言，则是平台对应用软件开发商采用基本免费的策略，而对消费者采用收费的模式。Hagiu（2006）对软件平台中商业模式类似但价格结构完全相反的现象进行了研究。

3. 双边市场的特征

Jean – Charles Rochet 和 Jean Tirole（2001）认为双边市场具有两个特征：双边市场双边的互补性和双边之间价格分配的非中性。Evens（2003）认为双边市场的运营模式基于三个方面的原因：存在双边或多边的用户群体；同用户群体以某种形式相联系或作用的外部性；介于双边或多边群体的中间人。Holland（2007）基于平台视角概括了双边市场的两个特征：双边或多边的平台使用者通过相互作用或降低交易成本而提高价值；平台双边或多边需求的非独立性，即平台一边的销售量与另一边销售量之间互为因果性。①

中国学者杨冬梅通过比较传统单边市场与双边市场，认为双边市场与单边市场的平台企业的竞争行为是有差异的。② 程贵孙、陈宏民和孙武军重点强调了双边市场具有交叉网络性和相互依赖性的特征。③

---

① Michel Holland, "Two – Sided Markets A Challenge to Competition Policy? Paper for The First Annual Competition Commission, Competition Tribunal and Mandela Institute Conference on Competition Law", *Economics and Policy in South Africa University of the Witwatersrand*, Johannesburg, 21 May 2007: 1 – 24.

② 杨冬梅：《双边市场：企业竞争策略性行为的新视角》，《企业战略管理》2006 年第 9 期。

③ 程贵孙、陈宏民、孙武军：《双边市场视角下的平台企业行为的研究》，《经济理论与经济管理》2006 年第 9 期。

综上所述，不同时期的学者对于双边市场特征的描述主要概括为：

第一，双边市场互补性。科斯定理指出，不论有无外部性，如果产权是清晰确定和可交换的，在没有交易成本且信息是对称的情况下，双方间的谈判结果将是帕累托最优的。[①] 但是科斯定理在双边市场却是失效的，因为当一边的参与者为另一边的参与者创造价值时，产权、对称信息和零交易成本并不足以保证有效的市场交易量。只有当双边市场中双边或多边用户同时对所提供的产品或服务产生需求时，双边市场才能够成立，平台企业的产品或服务才具有价值。如果任何一边没有需求或双方均无需求，则双边市场将不复存在。

第二，间接网络外部性。双边市场中一边参与者的获利会随着另一边或第三边参与者数量的增长而增长。间接网络外部性是双边市场形成的必要条件，也是判断是否为双边市场的重要指标。

第三，价格结构非中性。双边或多边的参与者并不能通过自身的议价能力有效地将这种间接网络外部性内部化。平台企业对双边或多边用户收取费用时会在双边市场的用户之间进行合理分配，可能会对其中一边进行补贴从而保障企业的利润水平及社会总福利，而不是按照传统经济学上的边际成本来确定价格。

4. 双边市场的理论研究

国内外学者对于双边市场的理论研究主要集中在市场结构、市场行为和市场绩效等领域。

双边市场的市场结构是指构成平台企业的双边或多边参与者之间的相互关系和平台运营模式。双边市场的市场结构主要研究市场集中度、进入壁垒和所有权结构。Evans 根据交易平台的功能和规模将双边市场分为市场制造型和需求协调型。[②] 以世纪佳缘等婚恋交友网站为代表的市场制造型平台，具有较低的投资成本和较低的市场集中度，但是竞争程度却比较高，尚未出现垄断性平台；而以操作系统为代表的需求协调型平台，因为对平台企业的技术和投资成本有较高要求，所以呈现出寡头垄断的高集中

---

① Ronald Coase, "The Problem of Social Cost", *Journal of Law and Economics*, October 1960, pp. 1 – 29.

② David S. Evans, "The Antitrust Economics of Multi – sided Markets", *Yale Journal on Regulation*, Vol. 20, 2003, pp. 325 – 381.

度市场。进入壁垒能够动态反映市场潜在的竞争强度，进退无障碍与潜在竞争能够更好地解决双边市场平台企业的进入壁垒问题。当一个平台产业内的利润率较高时，就会吸引更多的竞争者进入该平台产业，进而加剧该行业的竞争程度。如果该平台产业的投资成本很高则会形成较高的进入壁垒，致使该平台产业表现出垄断或寡头垄断的市场结构特征。Nocke，Peitz 和 Stahl 认为，在其他要素不变的情况下，基于双边市场的间接网络外部性特征，具有垄断所有权结构的平台企业会比垂直一体化所有权结构的平台企业更具稳定性。① 垂直一体化平台是拥有完整产业链的平台，可以节约交易费用。而独立拥有的平台则是指由平台运营商拥有的平台，其主要表现形式有开放平台所有权、封闭平台所有权和垄断平台所有权。

　　双边市场的市场行为主要是定价行为和促销行为。双边市场具有价格结构非中性和单边价格补贴的特征，所以关于双边市场的定价行为学术界投入了大量的研究。Rochet 和 Tirole（2004）认为，在垄断市场结构下，一边的需求弹性越大，则对其定价越高，弹性越小则定价越低；如果一个因素导致市场的一边被收取高价，则必然会导致向另一方收取低价，从而通过较低的价格来吸引更多的用户，获取较高的利润。② 在双边市场的具体实践中，应该根据不同用户群体实施交叉补贴策略。对于产品或服务差异程度较小、间接网络外部性较强的一方采取低价甚至免费的价格策略，将用户的网络外部性内部化，为交易平台吸引尽可能多的用户群体。双边市场的间接网络外部性限制了平台企业运用市场实力提高价格的能力。国内学者杨冬梅从垄断定价策略和掠夺性定价策略分析双边市场的企业定价行为，认为双边市场用户需求的互补性限制了平台企业实施垄断的能力，即使垄断性平台企业的定价策略仍然是为解决双边用户的参与问题，而非采取单边市场中的掠夺性定价策略。程贵孙认为双边市场中的平台企业通过网络外部性的内部化实现最低的交易费用和最高的利润。

　　根据用户和平台的关系可以把平台用户分为单归属用户和多属用户，双边市场的平台企业通过提供差异化的产品或服务来影响用户采取多属行

　　① Nocke，Peitz Martin，Stahl Konrad，"Platform Ownership"，*Journal of the European Economic Association*，Vol. 6，2007，pp. 1130 – 1160.

　　② Rochet，J，J. Tirole. "Two – sided Market：An Overview"，*IDEI University of Toulouse Working Paper*，2004.

为还是单归属行为，归属平台企业的用户规模越大，则交易平台的市场实力与平台对用户的定价就越成正相关关系。

双边市场的市场绩效研究主要集中在一定市场结构条件下企业市场行为的效果和政府对市场进行组织与调节的结果上。Bergman（2005）分别从竞争、片面的垄断和双侧垄断等不同的市场结构分析了双边市场的福利效应。[1] 陈宏民（2009）从技术运用及进步的角度，提出技术不兼容时，平台企业内部化市场间存在间接网络外部性，所提供的价格更低，市场份额和获得的利润更大；而技术兼容时则整个产业的利润上升，会增加整体社会福利。[2]

第四节　主要研究问题、研究方法与基本框架

一　主要研究问题

在二十年的时间里，新闻网站先后经历了报纸网站、报网互动和报网融合三个阶段，到目前为止，新闻网站还没有实现真正意义上的市场化。无论是市场规模，还是用户数量，都远远落后于商业新闻网站。在传统互联网和移动互联网大潮的冲击下，新闻网站要想重现传统媒体的昔日荣光，占领互联网主流舆论阵地的制高点，引导网络舆论的正向传播，扩大新闻网站的吸引力、影响力和公信力，则必须颠覆传统的传播逻辑和产业逻辑，基于互联网思维转变理念和体制，培育企业互联网基因和能够赢得制高点和话语权的技术团队，构建自主的具有平台黏性和吸附力的互联网用户平台。

因此，本书将重点解决两个问题：

第一，互联网思维下新闻网站转型的路径选择。新闻网站作为互联网企业，必须遵循互联网企业的发展规律，以市场化的商业思维来探讨新闻网站的发展模式。大多数互联网企业都是平台企业，而新闻网站的平台化转型首先需要解决双边及多边市场中如何召集双边用户的问题，即如何提

---

① Mats A. Bergman, "A Welfare Ranking of Two‐sided Market Regimes", *Sveriges Riksbank Working Paper Series.* No. 185, 2005.

② 李泉、陈宏明：《产业技术标准的竞争与兼容性选择——基于双边市场理论的分析》，《上海交通大学学报》2009 年第 4 期。

升平台企业的体量与容量并把用户吸附或锁定在平台上。通过分析互联网用户特征，颠覆性重构新闻网站以用户体验为中心的用户平台，提升用户对平台的黏性与忠诚度。其次，新闻网站需要以互联网思维破坏性创新业务模式与运营模式，原有的"内容＋广告"的商业模式已被互联网所改变，新闻网站需要重新设计提供给移动互联网用户的产品或服务，以适应互联网用户的个性化需要，打造多方利益相关者共同参与的平台生态圈，通过提升平台话语权来主导平台生态圈的良性发展。

第二，大数据平台下新闻网站转型的商业模式探索。大数据经济不仅表现为技术进步，更是一种经济变革，在社会生活的各个层面呈现离散化状态，平台经济的无限扩展性使数据成本成为交易成本的核心变量，平台成为主要的经济模式，是经济社会解构之后的重构。在大数据平台的背景下新闻网站探索平台企业的商业模式，将重构新闻网站在要素流、信息流和规则流平台的商业模式。

二 研究方法

（一）文献分析法

文献分析法是基于前人的研究成果、研究结论和研究思想的再创新和再发展的一种常用的社会科学研究方法。在社会科学研究中，整个研究设计包括"开始着手、概念化、选择研究方法、操作化、总体和抽样、观察、资料处理、分析、应用和回顾"。[①] 本书的选题是基于问题导向型的研究，从新闻网站的生存困境来剖析中国新闻网站的平台化转型，探索新闻网站在大数据时代与移动互联网时代商业模式的重构。文献综述与分析可以梳理研究对象的数字化转型与旧商业模式的解构，明确研究问题的核心症结和已解决的问题，在此基础上提出具有实践价值的研究设计和具有可操作性的研究成果。通过回顾文献（回顾相关的学术研究与资料），研究人员得以改良自己的研究子题、找到对搜集资料可行的技术、消除或减少可以避免的错误。[②]

[①] ［美］艾伦·巴比：《社会研究方法》（第十版），邱泽奇译，华夏出版社 2005 年版，第 104 页。

[②] ［美］理查德·谢弗（Richard T. Schaefer）：《社会学与生活》（精要插图第 11 版），赵旭东等译，世界图书出版公司北京公司 2011 年版，第 19 页。

（二）案例分析法

案例分析法是指结合文献资料，以典型案例为素材，对研究对象进行具体分析，得出事物的一般性、普遍性规律的方法。案例分析法的内容形式为研究设计、选择案例、收集数据、分析资料和撰写报告。

报业传媒新闻网站的商业化之路与战略转型艰难而又曲折，既有体制机制、融资渠道和信息服务的限制，又有经营战略上的困惑，包括商业模式混沌、核心定位摇摆、管理观念滞后和人才战略忽视等问题。新闻网站在大数据时代和移动互联网时代不断地尝试与拓展一些新的数字业务，商业网站在新业务新营销领域的探索等都将给予我们启发。因此，本书将立足现实，选择一些具有特色的新闻网站进行深入分析，收集新闻网站的文件、档案记录和访谈内容等资料，在案例分析的基础上归纳概括新闻网站平台化转型的基本规律。同时也通过调查问卷等方式获取业界的第一手资料来佐证文中的理论假设。

（三）比较研究法

比较研究法，又称为类比分析法，是对物与物之间和人与人之间的相似性或相异程度的研究与判断，依据一定的标准寻找其异同，探求普遍规律与特殊规律的方法。古罗马著名学者塔西陀曾说："要想认识自己，就要把自己同别人进行比较。"比较是人类对两个或两个以上的事物或对象加以对比，以找出它们之间的相似性与差异性的一种具体的分析方法，更是人类认识、区别和确定事物异同关系的最常用的思维方法。

在传统互联网和移动互联网时代媒体的生存形态和商业模式是多元的、非线性的和复杂的，但是在纷繁复杂的商业发展背后，总是有一些基本规律在支配和指引其向前发展。比较研究法是新闻网站平台化转型研究的一个强有力的研究方法，新闻网站的商业化发展没有一个固定模式可以学习和效仿，同时，新闻网站受到诸多影响因素的规制和制约，体制机制、融资渠道、信息内容等因素都会影响到新闻网站的发展与商业模式的探索，但这并不意味着新闻网站不同的发展形态和模式之间就没有任何的相互参考性和启发性。通过体制内新闻网站与体制外新闻网站、中央级新闻网站与地方重点新闻网站的比较研究，我们可以发现新闻网站发展的一般性规律，寻找新闻网站平台化转型的契机与商业模式。

三 研究的基本框架

根据本书的研究对象和内在逻辑思路，本书的基本分析框架是从现实到理论、然后再从理论到具体实践的反复论证的逻辑思维过程。本书分为七部分来展开论述。

第一章是导论部分。本章主要解决本书分析的一些基本学术规范和基本概念。在新媒体扩张和传统报纸媒体衰亡的背景下研究新闻网站的缘起和意义所在，界定本书研究问题的基本概念、研究方法的科学性和技术路线设计。

第二章是新闻网站的现状、限制与困境。本章聚焦于中央重点新闻网站和地方重点新闻网站这两类新闻网站的运营与转型。主要剖析当前新闻网站的路径选择与生存现状；新闻网站市场化运营的体制机制限制、内容同质化限制、时政类新闻网站资本运营的限制以及平台缺失的限制；新闻网站经营战略面临核心定位摇摆、商业模式混沌、管理观念滞后和人才战略忽视的困境。

第三章是新闻网站增量拓展与转型案例分析。本章将以人民网和新华网为代表的全国重点新闻网站与以浙江在线为代表的地方重点新闻网站作为典型案例，在转企改制、上市融资、移动互联网与大数据背景下剖析这两类重点新闻网站在多元业务增量拓展、新商业模式探索与新媒体战略转型方面的有益尝试。

第四章是平台及平台经济的本质特征——无限延展性。平台经济学是研究平台之间的竞争与垄断情况，强调市场结构的作用，通过交易成本、契约理论和长尾理论，分析不同类型的平台企业的发展模式与竞争机制的新经济学科。平台及平台经济的显性特征为双边用户需求的互补性、间接网络外部性、双边用户多属行为特征和平台产品寄生性与信息化特征，而平台及平台经济的本质特征则是无限延展性。平台及平台经济通过开放平台战略，构建双边及多边市场中各利益相关者共同参与共建的平台生态圈，使平台企业在用户规模、产品类型、平台话语权、赢利模式等领域拥有无限可能性和无限延展性，并发展成为多方共赢的综合性开放平台。

第五章是基于平台生态圈推动新闻网站战略转型。本章主要分析新闻网站战略转型的用户策略、运营模式和平台生态圈等企业战略层面的问题。首先，新闻网站应该重新检视其用户策略，以用户体验为中心颠覆性重构互联网时代用户的平台黏性，基于用户体验管理实现新闻网站平台体量与容量跃迁的战略转型；其次，新闻网站应该重新检视其运营模式，以互联网思维对其业务与运营模式进行破坏性创新，实现新闻网站产品策略和营收模式的战略转型；最后，新闻网站应该基于用户信息需求的多属行为提升新闻网站在平台生态圈中的话语权，实现以内容平台为核心的多方共赢的平台生态系统的战略转型。

第六章是基于大数据平台重构新闻网站商业模式。在大数据经济时代，商业模式已经超越技术层面，从信息管理领域扩展到了企业管理领域，开始关注企业的整体运营、价值创造与获取的互动机制，增加了战略层面的内容。商业模式是连接企业战略和战略实施的纽带，而战略实施是企业战略转换为价值创造、产品营销和资源配置的运行方式，商业模式是保证企业战略能够成功实施的先决条件。新闻网站在互联网时代将在以要素流、信息流和规则流为核心的大数据平台上重构其商业模式。

四　研究的创新点与难点

本书的选题主要针对当前新闻网站的路径选择与生存现状进行分析，剖析新闻网站市场化发展的结构性限制和经营战略的困境，力图构建以平台及平台经济为核心理论的平台化转型研究，主要创新点有：

新闻网站在固守存量空间的同时，应该基于互联网思维拓展增量空间，构建以大数据为核心的数据平台和移动平台。

新闻网站应以用户体验为中心构建具有平台黏性和忠诚度的用户聚集平台和网络问政及舆情引导平台，进而提升新闻网站的容量与体量。

新闻网站基于用户信息需求多属行为演化平台生态，参与平台竞争，利用平台补贴模式提升平台话语权，构建多方共同参与的平台生态圈。

新闻网站在以要素流、信息流和规则流为核心的大数据平台上重构其商业模式。

本书针对新闻网站的平台化转型，提出通过构建新闻网站多方共同参与的平台生态圈，探索大数据时代新闻网站新商业模式的重新建构。

本书研究对象主要为中央级新闻网站和地方重点新闻网站这两类，受研究对象体制机制的限制，新闻网站在互联网时代很难从体制内走向体制外，无法完全按照平台及平台理论来建构新闻网站的平台生态系统。本书研究的难点主要集中在以下三点：

第一，新闻网站如何突破体制机制所限，真正参与市场竞争，实现平台化转型。新闻网站的互联网探索虽然趋于多元化，但受体制机制的限制，真正意义上的市场化运营并没有实现。人民网虽然成功上市，但并没有解决新闻网站的商业模式问题，政府采购在其营收中仍然占比较大。众多新闻网站在转换互联网思维和培育互联网基因上的一些尝试仍然没有太多触及互联网企业的核心商业模式。

第二，研究对象取样的艰难性。新闻网站平台化转型研究的落脚点应该是对新闻网站进行现阶段的指导并发挥理论的实践功能，但是目前新闻网站都处于互联网转型的探索发展阶段，还没有一个新闻网站成功地完成平台化转型。因此，本书将主要从理论视角阐释新闻网站平台化转型的战略决策，辅以部分成功案例加以佐证，这导致理论偏多而实例的说服力较弱。

第三，地方重点新闻网站权属的复杂性。目前地方重点新闻网站都隶属于报业集团，并没有真正独立运营，在新闻网站的平台化转型中往往伴随着报业集团的数字化转型与平台化转型，很难真正把新闻网站从报业集团中剥离出来。因此，在分析新闻网站平台化转型和商业模式探索时，权属和非独立运营都会影响到对新闻网站平台化转型的实践和理论探索。

第 二 章
新闻网站的现状、限制与困境

　　自 1995 年 10 月 20 日《中国贸易报》成为中国第一家传统新闻媒体发布网络版新闻的先行者，新闻网站已走过了二十年的发展历程。据不完全统计，几乎所有的传统媒体都采取了"一报一网"或"一刊一网"的方式，纷纷触网，开辟了新闻传播的第二阵地。根据网络媒体的影响力，当前新闻网站主要分为四类：第一类为全国重点新闻网站，以人民网、新华网、央视网为代表；第二类为地方重点新闻网站，以北京千龙网、上海东方网、天津北方网、湖南华声在线、山东大众网、浙江在线和四川新闻网等为代表；第三类为各地报业集团及广电系统主办的综合性新闻网站及一些地市级报纸的网络版，以荆楚网、大洋网、汉网为代表；第四类为具有互联网新闻信息服务许可证的商业网站，以新浪网、凤凰网为代表。

　　本书聚焦于中央重点新闻网站和地方重点新闻网站这两类新闻网站的运营与转型进行研究。本章主要剖析当前新闻网站的路径选择与生存现状，新闻网站市场化运营的体制机制限制、内容同质化限制、非时政类新闻网站资本运营的限制，新闻网站经营战略的困境。

第一节　新闻网站的路径选择与生存现状

　　随着全球报业的衰退与移动互联网的兴起，中国报业集团加速网络化、数字化和移动化的新媒体转型，这在一定程度上改善了新闻网站市场竞争的格局。在新闻网站发展的二十年里，传统媒体尝试了不同的发展路径，但是无论是新技术运用还是业务创新，新闻网站基本上都没有太大的突破。

　　1. 报纸网站——"你是你，我是我"，报业集团试水互联网

　　以 1995 年《中国贸易报》推出网络版为标志，部分知名传统媒体开始纸媒信息上网，纷纷推出"网络版"和"电子版"，当年年底全国上网

报刊达 60 家。在发展初期，这些报纸网站没有独立域名，绝大多数网站并不能保证及时更新网站的信息内容，或是把一些已经失去时效性的纸媒信息放在网络上，或是照搬、照抄纸媒信息，"报网同质化"是这一时期的主要特征。而同一时期少数西方报业开始了网络原创内容的探索：1997年《华盛顿邮报》开始在报纸新闻的基础上扩充网络信息报道；1999年《纽约时报》获得"数字优势奖"就是基于其网站拥有大量的原创新闻。

从 2000 年始，数量超过 1000 家的报纸网站开始注意新闻的时效性和信息内容服务的互动性，并努力摆脱报纸网络版的束缚，转向新闻门户网站的战略定位。报纸网站从解决互联网浪潮下网站有无的问题向基于互联网思维的报纸网站商业化转型。

2. 报网互动——"你中有我，我中有你"，传统报业网络化的工具性选择

以 2000 年 10 月 28 日《人民日报》网络版改为"人民网"为标志，中国传统报业进入报网互动时期，这也意味着报纸网络版被综合性的新闻网站所取代。随后，人民网、新华网、中青网等网站成为了获得登载新闻许可的国家重点新闻网站。虽然众多报业集团以图形版或 PDF 版的形式留存其"网络版"，但是这种形式只占整个网站内容的一小部分。报网互动是传统媒体为摆脱困境而选择的一条路径，希望能够通过与网络媒体的优势互补来完成产业转型。报纸内容与网站发布的其他新闻脉络分明，在一定程度上表现为纸媒与网络的良好互动。比如，在每条报纸新闻下面用超链接的形式标注相关的网络稿件，而网上点击率较多或者反馈热烈的热点事件或突发事件，也会成为报纸报道的重点选择，同时报纸上用户比较看重的新闻热点或深度报道系列新闻，也会第一时间在网络上发布。传统纸媒利用品牌、新闻、读者等优势资源来打造特色明显的网站，而网站对报媒的特色资源进行全面整合、深度挖掘，以提升媒体的权威性和影响力。

美国报业从 2002 年开始报网互动，利用网络打造信息资讯收集、整理、加工和发布的平台，使得报纸网站成为一个综合信息服务平台，强调内容互动、广告互动、团队互动、形式互动和并购及投资其他网站。传统报媒希望通过网络版来稳定报纸的读者群并吸引年轻读者，开发新的媒体功能，探索更为有效的报网联动机制。

Jennifer Wood Adams（2007）研究了报纸开发网络版的主要利益所

在；在线报纸是纸质报纸的补充，还是对纸质报纸的拆分，或是两者的结合；原创在线内容所占比例、用户使用网站是否需要订阅或注册、能否在未来实现信息互动。[①] 喻国明认为传统媒体走向新媒体的关键就是建立新技术与传统媒体价值要素间的对接环节，报纸和网络二者是一个功能相辅、价值互补的整体。[②]

无论是在中国还是美国，在报网互动中采取"以报带网"还是"报网互动"，其存在的最大问题就是传统报业始终处于主导地位，以传统报业的商业模式和经营策略管理新媒体，网络只是传统报业的工具性选择而已。所谓的"报网互动"只是报纸与网络两种介质的互动，表现为"你是你，我是我"彼此相对独立的经营模式，无论是用户、内容、广告商、编辑部门与经营部门等都缺少必要的互动，部门壁垒始终影响着二者实现真正意义上的互动。

3. 报网融合——组织流程重组与全媒体运营

中国网络的用户规模在 2005 年首次突破 1 亿，Web2.0 技术的大量使用直接推动中国互联网的发展进入了互动的新阶段，报纸网站基于交互技术进入了"你中有我，我中有你"的"报网融合"阶段。报网融合实质上是"全媒体模式"的媒介融合，它模糊了媒体与从业者间的界限和壁垒，超越了报网两种媒体介质的协作范畴，形成了新闻采集方式和新闻信息的大融合、大汇流与广分享的新媒体模式。

西方媒介融合的标志性媒体是坦帕新闻中心——一个拥有 18 家电视台及附属网站、21 家日报及附属网站以及 200 多家出版机构的媒介集团，它开始向以数字媒体为主导的多媒体转型，把报纸、电视和网络的内容业务融合起来，被美国学者称之为"媒介融合实验"与"未来新闻编辑部的模型"。此外，媒介技术融合也可以导致经济或规则、制度的融合。

报网融合可以通过报网资源的重新配置和内容的实质互动来实现媒介资源的最大化利用，为传统媒体创造新的经济增长点并带来可观的经济利益，还有利于媒介内容质量的提高和促进业务创新。网络媒体可以从报纸

---

① Jennifer Wood Adams, "U. S. Weekly Newspapers Embrace Web Sites", *Newspaper Research Journal.* Fall 2007；28，4.

② 喻国明：《报网互动：从传统报业向数字报业的转型——当前中国传媒产业面临的三种转型（下）》，《中国传媒科技》2007 年第 4 期。

获得优质新闻来扩大其内容来源，而报纸通过报网融合在网络上推广和延续报纸的品牌形象，增加用户新闻信息获取的渠道，扩大报纸媒体议程设置的范围，扩大网络社会舆论能力，通过网络互动反馈机制改善新闻采集方式、话语方式和呈现方式以拓展和提高报纸的内容类型与质量水平。

为了摆脱"报网互动"的旧思维，南方报业集团以"报网融合"的新思维尝试体制、内容及业务创新。首先，将带有浓重报纸电子版风格的"南方报网"更名为"南网"并打出"中国首家问政云平台"的旗号，摆脱以往作为报纸电子版"附庸"的定位。其次，组建制作包括文字、图片、音频、视频等多种表现形式在内的全媒体新闻产品/服务的全媒体采编虚拟团队，改变过去临时成立的负责采集各类信息的全媒体突击队，构建以用户阅读习惯为导向的内容生产和发布平台，通过机制体制创新，推动流程再造。最后，把新闻编辑部和新媒体部整合为全媒体编辑部，挖掘新闻部编辑的潜力，使之横跨平媒与网媒并生产适合不同传播渠道和阅读体验的不同形态的新闻产品/服务，满足社会大众对信息产品的多元化需求，以一个新闻主题多种呈现方式的媒体融合态度，从而实现报网的流程重组，推动采编部门共建频道，提升报业集团全媒体运营的拓展能力。

目前，我国报网融合的发展瓶颈在于报业和广电媒体的产业壁垒，三网融合背景下的"新媒体格局"并没有取得太多的成效。这需要政府主管部门从体制机制上解决传媒产业跨业经营的限制，以多媒体融合的整合优势适应新媒体技术带来的媒体变局。

新闻网站从报纸网站、报网互动到报网融合，走过了二十年的发展历程，下面将从网站排名、网站访问量、经营状况、内容与服务等网络媒体的主要要素来检视新闻网站的生存现状。

中国互联网协会和工信部信息中心联合评选的"2014年中国互联网百强企业"显示，排名前五的互联网企业（分别是：腾讯、阿里巴巴、百度、京东和搜狐）的收入占比为总收入的56%，利润占比为总利润的69%，而流量占比为74%，营收集中度较高，规模优势比较明显。此次排名的评价指标是"企业规模、技术创新、社会影响和社会责任"，而2013年的指标则是"经营业绩、用户流量和网站响应速度"。入围排行榜的门槛是2.4亿元，有3/4的企业营收增长率超过20%，其中最赚钱的领域是网络游戏和电子商务，53家网络游戏和电子商务企业的营收总额占比超过70%。

在新闻网站中，人民网（第 53 位）、新华网（第 55 位）、央视国际（第 56 位）继续入选百强，东方网（第 92 位）是唯一入选的地方新闻网站。新闻信息服务的日均访问人次超过 6000 万，页面浏览量达到 3.1 亿。

以人民网为例，截至 2014 年 6 月底，在 Alexa 全球网站排名中，人民网的排名提升至 60 名左右，半年报期内最高排名为 37 名。2014 年上半年日均页面浏览量（PV）较去年平均增长 29%，日均访问者数（UV）较去年平均增长 43%，每天访问量 3 亿，每个月覆盖人数 3 亿。2014 年，人民网着眼于整合全网优势资源，从传统形式的广告到多元化的品牌推广活动，从图文页面资源到视频资源，从 PC 端到移动终端，打通官方、民间两个舆论场，努力营造开放、理性的官民互动重要平台，最大限度促进网站内容价值向营销价值转化。上半年人民网实现主营业务收入 6.20 亿元，同比增长 50.18%；实现净利润 1.27 亿元，同比增长 22.69%；归属母公司所有者的净利润为人民币 0.96 亿元，同比略降 4.25%。

表 2 - 1　　　　　　　　人民网主营业务分行业、分产品情况

主营业务分行业情况				
分行业	营业收入（亿元）	营业成本（亿元）	毛利率（%）	营业收入比上年增减（%）	毛利率比上年增减（%）
互联网信息服务	3.298	1.698	48.52	9.81	−7.90
其他	2.898	0.869	70.03	158.20	27.11
主营业务分产品情况				
分产品	营业收入	营业成本	毛利率（%）	营业收入比上年增减（%）	毛利率比上年增减（%）
广告及宣传服务	2.301	1.033	55.1.	6.70	−3.55
移动增值服务	1.902	0.764	59.84	90.35	18.63
信息服务	1.046	0.592	43.45	18.52	−7.31
互联网彩票服务	0.897	0.561	82.59	−	−

人民网的财务报表显示：广告及宣传服务的增速放缓，同比小幅上涨 6.70%。虽然国内的网络广告市场规模保持平稳增长，但是搜索引擎、视频、富媒体等广告形式却在不断吞噬传统图片和文字链广告的市场份额，同时大规模的网络用户从 PC 端向移动端迁移也使得广告投放客户对传统

类型互联网广告的需求量受到了一定程度的抑制。受益于公司内生增长与外延并举的发展策略，移动增值业务实现了 PC 端和移动端的内容与评论的互通，收入实现同比大幅增长。同时，人民视讯、环球在线、古羌科技等子公司在移动增值业务中也凭借着自身的领先优势取得了不俗的成绩。人民在线通过将资源、产品、用户有机地结合起来，推行平台战略，在信息服务领域实现了产品、服务与用户的交互共赢。同时，推出近 50 份重量级研究报告，扩大网络舆情培训业务，注重大数据的挖掘与分析，不断巩固并提升自身在网络舆情服务领域的影响力和领先地位。人民网还成立人民澳客传媒科技有限公司，进入互联网彩票行业，澳客网凭借专业的人员配置、多元立体化的产品以及独特的数据分析优势为用户提供互联网彩票服务，在 2014 年上半年获得了 9000 万元的相关收入。

第二节　新闻网站市场化发展的结构性限制

在互联网大潮中，政府宣传机构和媒体集团为了占领互联网主流舆论阵地的制高点，纷纷开设了自己的新闻网站，实现了传统媒体和网络媒体之间的转换与对接，进而扩大了媒体集团在互联网时代舆论引导的主流影响力。单纯从数量上看，媒体集团大多采取一报一网的方式，一个集团旗下有多少种子报与子刊就会有等量的新闻网站，似乎新闻网站已经充分市场化运营并参与到传媒市场的激烈竞争中。但如果以网络媒体日平均浏览量来作为评价指标，我们会发现众多新闻网站与商业网站根本不可同日而语。一个日平均浏览量远远落后的新闻网站要想发挥网络舆论影响力，占领主流舆论阵地谈何容易？一个单纯依靠政府拨款才能生存的新闻网站如何才能应对市场化的挑战呢？

新闻网站虽然不断进行市场化的探索与尝试，比如，报网互动、报网融合、全媒体运营等，却都由于种种原因而流于形式。无论是中央重点新闻网站还是地方重点新闻网站，都没有真正找寻到一条适合自身发展的道路，新闻网站市场化发展受限导致的市场尴尬地位在未来一段时间内还将继续存在。

一　体制机制：新闻网站运营的体制性约束

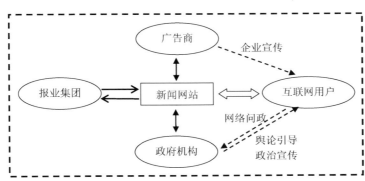

图 2 - 1　新闻网站双边市场结构示意图

　　新闻网站具备双边市场的基本特征（图 2 - 1）。首先，新闻网站具有双边用户需求互补的特征。广告商基于新闻网站进行企业宣传的效果会随着互联网用户对新闻产品需求量的增加而增加，政府机构借助新闻网站进行政治宣传、舆论引导或者网络问政等也会随着互联网用户对新闻信息需求的增加而增加，反之亦然。市场需求来自于双边市场的联合需求，无论是互联网用户、广告商，抑或是政府机构，缺少任一市场的需求，双边市场都难以形成。其次，新闻网站具有网络外部性的特征。广告商或政府机构通过新闻网站进行信息宣传而促使互联网用户免费阅读新闻网站的新闻产品，互联网用户不付费才是新闻网站外部性的前提。最后，新闻网站作为连接和协调不同市场需求的主体，通过同时运营多个相互依赖且高度相关的双边市场获得利润或者至少保持盈亏平衡。

　　长期以来新闻网站双边市场的优势并没有得到彰显。无论是国外的新闻网站还是国内的新闻网站，都把注意力集中在读者身上，希望能够通过"付费墙"使读者有偿阅读以及网络广告来进行资源补偿。到目前为止，新闻网站还没有建立起真正意义上的盈利模式和资源补偿机制，更多的市场化尝试也仅限于赢利点的拓展，传统媒体以广告收入为主的盈利模式并没有在网络媒体上得以延伸。新闻网站拥有诸多的优势资源：时政类新闻采访权使之拥有垄断性的新闻资源；整合母公司旗下的众多媒体内容资源使服务最大化；新闻网站网络舆论引导的政府政策与资金支持等资源。尽管新闻网站的起步早于商业网站，但其发展却远远落后于商业网站。为什么新闻网站拥有诸多优势而发展却步履维艰呢？

究其原因，新闻网站的体制性约束一直是新闻网站经济发展的制度性软肋与桎梏，致使新闻网站在二十年的发展历程中自始至终都没有找寻到适合自身发展的商业模式。新闻网站属国有资产，主要从事新闻报道业务，其经营收入主要依靠广告，运营经费长期依赖政府拨款，缺少自主造血能力，管理层属于事业编制，领导由上级单位任命，这就是大多数新闻网站的现状。

1. 非独立运营——以"传统媒体思维"运营网络媒体

根据新闻网站的分类和创建单位的性质，新闻网站大多是由中央及各省、自治区、直辖市所属的传媒集团创建并维持运营的新闻机构，以事业单位的形式存在，这就决定了新闻网站先天依附于传媒集团的固有特征。传媒集团以传统媒体思维运营网络媒体，长期影响并制约着新闻网站的市场化发展。

首先，财权由传媒集团统收统支，新闻网站不具有财务独立性。新闻网站的经营收入和政府划拨款项都不需要经过网站本身，而是直接进入传媒集团账户，其支出则由传媒集团以预算的形式拨付，实行大媒体集团下的统收统支。这种财务方式使新闻网站在竞争激烈的市场环境中束手束脚，无论是运营还是市场投资都要经过集团的批准才能付诸实施，严重影响了新闻网站的成本核算与运营效率。

其次，人事权由传媒集团调控，传统媒体人运营网络媒体。在创立初期，新闻网站只是传媒集团各子报、子刊占领网络新闻宣传阵地在内容表现形式上的一个补充而已，新闻网站与传统媒体一套班子两块牌子，按照传统媒体的运营方式直接复制报纸版面到网站上，网站信息内容高度同质化，且新闻发布时间还滞后于纸媒，害怕影响到纸媒的发行效果。由于目前网上的新闻都是免费阅读的，有些报纸担心网络版会对报纸的发行造成不利影响，便对网络版实行种种限制，如只许原封不动地将报纸新闻搬上网，不能自己发布新闻，更不能与报纸"抢"新闻等。新闻网站的规模、用户数量、客户群等远远落后于市场发展的需要。

以这种"传统媒体思维"运营网络媒体，忽略网络经济特征，完全照搬纸媒内容，不注重用户体验和感受的思维和观念，都直接导致新闻网站在新闻信息传播活动中很难获得用户的认可和满足。没有人事权与事业单位编制的特点也决定了新闻网站很难找寻到运营网络媒体的适宜人才，缺少激励机制也很难留住这些人才。

最后，战略发展由传媒集团统筹，新闻网站缺少市场战略规划。新闻网站在传媒集团中的地位比较尴尬，其收入方式主要依靠广告，但广告却不能维持其发展需要，在整个传媒集团中无论是实力还是规模或者话语权都比较弱，长期以来依附于传媒集团，依靠政府划拨资金来维持其运营。在整个传媒集团的战略发展规划中，新闻网站是作为传媒集团信息内容网络化与数字化的一个网络载体，即媒介，而不是一个具有独立运营和长远市场战略规划的媒体，于是新闻网站逐渐被边缘化就成为了一种市场常态。

2. 重政治宣传——新闻网站在网络新闻舆论场的核心地位

新闻网站由政府宣传部门或传媒集团主管，造成其在这两方面都存在体制上的矛盾。新闻网站的建立初衷就是能够发挥党委政府的宣传作用，为党委政府的工作宣传鼓劲，尤其是希望能够引导网络新闻舆论并保持其主流媒体的核心地位。同时，主管部门也希望新闻网站能够自主经营，自负盈亏，参与到市场竞争中，新闻网站全面转企改制就是为了增强其自主造血能力，减少政府的财政扶持力度。

新闻网站既希望能够摆脱体制的限制与束缚，实现转企改制，全面参与到市场竞争中，以用户需求为中心创新商业模式，又希望上级主管部门能够加大资金投入和政策扶持力度。这种矛盾心理直接导致新闻网站在既有体制下虽然拥有众多资源优势，却少有摆脱体制束缚的创新勇气和动力。

而过度依赖政府部门与传媒集团的新闻网站在市场拓展、产品设计与研发、网络营销与新媒体营销等领域都远远落后于商业网站，既不能吸引大量网络用户在线阅读网络新闻，又很难建立并保持新闻网站网络新闻舆论场的核心地位。扩大新闻网站的用户规模，新闻网站的商业化发展才能聚集规模用户对信息产品的关注与消费，大量规模用户则会提升新闻网站网络新闻舆论场核心地位，而现有的体制机制却又限制新闻网站的商业化运营。

新闻网站网络新闻舆论场核心地位与新闻网站商业化发展的矛盾还将继续存在。如何协调网络新闻舆论场与新闻网站的商业运营二者之间的关系，将会影响到新闻网站未来的发展。

3. 少用户体验——网络舆论引导与网络用户需求的悖论

当新闻网站能够提供符合网络用户需求的产品和服务时，可以吸引众多的网络用户在线阅读新闻，进而扩大新闻网站网络新闻舆论引导的影响力；当新闻网站提供的产品和服务不能让网络用户满意时，则会导致新闻网站日均浏览量下降，而舆论引导也就只能成为空谈。当前，全国大多数报业集团运营着 PDF 格式的数字报纸和 Web 页面的新闻网站，日均浏览量却都远远低于商业网站的新闻频道，没有以用户为中心进行产品设计与用户体验设计，只能加剧网络用户的流失，进而减弱新闻网站网络舆论引导能力。

问题的核心就是：网络用户需求与网络舆论引导的悖论，也就是新闻网站忽视网络用户需求与用户体验的经济属性和新闻网站政治属性间的冲突。

经济学家提勃尔·西托夫斯基（Tibor Scitovsky）说过："人类富足之后主要的表现是更频繁地聚会吃喝，他们会增加自己认为重要的聚会和节日的数量，直到最终把它们变成像周末晚宴那样的惯例。"① 当新闻网站无法清晰分辨初级产品和价值较高的经济产出之间的区别时，初级产品化现象就会自动出现。正如我们对新闻网站的产品和服务进行分析时所发现的，新闻网站提供给网络用户的只是纸媒内容的简单复制与照搬的初级产品，即使新闻网站贴上"区域性新闻"的标签，也很难解决网络用户对其产品与服务的失望。

当商业网站有意识地利用服务、产品来吸引网络用户时，就产生了用户体验。这种用户体验和初级产品的可互换性、产品的有形性、服务的无形性相比，是一种更具丰富感受，可以引发每个网络用户内心共鸣的综合体验。这种体验是网络用户在心理、生理处于高度刺激状态时形成的、与任何人都不相同的体验。而新闻网站还没有真正以用户为中心进行产品设计与用户体验设计，殊不知用户体验就是商机，对于维持网络用户的客户忠诚度有着至关重要的意义。从投资回报率与用户转化率两个度量标准可以清晰看到用户体验对于新闻网站流量和服务的经济价值。

新闻网站应该以用户为中心进行用户体验设计，从战略、范围、结

---

① ［美］B. 约瑟夫·派恩（Pine, B. J.）、吉尔摩（Gilmore, J. H.）：《体验经济（原书更新版）》，毕崇毅译，机械工业出版社 2012 年版，第 7 页。

构、框架和表现五个层面自下而上构建基本架构①，按照网络用户的不同需求提供功能型平台类产品与信息型媒介类产品，通过营造适于用户体验的产品氛围，提高网络用户对新闻网站产品与服务的依赖性。

二　信息服务：新闻网站内容的同质化限制

现在的新闻网站多数通过罗列海量新闻以满足用户对资讯的需求，众多用户迷失于新闻网站每天更新的内容重复率高达 60%—80% 的海量信息中。而原创新闻信息则属于稀缺资源，在同质化面前也多偃旗息鼓。以中央重点新闻网站人民网、新华网为例，对比以北京千龙网、上海东方网、天津北方网、湖南华声在线、山东大众网、浙江在线和四川新闻网等为代表的地方重点新闻网站，分析这些新闻网站内容产品与服务的创新不足导致的内容同质化。

1. 栏目设置

从栏目设置来看，各大新闻网站基本上都按新闻报道内容进行分类，虽包罗万象，内容分类却大同小异。各大新闻网站的栏目导航基本雷同，囊括一切，恨不得把所有的内容都堆砌在网站上，最终流于表面化和平铺化。很少有新闻网站能够根据自身特点和定位推出特色栏目或知名频道，即使有，大多时候也淹没在一大堆名目中，使用户找寻不到，也没有在栏目的表现形式上加以强调，重点彰显其内容产品与服务的特色。

2. 新闻来源

体现新闻网站信息资源的丰富性和同质化程度的一个重要指标就是新闻来源。新华网与人民网半数以上的新闻为原创，中央重点新闻网站在自采原创新闻方面占绝对优势，甚至是地方频道也有大量的原创信息产品。千龙网、东方网、北方网、大众网、浙江在线等地方重点新闻网站的国际、国内和社会新闻的部分信息内容基本上都来自新华网等中央重点新闻网站，只有本地新闻信息属于自身原创，但也因受到新华网和人民网地方站点的狙击而业务流失。相反，新浪与搜狐没有新闻自采权，其网站上大量的时政类新闻都源自于各新闻网站的母媒体，但是这些商业网站却依靠内容整合和技术力量开发出满足用户需求的、具有自身特征的、独有的信

---

① ［美］杰西·詹姆斯·加勒特：《用户体验要素：以用户为中心的产品设计》（第 2 版），范晓燕译，机械工业出版社 2011 年版，第 20 页。

息资源，从而聚合大量用户。

各新闻网站的大量信息还存在着不同程度的重复，其报道内容和标题完全重复或者是内容相同而标题不同。国内与国际新闻大多来自于新华网，各新闻网站大多重新编辑新闻标题以吸引用户的注意，而内容则基本上不变，新闻网站在与合作单位共享信息资源的同时，也加剧了新闻内容同质化的趋向。

对于重大事件的报道与发布，新华网是绝大多数新闻网站的首选来源，人民网、中新网、中国日报网等也是重要的资源共享单位。

3. 信息加工

对于热点新闻与重要事件的信息内容，各新闻网站专题报道中标题关键字相同或相似的概率高达90%以上，新闻网站对于专题报道的信息内容缺少自身的立场和观点，只是使用陈述句式来简单明了地说明事件。其实，新闻网站完全可以从新闻事件中筛选出具有独到视角的信息内容进行加工与整合来形成原创报道，从而规避众多新闻网站一窝蜂报道同一主题和相同内容的情形。

总之，新闻网站在栏目设置、新闻来源、信息加工、新闻内容、新闻播发手段与资源整合方式等方面都存在着不同程度的同质化倾向，新闻信息的重复与无效也导致了信息资源的浪费与耗散，对用户来说也是一种信息污染。因此新闻网站并没有在网络信息中获得应有的主导地位，相反，还远远落后于众多的商业网站。未来新闻网站必须突破单一的信息内容服务和经营模式，根据用户的个性化、社交分享、极致体验等需求为用户筛选、推荐最适合用户个人的内容，通过产品的设计与研发寻求差异化布局，实施门户、微博、视频与移动端等多平台深度整合的战略。

三　融资渠道：新闻网站上市的资本化限制

在2007年第七届"中国网络媒体论坛"上，国务院新闻办公室副主任蔡名照表示，要积极推进新闻网站体制改革，列入改革试点的新闻网站可以尝试通过多种渠道来拓展资金来源，引进国有战略投资者，在确保主办单位控股的前提下，建立现代企业制度，组建股份公司，条件成熟时可以在国内上市。同年11月，新闻出版总署署长柳斌杰也明确表示，支持国家骨干、大型新闻类网站通过上市融资，增加实力，进一步扩大网络新闻宣传阵地。

2009 年，国务院新闻办公室在湖南长沙召开全国重点新闻网站转企改制试点工作座谈会，交流重点新闻网站转企改制的工作经验，加快推进重点新闻网站转企改制试点工作。试点工作的主要任务是：以发展为主题，以改革为动力，以体制机制创新为重点，建立现代企业制度，实行股份制改造，运用上市融资等经济手段，增强重点新闻网站的综合实力，探索既符合社会主义先进文化要求又符合互联网传播特点，既保证导向正确又富有活力的重点新闻网站发展道路，为下一步改革积累经验。

政府高层虽明确表态支持新闻网站进行体制创新，但并没有真正出台新闻网站的融资政策。

首先，新闻网站大多数还依赖于政府宣传部门和传媒集团的财政资金支持，其人事与财务都隶属于传媒集团，这种二级法人模式直接造成新闻网站的产权关系不明晰。新闻网站的资产所有权和资本经营权没有分离，资产所有者和使用者的权利、义务、责任关系模糊，网站管理者缺少相应的责、权、利和激励分配权益，网站经营徘徊在事业与企业之间，缺乏网站发展的内驱力。如果新闻网站不能真正转企改制进行体制创新，继续游离在事业和企业之间，那么新闻网站上市融资将长路漫漫。

其次，新闻网站仅局限于业内资本和国有大企业投资的融资政策也限制了新闻网站的融资渠道。与大型国企相比，新闻出版行业本身的经营规模和资金实力都较弱，尚无充裕的资金投向盈利能力不强的新闻网站；国内大型国企只能参股而不能控股则削弱了他们的投资热情，运营新闻网站还必须要承担政策风险；新闻网站自身运营模式单一，尚没有建构成熟的商业运营模式。综上所述，大型国企对新闻网站不予重视可想而知。

人民网作为传统事业单位色彩浓厚、企业运营经验不足的网络媒体，希望通过引入战略投资者来加强其企业运营能力，中国移动等移动运营商与人民网在移动互联网业务上具有很强的战略互补性。移动运营商可以通过入股人民网获得网络媒体的内容资源，借助手机终端进行整合传播，人民网也可以借助中国移动的雄厚资金优势来拓展人民网在互联网和移动互联网的业务。但是我们通过分析人民网前十位股东持股的情况（表 2 - 2）可以发现，人民日报社持有 47.84%，环球时报社持有 8.62%，二者所持有的人民网股份合计 56.46%，而环球时报社又隶属于人民日报社，媒体机构持股比例过高；而作为战略投资的大型国企，三大移动运营商持股的比例则显得过低，中国移动持有 2.17%，中国联通持有 1.45%，中国电信持有 0.72%，加起来还不到 5% 的持股比例只能说明三大移动运营商对于新闻网站并没有表现出极大的兴趣与关注，所谓的战略投资只能说是聊胜于无罢了。

表 2 - 2　　　　　　　　　　人民网股东数量及持股情况

报告期末股东总数						25426 户
前十名股东持股情况						
股东名称	股东性质	持股比例（%）	持股总数	报告期内增减	持有有限售条件股份数量	质押或冻结的股份数量
人民日报社	国有法人	47.84	132242255	-4607745	132242255	无
环球时报社	国有法人	8.62	23820034	-829966	23820034	无
中银投资资产管理有限公司	国有法人	2.90	8013468	-279215	8013468	无
全国社会保障基金理事会转持三户	其他	2.50	6910569	6910569	6910569	无
中国移动通信集团公司	国有法人	2.17	6010101	-209411	6010101	无
英大传媒投资集团有限公司	国有法人	2.17	6010101	-209411	6010101	无
北京北广传媒投资发展中心	国有法人	2.17	6010101	-209411	6010101	无
中国联合网络通信集团有限公司	国有法人	1.45	4006734	-139607	4006734	无
金石投资有限公司	境内非国有法人	0.75	2073171	0	2073171	无
中国石油化工集团公司	国有法人	0.72	2003367	-69804	2003367	无
中国电信集团公司	国有法人	0.72	2003367	-69804	2003367	无

资料来源：2012 年人民网半年度报告，发布时间：2012 年 8 月 23 日。

网络媒体又恰恰是比较"烧钱"的行业，可是，新闻网站自身资金积累不够，大型国企又不太感兴趣，私人资本和外资有投资兴趣却因新闻网站的特殊身份而被拒之门外。新闻网站上市融资渠道的单一化必然导致发展迟缓、业务拓展乏力、用户流失等恶性循环，在竞争激烈的网络经济大潮中落后于融资渠道多样化的商业网站则是一个必然的结果。

四　平台缺失：新闻网站平台的生态化限制

前《连线》杂志主编、《长尾理论》作者克里斯·安德森（Chris An-derson）在《开放式创新之潮》中讲到，开放式创新主要是通过创建一个平台来构建一种生态体系，平台会获胜，生态系统可以打败公司。在任何一个新兴市场中，唯一能够探索的就是创建一个平台生态系统，每个人都可以合作创新，共同界定未来。平台企业不仅拥有技术、工程、设计、营销、全球化，而且包括开放平台。开放平台是互联网时代的选择，而生态闭环则是平台运营的必然之路。

互联网及移动互联网时代需要新的商业模式，新的商业模式又需要新的思维，而新的思维则需要颠覆性创新。在全球最大的 100 家企业里，有 60 家企业的主要收入源自于平台商业模式。无论互联网企业，还是传统企业，比如银行业、零售业和旅游业都在利用平台商业模式获利并持续扩大市场份额。最初的平台指的是产品平台，被用来描述企业制造一系列针对不同客户的产品及衍生产品共用的基础架构和关键零配件。而今天的平台是指产业平台，即满足双边及多边市场中需求不同但相互依赖的不同用户群体间进行互动的由硬件/软件、管理服务体系、政策/规则体系构成的基础架构。乐视就是一直致力于打造基于视频产业和智能终端的"平台+内容+终端+应用"的完整的平台生态系统，"乐视模式"就是以互联网思维颠覆传统商业模式的典型代表。

基于互联网的平台生态能够产生超越时间、空间范围的海量信息、用户、供应商等各种各样的资源，并在平台聚合进行交易。淘宝就是通过免费提供一个给用户使用的购物平台，激发平台的同边网络效应和跨边网络效应，产生正向循环，从而产生聚合海量电商和海量用户的网络聚合效应。新浪则是聚合海量内容、海量新闻、海量读者的平台。

新闻网站在二十年的发展历程中，历经报纸网站、报网互动和报网融合这三个发展阶段，但是却始终没有构建起新闻网站自身的平台生态系统，而以"内容+广告"为核心竞争力的传统业务却遭到来自网络媒体的冲击与侵蚀，处于不断衰减的过程中。对于新闻网站而言，以往利用内容获取的用户资源可以借助广告模式来变现，但在互联网时代，网络用户对于信息服务和新闻内容有更多的商业网站可以选择，绝大多数新闻网站并没有提供给用户更好的体验、更好的服务，即使是免费提供也很难获得海量用户的关注和吸附。新闻网站的日均浏览量及流量已经证明了用户群体的缺失，这也影响了平台另一边用户群体规模扩大的速度，新闻网站的平台容量和体量都很难提升，直接造成了新闻网站营销平台的缺失和商业模式的迷失。在平台生态系统中，一旦平台缺失，该企业就肯定会失败。新闻网站只有重新建构自身完整的平台生态系统，或者加入到其他平台生态系统中成为其中的生态元，才能够真正摆脱平台缺失的限制。

第三节　新闻网站经营战略的困境

一　核心定位摇摆：战略目标短视和用户黏性不足

新闻网站先后经历了报纸网络版、报纸网站、报网互动、报网融合及全媒体发展等经营策略的调整，传媒集团始于 20 世纪末的改革与改制对新闻网站主体地位的改变与影响并不大，新闻网站依附于传媒集团的基本现状依然没有太大的改变。丧失主体地位的新闻网站长期游离在竞争激烈的商业网站之外，管理层属于事业编制，领导由上级单位任命，缺少基本的盈利能力，主要依靠政府和传媒集团的财政支持维持生存。这种体制机制也加剧了新闻网站在市场竞争中经营战略的缺位和战略目标的短视行为，受到母媒体各种体制机制的束缚，也没有内在的盈利驱动和外在的竞争压力，致使新闻网站竞争意识不强，开放性、交互性、社会化、移动化与大数据等网络特征并不明显。即使拥有母媒体大量丰富的优势资源，但缺少转化为新闻网站核心竞争力的能力，其直接结果就是用户规模偏小、用户黏性不足。传统媒体无往不利的盈利模式在互联网时代失灵，如何聚合规模用户并提升用户黏性将成为新闻网站未来首先要面对的关键问题。

1. 功能性定位：政治功能抑或经济功能？

新闻网站长期以来核心定位摇摆不定，源自于新闻网站自身功能性定位的缺失。新闻网站的主要功能是政治功能还是经济功能，这是新闻网站无法回避的体制问题。新闻网站发展之初的"事业单位，企业化管理"体制可以让新闻网站享受到事业、企业的双重优惠待遇，但是在面临激烈的外部市场竞争和商业网站灵活多变的体制机制时，新闻网站却又游离在政治功能与经济功能之间，致使其"事业不像事业、企业不像企业"。这种体制下新闻网站的政治功能没有得到彰显，经济上又表现为依赖政府与传媒集团的救济，缺少独立生存的能力；经济上不能自立致使其核心产品的研发与用户体验较差，用户缺乏转换成本且黏性不足致使用户大量流失，则又会影响政治功能的彰显。

2011年10月18日，中共十七届六中全会审议通过了《中共中央关于深化文化体制改革 推动社会主义文化大发展大繁荣若干重大问题的决定》，明确提出要"支持重点新闻网站加快发展，打造一批在国内外有较强影响力的综合性网站和特色网站"。如何使新闻网站成为真正意义上的主流媒体，则取决于三个标准：第一，拥有受众；第二，有效传播；第三，体现主流价值。新闻网站所提供的产品及服务的品质会影响到受众规模，受众规模的大小又会影响传播的有效性，传播效果则直接体现为新闻网站的主流价值。因此，新闻网站必须建立以互联网用户为核心的市场定位，提供满足互联网用户需求的新闻产品及服务，才能够实现引领网络舆论与政治宣传的功能。

2. 信息内容：门户网站抑或区域网站？

从新闻网站的信息内容来看，全国大部分新闻网站都是报业集团根据"一报一网"的占位策略建立的，几乎每家传统媒体都有一家或大或小的网站，然后把传统媒体的内容放在网站上，以实现"资源整合"的目的，似乎传媒集团以这种方式实现了媒体实力扩张与网络舆论阵地的占领。但是，诸多新闻网站又有几家盈利呢？几乎所有的新闻网站在信息传播和经营方面的业绩都远远落后于商业新闻网站，而且在传媒集团内部也远逊于集团的其他子媒体，尚未寻找到合适的发展路径。

南方网是全国十大新闻网站，由南方日报传媒集团创办，其内容资源与资金支持都具有优势。但是据公开报道，一直到现在，南方网投资了差不多1个亿，目前都没有实现盈利。可见，南方日报传媒集团办报"办一个成功一个"的优势并没有在互联网上顺利延伸。而杭州日报报业集团旗下的每一家报纸也都有自己的网站，也就是所谓的"一报一网"模式。但是报业集团12亿收入的80%来自于报业，虽然创办了同名网站、报网一体运作的模式，但是网络版并没有给集团带来更多的盈利机会与盈利能力，反而因为过多的网站分散了集团对网络媒体投资的效果。在传统媒体具有良好盈利能力的情况下，这些网站还能在传统媒体的支持下"烧钱"，一旦传统媒体如欧美报业那样遭遇营收困境，尚无独立营收能力的新闻网站则会遭到致命打击。

现有的大多数新闻网站都属于综合性新闻网站，比如浙江在线、河南在线、四川在线等新闻网站，从这些网站上我们可以看出内容雷同、功能一致、定位类似的共性特征。在互联网没有疆域的时代，没有个性只有共性的新闻网站很难吸引到足够支持网站发展的受众规模，想在众多类似的新闻网站中脱颖而出是一件相当困难的事情。已被商业网站证明有效的广告盈利模式恰恰在新闻网站上失去效果，而新浪网、凤凰网等新闻门户网站利用全国传统媒体的内容资源，吸引来备受广告客户关注的流量并建立以广告收入为主的商业模式，在众多的综合性新闻门户网站中也只有少数几个能够成功。失去先发优势的新闻网站并没有追赶商业新闻门户网站的能力，网络经济时代市场竞争的结果必然就是：第一第二可以"吃香的喝辣的"，第三第四就只能"喝西北风"。这种特征在细分市场领域表现得尤为明显。

综合性新闻门户网站的定位致使众多新闻网站很难吸引到足够的受众资源，缺少用户关注又加剧了新闻网站生存的困境，新闻网站的处境越发艰难。

二 商业模式混沌：缺少可持续且稳定的盈利能力

当前，大多数重点新闻网站的主要收入来源是国家拨款、财政支持及传媒集团的经营性补贴。传统媒体依靠"二次售卖"受众注意力的核心竞争力来获得广告商的青睐，进而建立以广告收入为核心的商业模式。但是，新闻网站的商业化运营并没有顺利沿袭这种成熟的商业模式，传统媒体无往不利的商业模式在互联网时代遭遇生存危机，互联网受众碎片化和小众化特征也加速了新闻网站的经营困境，很难有一家新闻网站能够聚集绝对优势的受众群。依靠单一的网络广告收入并不能真正意义上建立起新闻网站的资源补偿机制，大多数新闻网站试图通过在线广告、信息内容订阅、互联网增值、手机报、手机视频等尝试拓展多元业务，希望寻找到适合新闻网站自身发展的商业模式。

哈佛商学院教授克莱顿·克里斯坦森博士认为："报业企图用新技术生搬硬套复制旧产品，对于认识新的盈利模式反应迟钝，例如，利用网络进行'潜在客户资料收集'、目标性直销等，实际上'纯网络业务网站'这些都是主要的盈利模式，报纸也迟迟看不到地方性搜索、超级地方化内容、利基受众形成、博客、社区论坛等新的'用户创造内容'对于用户与广告商的巨大潜力。没有意识到现在的受众早就具备了创造、上载、共享信息，而不是被动使用信息的能力。"

大多数新闻网站都陷入网络广告和付费墙的思维定式，并没有想方设法为用户增加额外的价值，许多新闻网站已经陷入长期无人阅读的窘境。同时，受业务结构、受众规模、产品开发等因素的制约，新闻网站的业务多元化也经营乏力，缺少核心竞争力，商业模式长期陷入混沌状态，缺少可持续且稳定的盈利能力。

1. 信息内容：游离在"付费墙"与"免费"之间的困惑

"付费墙"（Paywall）就是指对报纸网站的读者实行收费的办法。美国传媒经济专家 Ken Doctor 称之为"读者收费的革命"。

2009 年 4 月，新闻集团 CEO 默多克在一次公开论坛上愤怒地谴责谷歌，指责其为读者提供链入免费新闻网站的行为是"偷盗"，呼吁全行业联手反击，并提出了要建造一座新闻付费墙，将谷歌赶出他的新闻王国的设想。随后，新闻集团旗下报纸包括《华尔街日报》《泰晤士报》《世界新闻》《星期日泰晤士报》等都先后宣称将设立付费墙，即对在线内容实行收费阅读。

2011 年 3 月，《纽约时报》在拥有 3000 万月流量并在同类网络刊物中点阅率最高的网站上启动了"付费墙"功能。《纽约时报》对阅读量超过限定的 20 篇的用户月收费 15 美元，不过对从新媒体平台如推特和社交网站点阅文章的用户将会保持开放。对于已经订阅报纸的用户，他们不仅可以自由浏览网站新闻，头条新闻也会继续在智能手机和平板电脑上保持链接。由此看来，《纽约时报》的"付费墙"更像是一种留有缝隙的"篱笆墙"，它并没有完全封锁阅读内容，任何人都可以不用付费而穿过。实际上，《纽约时报》的付费墙是一个看似付费墙的捐赠系统，类似于博物馆入口处设立的"建议捐赠"箱。因此，阅读《纽约时报》绝不存在必须付费的情况，许多人付费只是图方便。

付费墙存在的主要原因之一就是阻碍外部链接的流量。而《纽约时报》的付费墙并不考虑链接付费媒体，它保持与谷歌链接的开放，允许更多非付费用户的进入，包括很重要的社交媒体。它认为这种链接不违反它们的"付费墙标准",这就意味着,大量绝不链接设有付费墙网站的用户将会链向《纽约时报》阅读新闻,进而给《纽约时报》带来大量的链接流量。草根新闻网站 Spot.Us 的创始人大卫·科恩(David Cohn)曾将《纽约时报》的付费方式贴切地比作"非营利性国家公共广播电台(National Public Radio)对经由各种渠道而来的现金的集合体",特别是来自新闻网站拥护读者直接的、自发性的付费。

《纽约时报》与知名汽车品牌"林肯"签订了一份广告协议,让试驾"林肯"汽车的人绕过付费墙,免费订阅《纽约时报》。这些免费订阅的方法不但可以吸引用户,还可以提升《纽约时报》的业绩。

欧美报纸网站纷纷建造起付费墙,将只爱吃"免费午餐"的读者全部或者部分挡在墙外。传媒杂志 MediaLife 的数据显示,2012 年美国已有 300 家报纸建立了付费墙,通过计时、计数等方式对在线内容收费。纽约一份名为 Newsday 的报纸,在建立了付费墙后的 3 个月里,总共只有 35 人每周花 5 美元订阅其数字内容,其网站的独立访问量同比下降了 43%。

目前,通过设置付费墙能够完全维持运营并盈利的只有金融类报纸网站,比如,《华尔街日报》和《金融时报》就赢得了大量在线订阅用户,这种金融类出版物常常被视为某些特定领域的人的商业必需品,并为读者提供他们认为需要的、最新且最具价值的深度专业的金融新闻报道,这些被读者高度认可的、不可替代的信息使其拥有了一批忠实的拥趸者。因此,财经类网站可以通过用户订阅的付费墙模式建立起可持续发展的成熟商业模式。

2012 年 12 月 23 日,彭博社分析师预计称,《纽约时报》的订阅收入将首次超过广告收入,成为该报第一大收入来源。数据显示,在过去的四个季度里,付费墙不仅增加了纽约时报集团旗下《纽约时报》和《国际先驱论坛报》的数字订阅费用,还弥补了下滑 3.7% 的广告收入。但是,《纽约时报》暂时的成功并不能证明付费墙的成功,它并没有改变《纽约时报》营收继续下降的事实,无论是纸质报纸的营收还是数字版的营收都陷入了困境,付费墙只是暂时缓解了它的困境,但并没有真正解决营收问题,也没有创造全新的可持续的商业模式。对于仿效者而言,这也不是一种具有普适性的模式。《纽约时报》是一份具有百年历史、百万读者的大报,享有高度的品牌知名度和美誉度,用户的品牌忠诚度可以使其通过收费来体现其内容价值与品牌价值,但并不是所有的报纸都具备建立付费墙的能力。

事实上，《纽约时报》所建立的并不是真正的付费墙，它也允许大量的链接流量，大量读者仍然可以免费阅读其数字版的信息内容。虽然新增订阅的速度超过了广告营收的衰减，但仅仅超过存量空间偏小的广告收入并不意味着付费墙能够真正帮助《纽约时报》解决生存问题。

新闻网站若没有解决信息增值问题并设法成为人们网络消费不可替代的必需品，甚至会失去其纸质媒体原有的吸引力和影响力，那么新闻网站也将很难通过订阅服务建立其内容信息的核心价值。

最终，新闻网站还是要回归到扩大网络用户规模的原点，而付费阅读又是新闻网站保持产品开发竞争力的基础，这是因为投资数字化产品需要大量资金的支持。寻找第三方付费就成为了新闻网站当前的主要使命，除了广告这种最古老的第三方支付方式，新闻网站寄希望于通过信息内容聚集影响力的第三方，也可以成为为用户"免费午餐"埋单的一方。在新媒体营造的"大广告"时代，媒体影响力本身就是一种营销资本，新闻网站秉承着传统报业的媒体公信力与影响力，不但要善于"生产"，更要懂得如何把自己的产品"卖"得更好。

付费墙与免费提供信息内容将是新闻网站的分水岭，一部分新闻网站通过提供差异化的信息产品与增值服务建立付费墙的收入模式；一部分新闻网站将免费提供信息内容，建立一个开放性的信息综合平台，建立以第三方付费模式为主的商业模式。而游离在收费与免费之间的新闻网站将很难在网络时代生存。

2. 广告营收：广告规模偏小，宣传服务收入比重较大

人民网 2011 年广告及宣传服务实现的营业收入为 2.97 亿元人民币，占营业收入的 59.82%；2012 年上半年人民网广告及宣传服务实现营业收入 1.54 亿元，占营业收入的 52.85%，信息服务实现营业收入 8434.9 万元，移动增值业务实现收入 4505.63 万元，技术服务实现收入 809.4 万元。[①]

凤凰网 2011 年度扣除广告代理服务费后的净广告营收为 4.658 亿元人民币，占营业收入的 49%；2012 年净广告营收为 6.102 亿元，占营业收入的 55.47%。

---

① 　人民网、凤凰网与新浪网营业收入数据均来自其 2011 年及 2012 年财务年度报告。

与人民网、凤凰网业务模式相近的新浪网在 2011 年度广告营业收入达到 3.688 亿美元,非广告营收 1.14 亿美元,广告营业收入占总营业收入的 76.39%;2012 年广告收入达 4.129 亿美元,非广告营收为 1.164 亿美元,广告营业收入占总营业收入的 78%。

把人民网、凤凰网与新浪网进行比较,首先,目前新闻网站在线广告收入的规模总量明显偏小,与商业新闻网站存在着巨大差距。新闻网站流量与覆盖人数远远低于商业新闻网站也影响了其在线广告的收入总量,随着新闻网站流量的上升,未来新闻网站在线广告的增量空间还很大,其经营潜力尚有挖掘潜力。其次,广告收入占总营业收入比重略大,极易受市场波动的影响。新浪网广告营业收入占总营业收入比率高达 78%,而人民网与凤凰网的广告营业收入占比也高达 50% 以上,市场波动对广告营业收入的影响颇大,进而影响新闻网站的整体收入水平。同时,网络新闻市场也不能支持大量以广告收入为主的新闻网站,只有少数影响力显著的新闻网站能够建立以广告收入为主的收入模式,而大多数新闻网站都将不得不寻找其他的盈利渠道。再次,人民网网络用户流量偏小也限制了新闻网站的传播效果与广告效果,在其广告及宣传服务营业收入中,广告所占的比重偏小,更多收入源自于各级政府宣传服务的费用,其扶持意味更大一些。未来人民网的商业广告收入的多寡将取决于其商业运营水平的高低。

3. 业务拓展:尝试多元化业务,尚处于培育阶段

大多数新闻网站除了考虑信息内容订阅与在线网络广告之外,还试图通过互联网增值业务、手机报、手机视频等尝试来拓展多元业务,不过目前新闻网站所有的尝试都还处于培育阶段,需要大量资金支持才能获得发展,尚不能为新闻网站带来业绩贡献。同时,新闻网站所做的相关多元化尝试也说明其还没有寻找到适合自身发展的商业模式,仍处于一个不断探索的发展阶段。

浙江在线是浙江省唯一的省级重点新闻网站和综合性门户网站,国务院新闻办确定的地方重点新闻网站。网站定位于成为浙江“新闻家、财富家、生活家”,立足浙江,面向世界,着力打造浙江网络媒体的“吸引力、影响力、公信力”。浙江在线官网用户日访问量达 1500 多万人次,最高时日访问量超过 1800 万人次,目前网站日均更新量达到 4000 条以上,已跻身中国地方重点新闻网站前五强,其经营能力和全国综合影响力位列

第一梯队。

浙江在线在提供新闻业务之外，还为用户提供数字报、手机报、手机短信、互动直播、论坛、博客、微博、在线调查、全文检索、数码冲印、在线多媒体点播、分类信息查询等文字、图片与视频、音频相结合的全方位网络信息服务。浙江在线在多元业务拓展中采取自办子网站或与第三方机构合办网站的方式来扩大其网络吸引力、影响力与公信力。从业务类型与业务结构来看，浙江在线与其他重点新闻网站区别不是很大，有很多业务功能重复，缺少对用户的吸引力。比如，国际新闻大多是新华网、中国新闻网等网站的转载；民情巷论坛于笔者写作时在线人数有 174 人，148 位游客，最高纪录是 2012 年 12 月 12 日的 492 人。还有博客、播客、视频、街拍、图片等内容，用户或游客都寥寥无几。可见，大而全的频道设置并没有吸引到用户的注意力，缺少准确定位与使用价值让这些频道呈现半死不活的状态，少有人光顾。

浙江即时报是以"第一时间，我在现场"彰显新闻原创力量的新闻频道，在浙江本地新闻的采编报道中本应拥有地域优势与资源优势，发布自主采编的本地新闻应该是浙江即时报的一个显著优势所在，是可以把浙江在线网络媒体的影响力放大的优势频道。但是，根据笔者的简略统计，在即时报原创、高层、问政、专题、时评、调查等栏目每天发布的新闻条数都没有超过 5 条，很多内容不具备新闻时效性，在信息内容的整合上与新闻还有很大的差距。

浙江在线健康网是浙江在线新闻网站重点打造的精品子网站，是浙江省卫生厅的重点合作网站，并得到了浙江省食品药品监督管理局、浙江省中医药管理局、浙江省卫生监督局等单位的大力支持。浙江在线健康网荟萃新闻、两性、保健、心理等方面的丰富知识，同时提供疾病、医院、专家等信息的全能搜索，还开办了《名医大讲堂》《白领健康》《健康百科》等品牌专栏。浙江在线健康网现已与省内外四十余家公立及专科医院建立了友好合作关系，并与国内一百多家新闻媒体建立了健康同盟关系。其中，浙江省预约诊疗服务平台是浙江省卫生厅与浙江在线联合推出的平台网站，全国首创，统一公益，自 2010 年 9 月 27 日开通，已拥有上百万实名注册用户，患者可以在这个统一平台上预约全省二级以上医院的号源，为用户提供一个公平的、关乎民生的医疗预约平台。

表 2 - 3　　　　　　　浙江在线部分网络业务及合作方

网络业务	合作方
在线 TV	浙江在线与杭州华数
公共资讯频道	浙江在线与浙江省外宣办、省广电局
浙江签证网	浙江在线与浙江外事出国人员服务中心
住在杭州网	浙江在线与杭州市建设委员会
浙江小记者站	浙江在线与浙江记协网络工委
浙江省预约诊疗服务平台	浙江在线与浙江省卫生厅
浙江微博	浙江在线与腾讯
联合彩票网	浙江在线旗下彩票网站

以用户利益为服务宗旨建构一个综合信息服务平台是地方重点新闻网站成功的关键，对浙江在线的众多新兴拓展业务逐一进行分析发现，其旗下子网站、频道、栏目虽多，但是具备竞争力的却较少，一些具有价值和潜力的子网站与频道还处于培育发展的初期阶段，如果不利用有限的资金和人才集中扶持一些重点的子网站和频道，浙江在线的多元化拓展也将流于形式，真正具备价值的业务很少，也不可能产生对新闻网站发展有益的商业模式，只能靠政府和母媒体的财政支持来维持生存。

三　管理观念滞后：以"传统媒体思维"运营新媒体

新闻网站自创立之日起，无论是功能性定位还是商业模式，抑或是经营管理人才都面临着种种困境，各种问题都阻碍着新闻网站的进一步发展。虽然新闻网站历经了多年的发展，但是到现在为止，很多新闻网站还没有转换角色，实现真正意义上的商业化运营。

究其原因，"前世今生"都显得错综复杂的新闻网站除了有体制机制的限制之外，还存在着经营管理人才的缺失问题，现有的经营管理人才大都源自于传统媒体，在新闻网站创立之初就参与到其经营与管理。很多新闻网站的经营管理人才持"传统媒体思维"来运营网络媒体，秉承"内容为王"的经营观点，认为只要提供高品质的新闻产品给网络用户，就可以建立以广告收入为主的商业模式，收获大量的受众。然而，现实很残酷，忽略互联网载体与传统媒体的差异与自身特性，不重视互联网用户对网络新闻的体验和需求，大多数新闻网站都难以复制原有成功的商业模式到互联网上。

首先，聚合新闻模式下新闻网站内容的单一化与同质化。互联网载体的显著特征之一就是海量的存储信息，信息无限制膨胀与泛滥也加剧了信息的不对称，在信息海洋里寻找到自己感兴趣的信息内容成为了用户体验的首要问题。大多数新闻网站呈现出千篇一律的现状，主流新闻网站虽然都具有正式的采访权与编辑权，但是在内容提供上"内容为王"的优势并没有得到彰显，网站上新闻信息的单一化和同质化已经成为了一种常态，反而是一些商业网站与搜索引擎网站推出的新闻聚合网站在用户体验上更显优势。这些新闻聚合网站由用户根据自己的兴趣与爱好从上万个新闻来源中定制感兴趣的新闻类别，网站基于用户的兴趣爱好资料提供新闻产品与服务，将会满足用户的需要和体验。大多数新闻网站在聚合新闻上，无论是软件还是硬件，无论是技术还是服务，都远远落后于商业网站的运营。一个不能为用户提供满意服务的新闻网站想依靠广告作为主要收入来源，这根本就是一个不可能完成的任务。

其次，新闻网站在新闻产品与衍生产品开发上创新不足并缺少网络用户体验设计。通过对当前主流新闻网站进行统计可以发现，不同类型的新闻频道、论坛、社区、博客、微博等，大而全的新闻产品设计并没有吸引到足够多的网络用户。笔者在同一时间观察新华网"发展论坛"与"天涯社区"的在线人数，"发展论坛"的在线人数为27317人，"天涯社区"的在线人数为657069人，巨大的用户数量差异说明了用户对功能相同的社区不感兴趣，在同一类型的产品中可能更关注一种，比如新浪微博、天涯社区、凤凰博客等。新闻网站在产品设计与开发上丧失了先发优势，属于市场追随者，缺少特色与创新的产品设计导致使用者寥寥无几。新闻网站尚处于借助传统媒体品牌的影响力与公信力进行商业化开发的初级阶段，缺少核心产品来吸引用户体验并长期使用，也没有形成具有品牌黏性的产品集群。同时，传统媒体高速发展下的经济效益也导致传统媒体缺乏合作双赢的思想与观念，但是互联网时代，单打独斗的经营模式已经不适合需要庞大资金、巨大用户规模的互联网经济，传统媒体必须打破固步自封的观念，充分整合现有的各种资源，或通过引入战略投资者来创新管理制度，才能真正适应互联网市场的激烈竞争并形成自己的发展优势。

再次，纸媒与网媒的信息发布速度不同步。以传统媒体为核心的运营思维直接影响了网媒的信息发布速度，传统媒体担心纸媒与网媒信息发布速度同步会影响其纸媒的广告收入，故而采取延迟新闻网站信息发布速度的策略。这种把传统媒体和网络媒体对立起来的观点在很多新闻网站普遍存在，在新闻聚合模式上也缺少竞争力，无论是母媒体的新闻资源，自采新闻抑或是转载新闻，从信息规模、信息内容整合与信息发布速度上，新闻网站都落后于商业新闻网站。这种观点的直接后果是新闻网站变相把内容优势与信息发布的速度优势让给了商业新闻网站，只是为了保护传统媒体。

四 人才战略忽视：缺少运营新媒体的复合型人才

新闻网站横跨新闻媒体和网络技术两大领域的特征决定了新闻网站与传统媒体差异化的运营管理，也决定了新闻网站对于复合型管理人才的需求。但是，新闻网站并没有太多适合自身发展的复合型人才，其原因有三点：

第一，传统媒体的人才大量流失。当网络媒体等新媒体尚处于萌芽和初始发展期时，传统媒体中富有冒险精神的一些人开始尝试进入互联网领域。在新媒体高速发展的今天，传统媒体的精英开始大规模地进入新媒体，当前商业门户网站的很多高层都是从传统媒体流入的。甚至在不久的未来，新媒体的体制机制与商业模式的成功还会吸引更多具有冒险精神的传统媒体从业人员大规模地进入新媒体，这将会加剧传统媒体精英人才的流失。

第二，新闻网站人才战略的忽视。新闻网站的事业单位性质决定了新闻网站高层管理人员的选拔、任用必须按照行政方式进行，由政府组织人事部门直接任命和委派，而不一定考虑利润、业绩等市场化指标。新闻网站长期以来都依靠政府的财政拨款与母媒体的财政支持，其管理者缺少市场化经营的动力与新闻网站长期发展的战略规划，干好干坏都能一直干下去。同时，管理者大多具有一定的行政级别，拥有一定的行政权力，其短期行为多于长期战略规划，这种体制性怪圈限制了新闻网站真正形成优胜劣汰的用人机制，也很难形成优秀人才正常的职业选择与流动，即使是高层管理人员在实现业绩突破、获得良好经济效益时，也很难得到相应的收益或股权激励。同时，新闻网站在传媒集团的地位较低，还丧失了人事管理权，只是作为经济效益较好的传统媒体的一个补充而已，这种主流观点也限制了新闻网站对自身经营管理人才的培养与储备。

第三，人才激励制度缺失。新闻网站既是一项全新的事业和探索，又耗资巨大，因此，必须在政策、资金和人才等方面进行全方位的倾斜。新闻网站的运营与产品开发仍然需要传统媒体部分的盈利来投入和支持，因此，尚不能实现盈利且处于市场培育阶段的新闻网站在整个传媒集团的地位与话语权较弱。由于完全市场化的新媒体的高层管理者的收入高于传统媒体的高层收入，新闻网站要想吸引真正的高素质人才就必须对关键人才和岗位采取高薪政策，这又必然会引起传统媒体的部分从业人员的不满与抵制。同时，新闻网站事业单位的属性与体制机制也造成了新闻网站从业者很难获得较高的激励，新闻网站也就很难按照新媒体的发展规律来获得高层次人才的加盟。

第 三 章
新闻网站增量拓展与转型案例分析

报业集团由于传统体制机制的限制以及人员结构、编制及惯性思维的束缚，存量改革与转型无异于虎口拔牙，新闻网站的改革之路步履维艰。存在即合理，新闻网站对于报业集团而言象征意义更多一点，盈利与否都显得并不重要，长期以来新闻网站都处于可有可无的生存状态。而增量拓展则可规避这些问题，报业转型"不能在旧楼里拆东墙补西墙，要实现增量拓展。旧楼不变，盖上新楼，然后打通他们，就叫增量拓展"①。本章将以人民网和新华网为代表的全国重点新闻网站与以浙江在线为代表的地方重点新闻网站作为典型案例，在转企改制、上市融资、移动互联网与大数据背景下，剖析在互联网生态环境下这两类重点新闻网站在多元化业务的增量拓展、新商业模式探索与新媒体战略转型方面的有益尝试。

第一节　以人民网、新华网为首的全国新闻网站

2012 年 4 月 27 日，人民网在上海证券交易所上市，成为第一家在国内 A 股上市的新闻网站，也是第一家在国内 A 股上市的媒体企业。2013 年初，新华网首次出现在证监会公布的首次公开发行（IPO）股票申报企业名单中，显示其 IPO 申请已经获得证监会受理，有望年底在上海证券交易所上市。人民网和新华网的上市融资标志着 2009 年 9 月国新办下发《关于重点新闻网站转企改制试点工作方案》通知后 10 家全国重点新闻网站转企改制的成功与华丽转身，预示着全国重点新闻网站转企改制后进入到转型发展的崭新阶段，也预示着重点新闻网站将全面参与到竞争激烈的市场经济中，新闻网站将直接面对资本实力与技术实力都很雄厚的商业网站的竞争压力。更重要的是这些商业网站的市场化程度非常高，已经形

---

① 陈国权：《增量拓展：报业转型的原则》，《中国传媒科技》2014 年第 3 期。

成了相对较成熟的商业模式，无论是网站的日浏览量，还是长期稳定的盈利模式，都不是刚刚通过转企改制进入市场的新闻网站可以比拟的。

人民网和新华网在新闻信息传播领域具有很强的"权威性""公信力"和"影响力"，对网络新闻的舆论导向有着不可比拟的优势和意义，也是党和政府网络信息舆论的重要阵地。人民网作为中国第一家整体上市的新闻媒体，拥有独立的新闻采编权和深度、权威的原创新闻内容，这是人民网信息传播价值链的内容优势所在。人民网凭借高素质的采编队伍和畅通的采编渠道，采用全媒体手段在许多重大新闻事件中给网络用户提供高质量的、具有原创性和权威性的新闻信息，提高了网络用户对于网络信息内容的体验。

但是，人民网在上市前夕就曾被质疑盈利模式模糊。根据人民网的招股说明书，人民网的主要业务包括四个部分：互联网广告业务、信息服务、移动增值业务和技术服务。2011—2013 年人民网的广告及宣传服务收入分别为 2.97 亿元、3.94 亿元、5.41 亿元，占营业总收入的比例分别为 59.82%、55.65%、52.63%。人民网 2011—2013 年年报中关于"广告及宣传服务收入"并没有详细介绍其各自所占的比例，由此可见，人民网此项收入中广告所占的比例应该比较小，而宣传服务所占的比例比较大。此项广告及宣传服务收入虽然占比达到 50% 以上，但并不能证明人民网已经寻找到成熟的商业模式，也不能给其他新闻网站提供可以借鉴的经验与方法。而新浪网 2011—2013 年净营收分别为 4.828 亿美元、5.293 亿美元、6.651 亿美元，其中广告营收分别为 3.688 亿美元、4.129 亿美元、5.265 亿美元，广告营收占营业总收入的比例分别为 76.4%、78%、79.2%。

表 3-1　　　　　人民网 2008—2013 年收入及分类明细表　　　　单位：亿元

年份	营业收入	净利润	广告及宣传服务	信息服务	移动增值业务	技术服务
2008	1.42	0.14	–	–	–	–
2009	1.90	0.23	–	–	–	–
2010	3.32	0.82	–	–	–	–
2011	4.97	1.39	2.97	1.4	0.49	0.11
2012	7.08	2.10	3.94	1.8	1.18	0.1623
2013	10.28	2.73	5.41	1.87	2.54	0.2420

所以，人民网与新华网在全面市场化的道路上都同样面临着商业模式模糊的问题，还需要通过多元业务增量拓展、新商业模式探索与新媒体战略转型，走上真正意义上的市场化与专业化之路。

一　多元化拓展：强化优势资源，多渠道全覆盖

1. 整合优势资源，实现全网覆盖，打造全国性网络问政平台

人民网在 2014 年发布全新视觉形象识别系统，意味着人民网将致力于打通官方、民间两个舆论场，把人民网办成一个开放、理性的官民互动重要平台。借此契机，人民网在 2014 年上半年对近 30 个垂直频道进行了改版，坚持原创新闻内容是人民网价值链的源头和核心竞争力，通过多种形式的战略合作，把人民网从单一的新闻内容提供商转变为多领域综合的信息服务提供商，提高网站整体 ARPU 值；着眼于地方频道的本土化、区域化特征，深耕地方资源，做大、做强地方版新闻信息服务，推动网站内容价值向营销价值转化。

目前，人民网拥有 36 个国内分站的地方频道（包括省、自治区、直辖市及港澳台地区及五个城市网）和 6 个国际分站（日本、美国、英国、俄罗斯、韩国、澳大利亚）。人民网拥有 15 种语言版本的网站，依托人民日报社国内外 70 余个分社的采编力量，每天 24 小时在第一时间向全球网络用户发布丰富多彩的涵盖政治、经济、社会、文化等领域的内容信息，建设以新闻为主的大型网络信息交互平台和地方新闻信息中心，也是国际互联网最大的综合性网络媒体之一。

人民网协办的中国共产党新闻、中国人大新闻、中国政府新闻、中国政协新闻、中国工会新闻、中国妇联新闻、中国科协新闻等栏目构成了中央网站集群方阵，已成为发布国家重要新闻、权威解读政策法规和沟通人民群众的重要桥梁和平台。人民网还基于全球化战略进行布局，先后在日本、美国、美西、韩国，英国、俄罗斯和南非成立分社并设立演播室，极大地提升了人民网的国际传播力和影响力。

在互联网时代，网络媒体以即时性、交互性和广容性等独特的传播优势改变着传统媒体一统舆论场的格局，网络媒体成为了体现现代社会社情民意和重要舆论的互动表达平台。人民网凭借党媒的资源优势，以"多语种、全媒体、全球化、全覆盖"为目标，以"权威性、大众化、公信力"为宗旨，坚持"权威、实力，源自人民"的理念，结合特色栏目打

造全国性网络问政平台。

（1）以"地方领导留言板"打造 PC 端全国性网络问政平台

2005 年人民网依据自身的有利资源，逐步建立起一套完整的全国各省级、副省级、地级市党政领导资料库，根据用户的留言数据探索以"地方领导留言板"的栏目形式创立全国性的领导干部网络留言系统，致力于民意渠道的疏通与拓宽，架设民众与地方政府之间的沟通桥梁，打造全国性的网络问政的官民互动交流平台。自"地方领导留言板"开通以来，2012 年 10 月回复量达到了 10 万条，2014 年 11 月回复量达到了 20 万条，2014 年 12 月回复量达到了 30 万条，其中 2014 年留言板的留言量达到了 158700 条，回复量达到 112469 条，回复比例为 70.9%。网络问政是否有效的一个重要指标就是回复量，也就是说政府机构与政府官员是否真正与社会民众进行了沟通交流。截至 2014 年底，已有 54 位省委书记、省长公开回应了"地方领导留言板"的网友留言，全国有 19 个省下发红头文件制度化办理网友留言，建立固定办理工作机制，其范围也扩大到全国 2200 个县的县级干部，网民的留言得到了各地各级领导的高度重视。

为了提高这种官民互动平台的可信度与权威性，人民网采取多重确认机制来打造网络问政平台的公信力。用户可以匿名留言，人民网对领导或政府机构的留言回复在刊发前都要经过多种方式进行来源确认，确认来源及内容无误后才会由管理员统一发布回复。"地方领导留言板"为民众提供了参政议政的互动交流平台，民众可以在留言板上把平时不好说、不敢说、无处可说的话直言不讳地倾诉出来，产生了海量、及时、真实的网络原生态信息，充分保障与扩展民众的知情权、参与权、表达权、监督权。同时，借助网络问政平台获取"原生态"的真实、高效的社情民意，基于网络问政平台与民众形成良性互动并形成线上听取民意、线下解决问题的执政方略，各级政府能否积极参与、影响并引导网络民意，这些都考验着党与政府的执政能力。

通过对"地方领导留言板"的内容进行分析统计发现：有超过 70% 的用户留言都涉及社会民生问题；60% 以上的用户更愿意选择直接把问题向更高一级的领导反映，致使对省级领导干部的留言数量远多于地市级领导；用户从最初领导是否会回复的质疑转变为更趋向理性地有效解决问题的程序。

"地方领导留言板"以省为单位，阶段性对网友留言进行归类、汇总，发送给相应省份，并重点标识出一定时期内民众反映较多的意见及较大的问题。这些汇总报告可以引起相关部门和领导的重视和及时应对，使得大量有可能演变激化、引发社会矛盾的问题在萌芽状态下就及时得到解决，未雨绸缪，防患于未然。

（2）以"人民微博"打造移动端的全国性网络问政平台

2010 年 2 月人民微博上线，这是第一家以政务内容为主的微博，也是中央重点新闻网站开办的第一家微博。人民微博突出时政特色，面向政府及各类政府机构，打造权威主流声音，致力于构建党政机关与人民群众沟通的互动政务平台。截至 2013 年底，经过人民微博认证的党政机构和党政干部的微博用户数超过了 30000 个。其中，中央和国家部委 21 家，副部级以上个人和机构账号 162 个，外国驻华使馆和国际机构官方微博账号 38 个。这些党政机构与党政干部在人民微博与网友在线交流，使人民微博逐步成为各级党政部门和官员问计于民、问需于民、问政于民首选的网络问政的互动微博平台。根据每个部门网络问政的不同需要，人民微博还有针对性地打造了百余家政务微博平台，比如，全国铁路春运微平台、共青团微博发布厅、成都微社区等。

人民微博为打造政务特色，做最专业的政务微博，基于微博政务平台构建了完整的政务产品/服务体系：人民微管家（多平台多账号政务微博管理系统）、政务通（政务微博导航网站，涵盖六大微博平台的 20 万个微博账号）、民意通（民众与官方微博直接对话工具）、政务微博排行榜（年度政务微博报告）等。此外，人民微博还打造了《一周政务之星》《大智汇》《听政》《微争鸣》《微博英雄榜》等多个特色栏目，呈现高端视点，多方位解析政务微博平台的发展，更好地促进政府机构和政府官员与民众的互动与沟通。其中，《大智汇》是针对高端嘉宾特别推出的专栏型微访谈品牌栏目，访谈内容涉及各个领域，汇集名家观点、促进深度思考、深化改革认识，以沟通促改变。而《听政》则是与人民日报官方微博运营室联合推出的，已邀请了 35 位省部级领导参与谈发展观念，聊为政理念。

为了增加人民微博的趣味性和互动性，结合微博平台的政务特色和社会热点，2014 年人民微博还推出了两款主题游戏："打贪腐"和"打鬼子"。"打贪腐"在推广期间，有超过 200 万人次的网友参与游戏，国内超过 200 家媒体报道相关内容，新浪百万微博参与讨论并成为了新浪微博搜索热词，进入了热门话题排行榜。"打鬼子"游戏展示了日本靖国神社供奉的 14 位二战甲级战犯及其所犯下的罪行，网友可任选其一作为靶子进行射击，命中靶心较多的网友将获得高分，也可以把成绩分享到人民微博、新浪微博等社交媒体平台。这款游戏旨在通过大家喜闻乐见的游戏形式来揭露日本侵略者的战争罪行，使用户牢记历史，不忘过去，珍爱和平，开创未来。

2. 资本运营：实施增量拓展，建构开放式平台生态闭环

在互联网与移动互联网的数字化大潮中，互联网也从传统的 PC 时代过渡到移动互联时代，没有一个平台型企业不想打造基于移动设备的互联网生态闭环。而每一个闭环的生态环境，粉丝效应都是其成功的根本原因，也就是说海量用户可以让这个平台成为一个自产自销的"帝国"。人民网在规模上与新浪、腾讯等大型商业网站有一定差距，借助上市契机，通过传统互联网和移动互联网并行、跨地区、跨媒体发展，人民网先后通过收购、参股与合作的方式进入搜索引擎、网络游戏、网络阅读、互联网彩票等互联网业务领域。对这些领域进行渗透、实施增量拓展可以帮助人民网基于开放平台吸引海量参与方的关注与参与，共同搭建一个多方共赢的平台生态系统，逐步缩小与大型商业网站的规模差距。从娱乐到购物再到个性满足，每个平台都吸附了属于自己的用户，平台用户基于平台生态能够自娱自乐，在平台产品和服务相差不多的情况下无需使用其他平台，平台生态促使平台企业建构从线上到线下的生态闭环。

在政策层面，习近平总书记强调将着力打造几个新型主流媒体，占领信息传播制高点。中央全面深化改革领导小组第四次会议通过了《关于推动传统媒体和新兴媒体融合发展的指导意见》，国家领导的重视与政策层面的支持都加大了人民网在资本运营市场发展的力度与深度。

（1）即刻搜索——国家战略下的搜索引擎

2010 年 9 月，邓亚萍入职人民网旗下的即刻搜索，被冠以"国家搜索"名头的即刻搜索在体制内却走得很"艰难"。面对已经取得技术优势、用户优势和流量优势的谷歌和百度，即刻搜索和新华网旗下盘古搜索虽有相关政策的扶持，然而在摇摆不定和偏离市场的国家战略定位下，无法做到完全市场化，最终失败。2014 年 3 月 1 日，由盘古搜索和即刻搜索合并的中国搜索低调上线。

（2）参股浙报传媒、收购微屏科技，布局移动互联网游戏领域

2013 年 4 月，人民网发布公告，以每股 13.90 元的价格认购了浙报传媒定向增发的 215.8 万股股票，占浙报传媒总股本的 0.363%，认购金额合计约 3000 万元。2014 年 5 月，浙报传媒的利润分配政策实施后人民网持有的股份数增至 431.65 万股。未来有可能借助浙报传媒旗下的边锋浩方进入手游领域。

2014 年，人民网发布公告，人民网出资 3654 万元，其控股子公司人民澳客出资不超过 1.46 亿元，以不超过 1.9 亿元收购微屏科技 35% 的股权。微屏科技是一家移动互联网游戏软件公司，主要经营《扎金花》《斗地主》《二人麻将》等卡牌类游戏，每年公司营业的净利润都在千万以上，而人民网直接和间接持有微屏科技约 18% 的股权，这也将成为人民网业绩新的增长点。

2014 年 6 月，人民网子公司人民澳客认购了联众国际控股有限公司在香港联交所公开发行的 912 万股股票，该公司是在中国开发及运营在线棋牌游戏并贯穿线上线下业务的一家游戏公司。

人民网通过收购微屏科技、参股浙报传媒和联众国际布局移动互联网游戏业务，同时与人民澳客的互联网彩票业务形成协同优势。

（3）收购古羌科技，进入网络文学领域

2013 年 10 月，人民网发布公告，使用超募资金 2.48 亿元收购古羌科技有限公司 69.25% 的股权，正式进军网络文学领域。这是人民网加紧布局移动互联网且强化移动优势的又一次尝试。

CNNIC（中国互联网信息中心）2013 年第 32 次《中国互联网发展状况统计报告》显示，截至 2013 年 6 月底，我国网络文学网民数为 2.48 亿，网民网络文学使用率为 42.1%。2013 年上半年古羌科技的营业总收入为 4679.17 万元，净利润为 1440.36 万元。古羌科技提供玄幻、都市言情、网游、历史军事、侦探推理、武侠修真等类型的阅读服务，拥有超过 300 万注册用户和 2 万多名注册作者，签约作品数万本，每天独立访问用户数十万，在移动阅读基地排名靠前。古羌科技旗下的看书网的主要经营模式是在线阅读、移动阅读和实体出版，人民网通过嫁接看书网的技术及内容源头优势，巩固并拓展在实体出版与移动增值领域的优势，在网络文学精品阅读领域给公司带来新的业绩增长点。

未来，人民网可以依托看书网整合公司优势内容资源，创建新的作者

培养机制，专注无线阅读和实体出版线上与线下业务的整合，在优质内容版权稀缺性逐渐凸显的背景下，基于原创内容资源在影视、游戏等领域进行综合开发与应用。

（4）收购澳客网，进入互联网在线彩票销售领域

2013 年 9 月，人民网与北京爱乐帮科技有限公司、北京大台科技有限公司共同出资 5000 万元设立人民澳客传媒科技有限公司，其中人民网出资 2000 万元，占总股份的 40%。成立于 2005 年的澳客网是拥有近 2500 万彩票用户、年销售额近 40 亿元的互联网彩票合买代购交易平台。澳客网销售国内发行的大部分彩种，提供关于彩票的各种新闻资讯以及彩票预测、彩票投注技巧和彩票开奖信息等内容来帮助彩民购买彩票，为彩民提供可信赖的安全网上彩票购买平台。

澳客网选择与人民网联姻成为人民网旗下的网站与子品牌，可以规避政策风险，成为一个拥有合法资质的在线彩票企业。目前，在线彩票市场仅占全部彩票市场的 10%，随着线下彩民互联网化的人口红利增加，未来将有大量的用户涌入在线彩票业，在线售彩规模将不断扩大。人民网与其他两方股东共同出资设立人民澳客传媒科技有限公司，涉足互联网彩票业务，在 2014 年上半年年报中显示，人民澳客的互联网彩票服务有 8967 万元的收入。人民澳客凭借专业的人员配置、多元立体化的产品以及独特的数据分析优势，实现了业务的快速扩张。互联网彩票业务成为人民网新的业务增长点，同时还提升了人民网资产的利用率、回报率。

二　大数据整合：以网络舆情监测为核心的数据平台

根据中国企业舆情研究院估计，中国舆情监测服务有超过千亿元的市场规模，2012 年以政府采购为主导，年均增长 50% 以上。人民网网络舆情监测服务虽然尚处于起步阶段，却是人民网具有核心竞争力的产品。未来人民网将重点投入政务舆情监测产品/服务、行业舆情监测产品/服务、企业舆情监测产品/服务三大系列以及人民在线、人民网舆情频道平台、人民网舆情监测室平台三个业务平台。人民在线将优势资源、产品、用户有机地结合起来，实现了产品、服务与用户的交互共赢，基于大数据挖掘与分析，建构舆情监测、预警、研判、处置与修复的数据平台。人民在线则是基于该数据平台开展以信息服务为主业的经营主体。

　　1. 人民在线/网络舆情室的产品/服务

　　人民在线经营的舆情监测产品/服务主要包括四类：监测、公关、期刊与培训。这四类舆情领域的信息服务分为线上和线下。线上产品包括网络舆情监测系统、互联网舆情监测报告以及网络舆情咨询服务等，线下产品为《网络舆情》内参杂志，2011 年该杂志销售超过 8 千册（纸质杂志加网络版 3800 元/年），其中线上产品和线下产品在 2011 年度的收入占比为各 50% 左右。这些信息服务在 2009—2013 年获得的营业收入分别为503 万元、1566 万元、1.4 亿元、1.8 亿元、1.87 亿元。

　　舆情监测类产品/服务主要是平台类产品、预警类产品和报告服务类产品。其中舆情监测平台是基于用户需求为其个性化定制的舆情检测系统，每天 24 小时定时对新闻网站、报刊、论坛、微博、微信、博客公众账号的舆情信息进行全面的监测和采集，在第一时间显示重要舆情信息分析，获得重大预警信息，帮助用户建立快速反应机制。在线通是应急指挥系统，可以帮助政府相关部门实现应急指挥，具有即时通讯、短信、文件传输、应急指挥电话调度、协同工作组、内部加密语音、高清视频通话、工作流等多方应急实时指挥功能，通过网络舆情监测和应急指挥一体化，为舆情工作最核心的处置环节提供系统保障。微博运营管理系统是专为党政机关和企事业单位打造的微博运营管理工具，具有多平台接入、多账号聚合管理、微博互动管理、微博智能发布和微博传播效果分析等功能。

表 3 – 2　　　　　　　　　　人民在线舆情监测类产品/服务

平台类产品	预警类产品	报告服务类产品
舆情监测平台 微博监测展示平台 境外媒体监测展示平台 中文报刊监测展示平台 舆情互动展示系统 在线通（应急指挥系统） 微博运营管理系统 舆情移动终端 舆情数据库 电子政务升级改造	系统自动预警 人工预警	危机应对建议 每日手机报 常规舆情报告 行业舆情报告 专项舆情报告 微博研究报告 舆情课题研究

公关类产品/服务主要有：危机应对咨询、公关传播策划、中央级媒体舆论引导、人民网舆情会商室访谈、亿粉论坛、新媒体运营（微博、微信）和中国新闻发言人俱乐部。其中，危机应对咨询业务是通过建立专业和科学的舆情工作机制，协助用户量身定制危机解决方案，提供专业化的危机应对策略和公关传播方案的顾问咨询服务，最大限度地消除或降低用户危机所带来的影响和损失。亿粉论坛由人民网舆情监测室整合粉丝总量超过 1 亿的百家"红色大 V"资源，主要举办由政务微博、主流媒体和体制内意见领袖参与交流和座谈等形式的活动。这种论坛活动不但可以为地方提供互联网信息发布和管理的经验，也可以带来丰富的媒体人脉资源，形成互动联播机制，彰显网络社会的正能量。

期刊类产品包括《网络舆情》内参和《网上情况汇编》。《网络舆情》是针对司局级以上的中央各部委、地方各级政府、国有企事业单位领导干部的网络舆情读物。杂志精细梳理和客观呈现互联网上的热点舆情以及多种意见，重点介绍与分析网民对党和政府的方针政策的反馈，互联网上的社会思潮，地方施政和行业发展的评价与专家见解等内容。同时，境外媒体网站上对中国事务的评论和对影响中国国家安全与发展事件的介绍也是其关注的重点，旨在帮助领导干部熟悉网络并拓宽视野。同时对各地突发事件的网络舆论形成路径进行总结，帮助政府进行危机管理。

培训类产品包括舆情应对专项培训和网络舆情分析师培训。人民网舆情监测室负责网络舆情分析师的职业培训工作，专职培训互联网信息监测、舆情态势分析、舆论环境研究和网络危机处置等工作内容，为政府机构、企事业单位以及个人提供网络舆情监测、危机预警服务和公关咨询等服务内容的网络舆情分析师。

2. 人民在线/网络舆情室的运作模式

人民在线/网络舆情室基于搜索引擎技术，针对政府机构、企事业单位、行业组织、民营企业及 NGO（非政府）组织等用户量身定制具有公信力与影响力的网络舆情监测产品/服务以及舆情应对策略或咨询服务。

第一，基于用户需求，量身定制个性化的舆情监测产品/服务。人民在线的主要服务对象是政府机构、企事业单位和 NGO 组织等，同时，通过解读社情民意，推动媒体舆论与网络舆论的有效互动。人民在线系列产品必须遵循的原则是信息源全部来源于公网，不做任何网下调查，重点关注舆论应对能力和策略分析研究。人民在线在产品开发上形成了综合监测与咨询的服务路径：以公开的舆情会商和舆论热点评析探讨针对突发事件和公共舆论的应对策略与技巧；以舆情监测平台和舆情分析报告为用户量身定制个性化的舆情监测服务；以舆情应对策略给用户提供突发事件咨询顾问服务。

"舆情会商室"围绕突发事件和公共舆论话题邀请专家、地方政府发言人和突发事件当事人等与网友在线交流，探讨地方政府应对突发事件的经验教训，总结地方政府对突发事件和公共舆论的应对策略。人民在线舆情监测平台利用第三代搜索引擎技术，按照用户监测项目分类来搜集全国1万多家新闻网站、BBS、博客、微博和微信的文字、图片和视频等信息，并自动推送和更新。舆情分析报告针对中央部委、省市级地方政府、大型国企和上市公司等部门领导，基于舆论生成规律，对比媒体舆论和网络舆论的差异来分析舆论发展趋势。

以"帮领导干部读网"为口号的《网络舆情》内参被称为"史上最贵的杂志"，目前约有4000个用户，其主要内容是追踪监测舆情和定期提供舆情分析报告，特别是专题解读突发事件的发展进程、背后的社情民意和现实矛盾冲突。据统计，全国已有40%的党政机关参阅过该刊。

第二，基于搜索技术搭建舆情监测产品/服务的产业平台。人民在线舆情监测室秘书长祝华新认为，搜索引擎技术是舆情监测产品/服务的基础。人民在线以舆情监测平台、中文报刊监测系统为基础平台，选取14家中央级媒体、33家地方级媒体、4家境外媒体、39家市场化媒体进行定向抓取和全文数据检索，并对这些舆情信息进行定量分析。舆情监测技术可保证24小时监控传统媒体网络版、新闻网站、论坛、个人博客、微博和微信等内容，使用数据分析软件对关键词定向统计分析媒体关注度、媒体转载率、用户关注度、地域统计、论坛帖子、博客文章统计和微博热点等。舆情监测室也会利用社会化搜索引擎补充搜索或定点搜索新闻、外媒信息、论坛与博客等关注度高的内容。

目前，对于网络社区和语义的分析主要还是靠人工来识别、分类与统计，搜索引擎还很难抓取社区、微博、跟帖等内容，未来需要高智能搜索引擎技术来提高舆情监测的统计分析与信息推送。

第三，基于时代特色与专业服务来拓展舆情监测服务的影响力和公信力。舆情服务具有很强的时效性和对策性，需要关注高聚焦的敏感话题与原生态网络舆论，及时抓取网站首页关注度高、点击多、回复多、人气高的新闻或帖子，或者是观点独特、深刻且倾向性鲜明的言论。对这些舆情热点数据进行专业化的统计分析并为用户提供高水平、高质量的舆情监测产品/服务，可以极大地提高人民在线在公众心目中的影响力和公信力。《网络舆情》在其时事版中就重点介绍了时事聚焦、一周微博、一周新闻跟帖、一周舆情综述、一周图片内参和一周外媒等原生态的网络热点。

另外，舆情监测室也经常邀请一流的研究社会问题的专家学者对一些重大事件进行把脉与评析。借助舆情应对专项培训和网络舆情分析师培训的契机，人民在线强化与处在舆情应对一线的党政部门和企业的互动沟通，提高舆情监测产品/服务的针对性与专业化。在长期跟踪网络信息的同时加强与各大网站社区的管理员、版主和意见领袖的联系，以便随时跟踪网络舆情的热点问题。

在针对政府机构的舆情产品/服务获得一定成功的基础上，人民在线将拓展针对企事业单位、行业组织、民营企业及 NGO 组织等的舆情服务业务，随着用户规模的不断扩大，将人民在线的舆情服务业务做大、做强，甚至可以延伸到企业咨询管理领域。为了实现这个长远目标，人民在线不断开发新的产品/服务来完善自身舆情服务的产品线，比如，舆情地图、案例库、舆论压力指数、中国新闻发言人俱乐部等，帮助政府机构、企事业单位及其他组织开展舆情监测、信息咨询、建章立制、沟通交流等信息服务。

三　移动化转型：以移动增值服务为增量的移动平台

2014 年 12 月 16 日，人民网总裁廖玒在第二届中国网络视听大会上的主题发言中讲到了互联网三个"不可逆"的发展趋势：第一，从传统互联网向移动互联网发展不可逆，人民网 2014 年 11 月份的数据显示来自 PC 端和来自移动端的流量大概各占 50%，2015 年来自移动端的流量一定超过 PC 端；第二，从图片互联网向视频互联网发展不可逆；第三，网络用户年龄不可逆，也就是说网络用户日趋年轻化。根据央视的统计，电视观众的年龄平均是 39 岁，而网络视频观众的平均年龄是 29 岁，尤其是在互联网时代，伴随着信息爆炸与信息碎片化，只有视频内容才能更好地吸引年轻人。

另外，互联网还需要能够解惑、解气和解闷。解惑就是通过人民网解读国家政策，全年有 2000 多位嘉宾、330 位省部级领导和 66 位大使到人民网做访谈，为各个领域的疑问与政策解惑。解气就是指互联网给老百姓一个说话的地方，老百姓可以借助人民网的"地方领导留言板"栏目给他们所在县的县委书记、省委书记和省长等留言。目前已有 76% 的市和 45% 的县定期回复留言，2014 年的回复量是 300 条。解闷就是把互联网办成一个娱乐平台，关注事实热点、民生百态和时事事件，既有"草根"艺术家的访谈，也有"高大上"的范曾先生谈习近平总书记文艺座谈会上的讲话体会。

人民网包括中文网站和 7 个少数民族语言网站以及 8 个外语频道，在海外建立了 12 个分公司。在对外传播中人民网借助社交媒体来扩大新闻网站的影响力，因为社交媒体已经成为受众接触新闻媒体的主要渠道。比如，在 Facebook 上英文、日文和韩文的中国媒体粉丝量都是第一，其中人民网超过 200 万，日文第一，韩文也第一。

CNNIC 的第三十五次调查报告显示，截至 2014 年 12 月，我国手机网民数量已达 5.57 亿，在整体网民中的占比达 85.8%。手机网民数量的增加意味着移动互联网的普及化与用户需求的多样化，也加速了媒体的移动化转型。人民网搭建以传统互联网和移动互联网双轮驱动的多媒体原创互动平台，实现新媒体转型。人民网以网络视频和移动终端为发展重点，推出了人民电视、人民播客、人民微博和手机人民网、人民视讯、即刻新闻、人民日报客户端、人民云拍、人民网地方领导留言板、人民舆情等新媒体服务。2014 年上半年年报显示，人民网移动增值业务营收 1.9 亿元，增长了 90%。其中，人民视讯净利润为 1123.65 万元，增长近 60%；古羌科技的在线阅读与移动阅读业务贡献净利润为 1627 万元；人民澳客的互联网彩票业务贡献净利润为 3136 万元。基于移动互联网，人民网通过一系列的投资与收购，布局了新闻、视频、舆情、游戏和小说等业务领域，打造了以移动增值服务为增量空间的移动平台。

1. 新闻客户端 + 微博 + 微信：建构资讯信息与政务服务的共生性平台

随着搜索引擎、社交媒体以及移动互联网的广泛使用，用户获取信息服务的渠道逐渐多元化和移动化，垂直媒体、传统媒体、搜索引擎、移动阅读创业者都纷纷推出了移动阅读客户端。目前，在 PC 端拥有内容及渠道优势的门户网站推出的新闻客户端是"大鱼吃小鱼"，强者恒强，并被赋予了移动互联网入口与平台的重任。

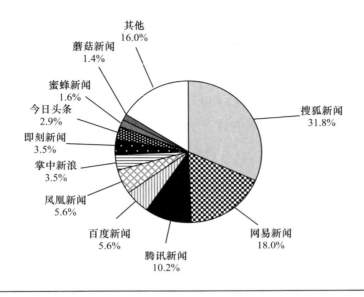

来源；易观国际·易观智库·eAM 中国互联网应用监测系统　　www.enfodesk.com
SOURCE：EnfoDesk© AnalysysInternational　　　　　　　　www.eguan.cn

图 3 - 1　中国新闻客户端下载量份额

　　易观智库的报告显示，截至 2013 年 3 月 31 日，中国新闻客户端市场排名前三的客户端及下载量份额分别为：搜狐新闻 31.8%，网易新闻 18.0%，腾讯新闻 10.2%。目前，新闻客户端仍处于自由竞争阶段，除了搜狐新闻、网易新闻、腾讯新闻、百度新闻和凤凰新闻之外，大量传统媒体与新闻门户网站携带强大的编辑能力和聚合力纷纷进入新闻客户端。移动新闻客户端不只是一个为用户提供阅读资讯信息的工具，还是用户进入移动互联网的入口和平台。谁拥有入口，谁就拥有流量和变现的机会。新浪新闻拥有微博入口，腾讯新闻拥有微信入口，这两个新闻客户端是具有较高平台黏性的入口与平台。在移动互联网大潮中新闻客户端既是移动互联网入口，又是聚合众多用户的移动平台。

　　搜狐新闻和网易新闻通过渠道与内容的重磅投入，快速扩张终端装机量，建设全媒体聚合平台，开放订阅平台，实施自媒体战略。在渠道上联合运营商与手机厂商的应用商店合作推动新闻客户端的安装与下载；在内容上推进平台化战略，整合门户新闻、图片、杂志、视频等内容资源，打造涵盖百家报纸杂志的订阅平台，用户可以在移动媒体平台上自由选择和订阅信息内容，甚至通过自办栏目吸引用户，增强产品的用户黏性。搜狐将打造以搜狐新闻和搜狐视频为主的媒体平台、以畅游为主的移动游戏平台和以搜狗为主的工具及搜索平台。搜狐新闻的核心内容是订阅频道中包括好声音、美剧等视频内容，还试图成为各项生活服务类产品的聚合平台。网易新闻提供的"跟帖"特色服务拥有相当多的黏性用户，而腾讯则借力大型活动全方位布局移动媒体产品并获得市场认可。

2014 年 6 月，人民网全新的客户端——人民日报客户端与手机人民网横空出世，仅一周时间人民日报新闻客户端就有 200 多万的下载量，截至 2015 年 2 月 15 日，综合第三方统计和应用市场的数据，总用户数已达 2400 万，而且全部为自主下载用户。人民日报客户端为了成为移动互联网上深具公信力、影响力的超级入口和开放平台，不断优化用户体验，重点推出"闻""评""问""听""报""图""视""帮"和"政务发布厅"等栏目，秉承"做有品质的新闻"的理念，突出原创、独家与评论，努力向用户提供有观点、有温度的新闻和优质的信息服务，形成移动问政、移动公益和移动政务三大开放平台，为用户提供一站式资讯信息、网络问政、社会公益、政务发布等服务。

栏目"问"可以让用户直接对话各级党政领导干部，是人民日报作为中共中央机关报独有的优势，可以彰显主流媒体的权威性、公信力和影响力。在满足用户资讯信息服务的基础上，人民日报客户端重点打造移动问政、移动公益和移动政务三大开放平台，使其产品既具有鲜明的个性化、社交化、视频化特色，也提供一流的用户体验，成为中国移动互联网上深具公信力和影响力的主流新闻门户、权威观点引擎和聚合信息平台。

单纯的媒体聚合以及订阅功能并不具有竞争壁垒优势，众多新闻客户端基本上都会在成为媒体聚合平台之后推出订阅功能，以用户体验为中心，围绕用户的喜好来选择与定制个性化的阅读需求，最大限度地满足用户新闻获取、分享交流等多种需求。新闻客户端还需要了解移动用户的使用时间、时长与频度、用户的区域和兴趣、用户实时位置与环境等大数据信息，这些都可以帮助运营方从海量信息数据中分析与筛选出针对每一个用户需求的资讯，并以一种合适的方式推送给用户。新闻客户端甚至可以重点打造某一垂直门类的高黏合度分众门户。人们永远都不拒绝为内容付费，但问题是能否提供让用户满意的内容。

人民日报在微博平台上的话题选择贴近民生、平易近人，成为沟通政府与用户的桥梁，拥有近 6000 万微博粉丝；微信公众号关于政策解读等内容的可读性很强，日均阅读量达到 100 多万；新闻客户端的下载量突破 2400 万，聚合高品质的内容资讯，力求贴近移动互联时代用户的阅读习惯。通过微博、微信与新闻客户端将可以全面覆盖移动终端的用户群体，实现人民日报整体品牌向移动端的延伸，形成共生性平台。

2. 人民视讯 + 人民电视：建构手机电视直播的视频娱乐平台

2010 年 3 月，人民网与中联京华文化传播有限公司合资成立人民视讯文化有限公司，运营手机电视及相关服务。人民网已获得信息网络传播视听节目许可证、广播电视节目制作经营许可证和 3G 手机视听节目内容服务许可证。人民视讯是秉承人民网"权威性、大众化、公信力"的服务宗旨，坚持"权威内容、高端品牌和大众市场"的市场定位，整合电影、电视制作发行、演艺经纪服务、移动娱乐及移动增值服务等业务的生活和娱乐平台。

人民视讯的主要栏目有直播、电影、电视、资讯、娱乐、动漫、游戏、纪实、综艺、专题、原创与法制等，以人民日报社的内容资源为依托，制作时政、经济、社会、娱乐等多档栏目，全天 24 小时发布。其中"强国论坛""小白闪报""小六砖头铺"和"那威说法"（中国第一档手机法制脱口秀）以及英超联赛手机电视独家直播（获得英超联赛 2010—2013 年赛季 380 场足球比赛的手机电视独家直播、录播权）都是人民视讯的重点栏目。"那威说法"的主持人那威以全新的视野、独特的视角解读当前社会热点话题与法律事件，加上犀利风趣的热点快评，打造了风格独树一帜、有别于传统的法制节目。

人民视讯与人民电视双网互动，注重用户需求，开发出适合移动终端的内容与产品，并提供高质量的视频内容，满足用户随时随地收看视频的需求，建构 PC 端与移动端平台的无缝对接与切换，形成电视直播的视频娱乐平台。

3. 人民舆情：建构移动互联时代的网络舆情监测平台

在移动互联时代，网络舆情"无处不在、无时不有"，人民在线和人民网舆情监测室在传统互联网舆情监测产品/服务的基础上整合优势资源，积极开发新媒体领域的移动增值业务，基于移动互联网创新商业模式，开拓移动互联市场，推出了业界领先的移动终端舆情系统——人民舆情 V1.0 版。

　　人民舆情移动终端是为用户定制的基于智能手机/平板电脑系统的舆情移动终端，可以实时同步舆情信息数据，推送预警信息，显示舆情热点，使用户随时随地掌握第一手的舆情动态。人民舆情的内容涵盖《网络舆情》内参、每日舆情热点、人民舆评、外媒聚焦、网言网语、舆情排行榜、舆情研究报告、舆情蓝皮书、舆情案例分析及舆情培训课件等人民网的独家原创稀缺增值内容，可以让用户借助移动终端及时有效、方便快捷地获取舆情信息。

　　人民舆情的移动增值服务主要有：新闻客户端、投稿直通车以及记者证真伪查询系统等。新闻客户端可以随时随地掌握最新的新闻动态，投稿直通车使用户的投稿更加方便快捷，记者证真伪查询系统可以帮助用户识别假报、假刊、假记者。

　　基于舆情信息服务对象的特殊性和保密性，人民舆情未来应该推出自己专属的移动终端，聚合开阔的视野、微观的细节、海量的线索与分散的专业智慧，帮助政府与企业有效延伸和拓展喉舌、耳目、智囊和信息汇总的功能，以"硬件＋内容"的商业模式创新平台运营模式。

　　人民舆情具有六大产品特点：公信强、范围广、内容全、快准精、预警强和专业高。人民舆情在舆情行业深耕多年，积累了珍贵的实践及理论资源，其内容专业权威；人民舆情依托舆情监测平台，覆盖近千家国外媒体、上万家国内媒体、两千余家报刊、百家主流论坛、知名博客、微博及千余名意见领袖；人民舆情全方位立体化汇聚新闻、论坛、博客和微博等新媒体的信息动态，聚焦热点舆情并挖掘网络多种声音及民意动向；全天候监测、智能化聚合热点舆情，根据用户的舆情危机类型及不同阶段提供专业的咨询服务和应对策略；基于舆情监测研判以多种信息传播渠道提前对用户进行示警预报或分享；建设专业化的舆情案例数据库，积累各类舆情危机事件的处置经验和应对策略，紧跟时代前沿与热点领域，为政府与企业提供专业化的舆情监测服务。

第二节　以浙江在线为代表的地方重点新闻网站

　　2008 年，浙报集团和阿里巴巴合作创办了消费期刊《淘宝天下》。原本以为以浙报的线下资源再加上阿里的线上用户可谓是优势互补，珠联璧合，可是，两种不同基因与文化的企业冲突让浙报集团认识了互联网的本质。报业战略转型的路径选择主要有三种形态：坚守型、多元型和融入型。坚守型就是指利用网络来巩固和壮大报纸，多元型就是指信息发布介质的全媒体转型。浙报集团选择融入型模式，即拥抱互联网并逐步实现互联网化，培育企业的互联网基因与互联网思维模式，进行理念和体制变革，建立能够占领制高点和赢得话语权的技术团队，构建自主的互联网用户平台。通过与阿里巴巴和腾讯合作，浙报集团颠覆了传统的传播逻辑和产业逻辑，认识到在互联网时代以用户为基础培育用户平台黏性和吸附力的重要性，从传统媒体点对面的传播蜕变为点对点的传播，提出以新媒体为核心，以"采编运营全媒体化、产业布局全国化"为路径，通过内部转型、外部扩张和孵化未来多措并举，实现集团全面向全媒体的战略转型。

2011 年 9 月，浙江在线新闻网站纳入"浙报传媒"，整体上市，成为国务院新闻办十家首批转企改制新闻网站中第一家成功登陆 A 股的网络媒体。浙江在线的基本定位是"权威媒体、大众网站"，目前网站的 PV（页面访问量）为 2000 万，UV 独立访问用户为 350 万，是浙江省唯一的省级重点新闻网站和综合性门户网站。浙江在线根据国务院、信息产业部的有关法规和浙江省政府新闻办的有关文件要求，已经整合了浙江省内30 家县市新闻网站为旗下支站。

2014 年，中央提出了推动传统媒体和新兴媒体融合发展的重大战略部署，推动传统媒体和新兴媒体在内容、渠道、平台、经营、管理等方面的深度融合，重点打造一批形态多样、手段先进、具有竞争力的新型主流媒体，建成几家拥有强大实力与规模且拥有巨大传播力、公信力和影响力的新型媒体集团，形成立体化、融合化的现代传播体系。浙报传媒秉承"传媒控制资本，资本壮大传媒"的理念，大力拓展 O2O 商业服务，推进新闻资讯、数字娱乐、智慧服务和文化产业投资"3＋1 平台"布局，重点打造新闻资讯、数字娱乐和 O2O 商业服务三大产品线，在确保现有传媒主营业务竞争实力和市场份额的同时，努力扩大互联网用户规模，不断提高互联网业务比重，调整主营业务结构比例，使得互联网业务利润贡献超过了传统媒体。

浙报传媒基于传统互联网和移动互联网，发展、集聚和构建开放统一的母平台，利用上市公司的融资平台反哺浙江在线的平台化发展，形成了新闻资讯平台、网络问政平台、生活服务类平台和新媒体孵化与产业投资平台矩阵。

一　浙江在线：打造自主与开放的用户集聚平台

浙江在线的区域性特征决定了其业务类型及结构的本土化，基于为本土用户提供一系列新闻、娱乐、游戏、阅读、住房、电商、医疗和彩票等产品/服务，浙江在线整合众多业务与合作伙伴，共同构建区域生活服务类平台生态圈。

基于传统互联网和移动互联网的冲击，浙报传媒培养互联网基因，转变思维、理念和体制机制。这不仅仅是传播技术转型，而且是经营理念、体制机制、技术、流程以及媒体生态等领域的转型，更是传媒的内容组织方式、生产方式和传播方式等领域的转型。对于传统媒体而言，体制内转型是异常困难的，只有通过体制外的增量拓展，才能在不触及体制桎梏的前提下作出变革。浙报传媒采用"内部转型、外部扩张、孵化未来"三位一体的转型策略和方法，以外部扩张带动内部转型，进而孵化未来，从单一的新闻出版商转变为综合信息服务提供商。浙报传媒以老少皆宜的休闲游戏为塔基，以资讯、影视、娱乐、体育、教育、时尚等多样化的区域性综合信息服务为塔身，以价值传播为塔尖，打造自主、开放的用户集聚平台。

传统媒体的传播逻辑是"媒体本位，内容为王"，报纸拥有自己的读者，但是却没有用户平台。当新技术改变传播方式时，报纸就沦落到"在人家的田里替别人打工"的境地，长期以来报纸只是网络媒体廉价甚至免费的内容提供商。而互联网的传播逻辑则是"开放分享，用户中心"，浙报传媒对于互联网思维的认识就是"得用户者得天下"。传统媒体转型的核心是用户，以用户体验为中心，挖掘深度潜在与睡眠用户，聚拢流失用户，吸引新时代用户，打造自主、开放的用户集聚平台。为了打造用户集聚平台，浙报传媒斥资 32 亿元收购了边锋和浩方两家网络游戏公司，以获得边锋的 3 亿注册用户和 2000 多万活跃用户。同时，浙报传媒与浙江民政厅合作建设浙江省养老数据库，2015 年争取达到 5000 万活跃用户的目标。再加上浙报集团现有的 600 万传统报业用户，浙报传媒整合这些用户资源，构建了 O2O 新平台用户数据库和大数据分析系统，深入挖掘、分析与筛选用户的行为、习惯、偏好和需求，寻找用户真正的体验和消费需求，为用户定制个性化与精准化的产品和服务。

1. 以新闻资讯平台召集双边或多边用户，打造新媒体平台生态圈

以浙江在线新闻网站、"浙江新闻"和"浙江发布"移动客户端、浙江即时报、新版浙江手机报和浙江视界共同打造浙江权威新媒体平台核心圈。通过全网覆盖，浙江在线推出了基于 PC 端与移动端双网互动的综合新闻信息产品和服务，比如，浙江在线新闻网站针对浙江用户推出了浙江签证网、浙江省预约诊疗服务平台、浙商网、浙彩网、住在杭州网等生活服务类网站，为用户提供一站式综合信息服务，吸引更多的网络用户体验浙江在线新闻网站。

以腾讯·大浙网新闻专区、云端悦读客户端、边锋网新闻专区和新闻弹窗、边锋互联网电视盒子、钱报网以及各县（市、区）域门户共同打造主流新闻传播平台紧密圈。腾讯·大浙网是腾讯和浙报集团暨浙江在线联手打造的浙江城市生活网络平台，定位为浙江城市生活门户，传播浙江本地资讯和文化，为浙江网络用户提供本地化的新闻行业资讯和生活娱乐产品，打造一站式在线生活服务。"内容 + 用户"的合作模式将浙报集团强大的平媒品牌优势与采编资源和腾讯在浙江地区的 3000 万 QQ 活跃用户整合到一个平台上，基于海量的用户覆盖及独特的技术手段，第一时间将信息推送至客户端，并以主动提供资讯的方式改变用户的浏览习惯，用户通过浏览腾讯网浙江页卡或 QQ 迷你首页/Tips 消息推送来浏览大浙网。云端悦读则是边锋旗下的一款聚合并精选海量内容的免费阅读工具，用户可以从数千万的新闻网站与知名报刊中按兴趣喜好进行个性化订阅，并且可以随时记录阅读心得，与好友分享阅读乐趣，浙江在线可以把众多新闻信息聚合在该阅读平台上，以扩大其影响力和品牌价值。而边锋互联网的电视盒子则是通过"硬件 + 内容 + 平台"的运营模式抢占互联网和电视用户的视频新闻入口。

以浙报集团各运营媒体的 200 多个微博、微信等第三方网络应用和专业客户端打造主流价值传播平台协同圈。在核心圈和紧密圈的最外围，整合众多媒体的微博、微信及专业客户端资源，扩大浙报传媒内容资源的多平台和多介质的传播效果，共同打造主流价值传播平台协同圈。

通过"三圈环流"，浙报传媒以新闻资讯为核心，召集双边或多边用户，共同打造新媒体平台生态圈，集聚互联网用户并实现浙报传媒主流媒体权威性、价值观和公信力的最终目标。

2. 以边锋网络为核心的数字娱乐平台

2013 年 4 月，浙报传媒以 31.9 亿元全资收购了盛大网络旗下的杭州边锋和上海浩方。边锋和浩方属于全国知名游戏平台，拥有边锋游戏、游戏茶苑、浩方电竞、三国杀 online 等众多知名品牌。依托母平台内容生产的优势，在充分考虑用户接受度和使用偏好的基础上，边锋网络平台推出了为边锋用户量身定制的新闻产品，使得其传播效果得到突破性提升，快速提升了边锋网络平台的媒体化。

在承办全国电子竞技大赛后，边锋通过网络游戏的竞技化，打造电子竞技平台。2014 年 5 月，边锋上线游戏直播平台——战旗 TV，致力于打造国内最专业的高清游戏直播平台，探索除游戏及广告之外的创新盈利模式。战旗 TV 具有国内首创可回看的直播功能、首创三种码率的实时切换、支持自主重播功能 24 小时不间断直播和多终端齐发实现终端全覆盖的差异化优势。战旗 TV 短短 2 个月就成功跻身游戏直播平台的前列，除了拥有业内数一数二的官方资源外，边锋还签下了诸多国内最高级别的电竞选手，以冠名入驻等方式签约了多家冠军俱乐部。同时，还取得了多项游戏赛事的独家、首家转播权，并一直保持着与各大游戏厂商的密切合作，多方式、多维度地吸引新老用户。

以国家有关部门加强对机顶盒监管为契机，边锋联合浙报传媒推出首款互联网电视终端硬件产品——"云端娱乐中心"，借助边锋盒子进军互联网电视领域。在内容上，边锋盒子首先植入了自身拥有的优势内容资源：依托浙报传媒的资讯优势集成云端悦读，每天提供最新的新闻资讯并实时推送给用户；依托边锋游戏内置的以家庭休闲为主打的桌面棋牌游戏和其他休闲类游戏，为用户带来特别的家庭娱乐体验。另外，边锋盒子与华数合作提供高清正版视频的在线点播节目，引入当贝市场方便用户自主下载所需的移动端应用。

边锋通过在线棋牌、电子竞技平台、桌面游戏和边锋盒子这些主营业务，采取"硬件 + 游戏 + 平台"的经营模式来打造数字娱乐平台，未来还会将更多的娱乐资源植入该数字娱乐平台。

2014 年，浙报传媒出资 1 亿元增资唐人影视，加快布局影视、网络视频和动漫产业，向数字娱乐产业链两端延伸并进入网络阅读和网络视频领域，全面打造完整的数字娱乐产业链。注资唐人影视不但可以提升公司在影视圈的行业影响力，获得影视内容和影视 IP 资源，而且可以强化公司互动娱乐业务的整体竞争力，形成可持续开发的数字娱乐产品，增强用户的互动体验。

3. 以"新闻 + 服务"创新智慧服务平台

在融媒体时代，浙报传媒创新"新闻 + 服务"的新商业模式，重构以用户为中心的传播逻辑和产业逻辑，通过发展用户、集聚用户和开发用户，从而有效拓展和延长传媒价值链和产业链。

基于本地化文化及社区化服务，浙江在线将发展基于本地社区的媒体和生活资讯服务、同城电子商务、在线医疗网站和签证网等商用平台。

浙报传媒以"小电商，美生活"的定位上线钱报有礼官方网站，推出了爱购生活、健康直购、家电直购、悠游浙江、吃货福利、母亲生活、江南酒坊和全球购八个垂直专业场馆，形成八个分馆、微商城、线下体验店、呼叫中心和移动客户端的业务结构，还开发了手机移动配送实时系统，积累了一定数量的用户，目前电子商务的营收增长迅速。

浙报传媒成立全资控股的浙江智慧网络医院管理有限公司，网络医院公司整合浙江省预约诊疗服务平台和浙江在线健康网的在线挂号、健康资讯、名医频道、中医名管等相关业务，以互联网思维开发健康服务产品，积极建设综合专业健康服务平台。在线挂号是浙江在线运营的纯公益的浙江省预约诊疗服务平台，用户实名注册后可在线自助预约省内各大医院的门诊服务，也可在平台上查询医院、科室和医生的信息，还可以点评医院的环境和医生的服务态度，并分享自己的看病经历等。另外，浙报传媒致力于以社区服务为中心，提供多方位的养老配套服务，与浙江民政厅合作建设浙江省养老数据库，并希望 2015 年能够达到 5000 万活跃用户的数据目标。在建立浙江省养老数据库的基础上，从事老年服务产品的集中采购、养老网站的建设运营、呼叫中心服务和老年产业相关的教育培训等业务。

二　民情在线：打造网络问政与网络舆情引导平台

随着传统互联网与移动互联网的发展，网络问政逐渐变得常态化与制度化。网络问政的主体是公民，对象是政府和官员，需要打造一个官民沟通与互动的信息平台，才能实现公民对政府及官员的监督、批评和约束。浙江在线作为网络问政平台与网络舆情引导平台的入口，打造了以民情巷、浙江民情在线、浙江人事、浙江辟谣网、浙江潮评论、浙江舆情网和浙江省新闻发布会为核心的网络问政平台与网络舆情引导平台矩阵。这个平台既方便民众表达诉求、反映意见，为民意沟通建立互动渠道，又便于党委、政府了解民情、听取民意、改善民生和监测网络舆情，为网络问政和网络舆情建立行政与引导机制。

1. 建立制度化的网络问政平台

网络问政与网络新闻发布的未来方向是制度化、规范化、常态化。网络问政的合理走向是制度化与法治化。网络问政的议题正当和问政过程合法才能保证问政结果合法，而网络问政的过程透明有效才能保证问政结果有效。

浙江民情在线是浙江省委、省政府提升政府及职能部门听民意、汇民智、解民情的网络互动平台，通过倾听百姓呼声，化解社会矛盾，拓宽社情民意的网络通道，打造浙江唯一的省级全媒体问政平台。浙江在线作为网络问政平台的入口，整合了旗下政务大厅、人事、论坛、新闻发布会等栏目，形成了 PC 端和移动端互动的网站、微博和微信公众号实时互动的网络问政平台矩阵。浙江在线传统的网络问政栏目是问政零距离和民生帮帮帮，这两个栏目目前在浙江网络问政平台上具有很高的知名度和美誉度。在此基础上，还开辟了民情巷和浙江潮评论论坛，整合相关资源，推出了浙江民情在线和浙江省新闻发布会。

网络问政集聚民智，搭建官民互动沟通的新渠道。浙江在线在试运行省委领导系列的高端访谈后，就推出了"问政零距离"栏目。栏目邀请了浙江省委常委及厅局和市级领导做客，就老百姓关心的热点问题与网友进行对话互动，听取老百姓对浙江省经济社会发展的具体建议与意见等。据统计，平均每场"问政零距离"的浏览量能够达到 10 万人次。

民生帮帮帮是浙江在线解决百姓诉求的一个栏目。网友实名注册后可发布在生活、工作中所遇到的各类民生诉求，浙江在线以媒体"调查函"的形式把网友提交的诉求信息直接转发给各级党委、政府和相关部门或单位，并追踪事情的进展与反馈回复，其结果会在网络上发布，接受网友的监督。另外，民生帮帮帮还邀请劳动保障、法律等方面的专家和网友组成智囊团，和热心网友一起在线解答网友难题。据统计，民生帮帮帮自上线起，收到了上万条网友提交的投诉举报、咨询求助以及建言献策，并向相关的政府部门发送投诉、举报类调查函和咨询、求助类函以寻求解决问题。

现在，省人大立法项目和监督议题、省政府为民办实事事项或者省政协重点履职工作，都会通过网络问政平台广泛征集社会各界的意见和建议。通过这种借助网络平台面对面交流的沟通方式，政府可以收集网络信息、了解民情、集聚民智，强化民众参政议政的积极性，让民众有了表达诉求的公开渠道，政府科学决策有了智囊团和监督员。

在网络问政的基础上，浙江在线融合电视、广播、报纸、网站、微博和微信建构全媒体问政平台，以全网覆盖的传播与沟通方式整合官民互动渠道。全媒体问政平台让全社会参与监督来改进与提高政府的工作作风和服务效率，让老百姓对政府部门行使职权实行全流程监督，有效促进行政权力科学、规范地运行。

2. 建立网络舆情引导平台

政府部门在重大主题、重要工作和重点经验的宣传报道中，应该加强整体策划，完善新闻发布制度，创新新闻发布方式，在第一时间动态发布相关信息，及时有效地向社会公布，促进主题宣传报道成为舆论热点和群众的关注点，从而形成正面的舆论态势。同时也需要强化与商业门户网站、社交网站、搜索引擎等机构的沟通联系与合作，有针对性地解疑释惑，引导并形成良好的社会心理预期。而要想形成引导网络舆情机制则需要一个信息传播、信息挖掘和信息分析平台。浙江在线就是通过浙江辟谣网和浙江舆情网来搭建一个客观、公正、公开、权威和联动的网络舆情监测、辟谣与发布平台。

移动互联网的高速发展和微博、微信等移动应用的普及，为网络谣言的传播提供了新的渠道和温床。借助各种新技术、新手段、新渠道进行传播的网络谣言具有很强的生命力，一旦传播开来，往往会引起社会恐慌情绪。由浙江在线、浙江卫视、浙江广播民生996频道和新蓝网等媒体承办的浙江媒体网站联合辟谣平台通过发布、传播权威辟谣信息，提高公众对各类谣言和网络违法有害信息的鉴别能力，并引导网络舆情健康发展。

为了让"谣言止于'知'者"，辟谣平台通过及时、准确地发布权威信息，让社会公众在最短时间内清楚地了解事实真相，以事实遏制谣言的传播。新闻媒体在快速反应、及时报道、澄清谣言等方面具有强大的传播优势，尤其是浙江在线新闻网站具有很强的信息整合能力，辟谣信息的发布更加全面、深入，辟谣报道可以有效地阻断谣言传播的路径，缩小谣言的传播范围。辟谣平台不但可以帮助公众提高谣言辨识能力，也可以发动公众积极参与提供线索。

通过建立发现、求证、澄清网络谣言的协同机制和传播机制，辟谣平台就可以发挥媒体和网站各自的优势，用快速、准确、全面的真实信息去遏止谣言的传播。浙江媒体网站联合辟谣平台由浙江在线负责平台页面制作和日常维护，目前该辟谣平台主要有以下几个基本功能：举报功能、辟谣发布功能和宣传教育功能。公众可实名注册后在举报通道举报谣言或为浙江在线提供辟谣线索，也可通过辟谣平台直接向网络辟谣联盟区中的有关部门和媒体举报谣言。浙江在线会按照内容涉及省份、公众关注程度和报道形式等汇聚媒体辟谣报道和部门权威信息，在辟谣平台以专栏或专题的形式公布涉网部门的相关工作动态、安全提示以及违法违规网站名单等，同时，链接有关部门和媒体的官方微博，通过多渠道、多来源汇集报道和权威信息，达到澄清谣言和引导舆论的目的。另外，辟谣平台还通过大量典型案例、专题报道和剖析文章，使公众了解网络谣言的特征与传播规律，以提高公众甄别虚假信息的能力。

此外，辟谣平台还借助各部门、媒体的官方微博、微信，浙江发布平台、浙江新闻客户端、浙江手机报等媒体矩阵，利用文字、图片、视频、音频等全媒体载体和多媒体平台及时转发辟谣报道，澄清事实，引导网络舆论。

三　增量拓展：以文化产业投融资平台孵化新媒体

传统媒体仅仅通过内部存量调整和形式的互联网化以及内容资源的介质转移是无法真正催生新媒体的。只有通过积聚资本、技术、人才和体制机制转换，植入互联网基因，构建以用户为中心的互联网媒体平台，聚集规模用户，才能真正提升传统媒体在新媒体时代的竞争力。浙报集团通过解决体制机制问题来实现融入互联网的战略转型，通过体制外转型来实现增量拓展的业务突破。而互联网企业单靠传统媒体的自身积累是难以为继的，必须通过投融资机制来打造足够强大的文化产业投融资平台，以资本为纽带进行市场化的新媒体运营与拓展。

2011 年 9 月，浙报传媒借壳 ST 白猫登陆 A 股市场，将其经营性资产置入以实现传媒资产证券化，从而拥有了自己的投融资平台，为进军互联网解决了资本门槛问题，加速了浙报集团的互联网转型。浙报传媒利用上市公司的融资平台以投资的方式介入互联网和移动互联网，拓展电影、电视、动漫、演艺、游戏、教育以及分众化专业期刊等内容业务资源。当前，浙报传媒的战略布局主要集中在三个板块：媒体——分众传播＋活动组织；线上——新闻＋娱乐十生活；线下——文化综合服务与消费。

1. 资本运营：打造文化产业融资平台

互联网颠覆了传统工业社会的大公司主导的模式，小团队和低成本模式哺育了一大批优秀的创业团队，凭借低廉的信息获取和制作成本，蚂蚁最后战胜了大象。在传统传播逻辑和产业逻辑都被颠覆的情况下，传统媒体转型的关键在于是否以用户为中心搭建用户平台，而传统媒体自建用户平台在目前的市场背景下并不占优势。用资本杠杆撬动用户平台成为了浙报传媒以用户为中心颠覆以往传播逻辑和产业逻辑获得用户平台的选择。

浙报传媒基于网络游戏市场进行了分析：多人对战的重度游戏属于高投入、高门槛，虽然用户在这类游戏中的消费能力很强，投入时间也多，但是这类游戏与浙报传媒党报背景的气质不符。而中度游戏是游戏时间在半小时左右，最多2—3小时的以休闲娱乐为主的棋牌类游戏。这类游戏是社交游戏，也是健康绿色游戏，用户以年轻人为主，比较符合传统媒体用户为中心的目标。边锋平台上拥有多达200多个品种的老少皆宜的棋牌游戏、60多个桌游产品和电子竞技游戏平台。其中，边锋对"三国杀"拥有完全自主的知识版权，这些年轻的桌游玩家恰恰就是传统纸媒正在流失的包括学生和年轻白领在内的用户群体。电子竞技被我国列为第99项体育运动项目，浩方是全国最早的电子竞技平台，位列全国第二，游戏种类繁多，比如属于重度游戏的魔兽争霸和FIFA足球游戏等。

盛大是中国网络文学和网络游戏的拓荒者，搭建了网络文化消费的服务平台。盛大旗下的边锋浩方的创业成长均在浙江和上海，管理总部设在杭州，主力用户覆盖长三角地区，与浙报传媒在地域和文化上也有很多相近性。

基于休闲游戏的产品特征、用户群体及用户规模，2013年4月，浙报传媒以31.9亿元收购边锋浩方的"豪举"，引起了媒体界、互联网界和投资界的震动。边锋浩方是一个综合性的游戏运营商，在棋牌游戏中边锋以18%的市场份额占据第二位，仅次于腾讯。而且，边锋拥有3亿注册用户，2000多万活跃用户和1000多万移动用户。浙报传媒全资收购边锋浩方获得其关键的后台数据和用户平台并构建用户数据库，从而实现从以报为本、内容为王转变为以用户为中心、点对点的转型；实现对平台用户的精准分析、定位和推送；实现融合互联网、电视、纸媒等多个媒介，为用户提供从新闻资讯到游戏竞技、在线阅读、娱乐、时尚等综合文化产品和服务。浙报集团通过收购边锋浩方搭建的用户平台加速正在精耕的社区化发展，也可以通过边锋的棋牌游戏进入到县一级市场，让更多的游戏玩家成为未来的受众目标。

整合浙报传媒和合作伙伴的用户资源，积极推动两个游戏平台在手机和互联网电视端的拓展和占位，在大数据分析和开放平台上导入云端阅读、浙江视界等内容产品，不断自主研发和引进优秀的内容资源，以新增内容服务吸引更多用户，扩大用户规模。其中，边锋网络在全国和二十几家电视台合作开发电视棋牌和桌游节目，在安徽一些电视台的棋牌节目中稳居收视前三位，可创造3000万—4000万元的广告价值。边锋网络还推出了全国性的电子竞技大赛，吸引了更多的青少年用户。

浙报传媒通过网络游戏吸引传统媒体流失的用户，横向主打全国影响力，纵向深耕区域本土化，打造拥有5000万（1500万在本省）活跃用户的自主化网络平台。

2013年，浙报传媒及其认可的第三方合伙企业增资入股华奥星空布局数字体育产业。其中浙报传媒出资4941万元，持股36%，浙报传媒认可的第三方持股13%，中国体育报业总社持股40.8%。华奥星空现有的主营业务为网媒业务、电子竞技业务、体育通讯业务和体育视频业务四大板块。浙报传媒将依托华奥星空所具有的资源，围绕电子竞技赛事与游戏风云频道，开展视频版权分销，并拓展体育赛事视频，推进电子竞技联赛制与棋牌联赛制的电子竞技大赛等相关业务。

浙报传媒控股子公司东方星空文化创业投资基金的投资业务主要集中在数据服务、游戏等新媒体相关领域。东方星空出资2.4亿元参股华数传媒，介入有线电视和新媒体电视领域；出资5000万元投资浙江华数广电网络有限公司，支持浙江华数整合浙江省有线电视网络；先后出资参与了电影《寻龙夺宝》、电视剧《风语》《彼岸1945》、动漫电影《秦时明月》等影视剧的制作；投资新媒体基金星盟（杭州）创业投资有限公司3000万元，游戏产业基金杭州先睿掌奇股权投资合伙企业500万元，海外视频分发平台东方嘉禾文化发展有限公司1000万元，电子竞技对战平台上海起凡数字技术有限公司895.40万元和起于凡信息技术（上海）有限公司9114万元，购买大数据公司北京千分点信息技术有限公司2000万元的公司债权。

2. 传媒梦工厂：以服务创业创新搭建新媒体孵化的产业平台

2011 年 10 月 31 日，浙报传媒以互联网思维构建了传媒业的开放平台——传媒梦工场，通过人文及传媒领域的创新机制，通过资本运作、技术创新和传媒运营资源投入，将传媒梦工场打造成为一个长尾聚合器式的公开、开放的新媒体孵化产业平台。

传媒梦工场有三个平台：云媒体的支撑平台、新媒体的研究平台和新媒体的孵化平台。云媒体的支撑平台是以技术服务为核心的公共集成平台；新媒体的研究平台是以《梦工场观察》杂志为主的理论平台；新媒体孵化平台专注媒体领域，紧盯国内以互动、分众和数据库为特征的创业项目，投入优势资源，孵化新媒体内容与技术应用，打造代表未来的新媒体产品集群和开放生态圈。

传媒梦工场为早期的创业者提供资金、商业、技术、市场、人力、法律、培训等一揽子服务，专注孵化"以技术为手段、以内容为优势，并将技术与内容相结合、符合新媒体创意环境"的产品和团队，培育传媒领域的创新团队和新一代传媒类高科技企业。

传媒梦工场的运作模式是通过筛选有优秀创意和良好市场前景的新媒体产品及创业团队，为其提供发展所需的启动资金、风险投资、媒体内容生产和运营管理经验等创业资源，一旦创业项目孵化成功，浙报传媒将优先以市场化的股权方式收购并纳入上市公司。传媒梦工场的投资项目可以依托浙报传媒的媒体资源和机制优势，为创业团队提供资金、技术、财务、法律、人力资源、创业导师辅导等全方位的支撑和服务，实行"一公司一基金"的孵化器运作机制，打通创投界、创业界、互联网界、传媒界交流对话的生态圈，形成资源整合能力。传媒梦工场孵化基地打造了"创新型创业加速模式"，使创业者拥有"低成本＋高效率"的创业体验、"创意＋资本"的对接平台和实现"人文＋科技"的融合。

传媒梦工场以硅谷风险投资的方式和互联网创业文化，实现在新媒体领域创业平台的开发和资源整合，通过整合集团的自有资本、上市募集资金以及社会资本，在内容生产、传播组织、媒体经营、技术支撑等四个领域 5 年投资 20 亿元，推进以新媒体为核心的全媒体转型，并形成中国新媒体集群。传媒梦工场的孵化对象包括新媒体内容提供商、新媒体渠道商和新媒体运营平台，也可以是网络内容提供商、线上线下的社区、内容聚合推送平台、新媒体数据分析平台和新媒体 APP 技术平台等创新型企业。通过投资孵化模式，传媒梦工场布局新媒体领域，打造创业平台生态圈。

虎嗅网是传媒梦工场第一个投资项目，是由中国企业家网前执行总编李岷创立的一个有视角的个性化商业资讯与交流平台。虎嗅网致力于让用户更有效率地获取商业资讯并进行交流，走个性化与社会化结合的路线。上线仅 6 个月，虎嗅网就拥有了 100 万流量，每天的读者超过 300 万。

传媒梦工场投资的宏博知微是社会化媒体的观察和监测者，宏博知微是将工业数据挖掘技术移植到社会化媒体平台上，分析微博的传播深度和路径以及微博舆情的监测评价体系。此外，传媒梦工场还投资了音乐天堂、微拍、优微、微触、江南本草、慕尚传媒、嗨校网等 22 个项目，通过对新媒体产业的战略投资布局来打造浙报集团外围的新媒体生态圈。传媒梦工场投资、孵化新媒体项目，其本质是提前卡位布局，为传媒集团增加用户规模，占据更多的新媒体舆论阵地和传播渠道，形成由各类用户构成的新媒体生态系统。

第三节　以纽约时报和华尔街日报为
代表的国外新闻网站

赫芬顿邮报的某位高管认为，传统媒体《纽约时报》的"发表"就意味着报道完结，而对于新闻博客聚合网站的赫芬顿邮报来说，"发表"则意味着新闻报道生命的开始。传统报纸如果蜗居在以内容为王的昔日辉煌中闭门造车，则只有死路一条。新闻网站必须从以产品为中心的传播理念向以用户为中心的路径转型，在坚持核心内容价值的同时重视数字平台和渠道建设，才能在数字化转型中实现华丽转身。在以数字化为核心的新媒体时代，"用户"这个概念可能更准确、更能体现传播活动中的互动性以及传播对象个性化的传播特征。

《纽约时报》通过设置网络版"付费墙"、建构数据平台、出售数字发行物等一系列新媒体实践，获得了超过百万的数字用户，数字产品的发行量超越了纸质版的发行量，从而构建了以深度报道原创内容为核心的水平型平台。《华尔街日报》则是源于用户对内容价值的认可，把品牌价值延伸到新的数字平台，以更多专业与多样化的信息服务构建的以财经内容为核心的垂直型平台。

一　《纽约时报》：以深度报道原创内容为核心，构建水平型平台

针对《纽约时报》在数字化转型中遇到的挫折与问题，由格雷格·苏兹伯格牵头的团队采访了几百位《纽约时报》的员工以及几十位其他媒体的高层及大量读者，结合公司的内部数据进行深入剖析，发布了"创新报告 2014"的调研报告。《纽约时报》在数字化转型方面存在的主要问题有：大多数编辑来自于传统媒体，过度重视印刷版，而对数字产品或服务在社交媒体上的推广不够重视，同时这些编辑还不熟悉网络，对如何评估数字化工作的编辑缺乏了解；优秀的数字人才难以招聘，而原有的人才又极易流失；对于一些失败的数字化产品舍不得放弃，进而影响到新数字化产品的研发与创新；缺少有组织的标签系统和管理传统稿件的大数据解决方案等。

这份报告认为《纽约时报》应该把传统纸媒和网络媒体以及移动媒体进行业务融合并顺利实现数字化转型，以"数字优先"战略在发现与拓展新媒体用户、调整与整合编辑部职能、借助社交媒体推广与营销、跨部门线上线下互相协作、数字人才招聘等领域进行深入、彻底的创新，打造以深度报道原创内容为核心的综合型平台。

1. 《纽约时报》的数字化转型之路

1998 年 10 月，纽约时报网站的创始人马丁·尼森霍兹被授权全面负责纽约时报的数字业务部门，通过整合集团所有相关资源成立独立的数字业务公司。1999 年 6 月，纽约时报整合旗下所有控股与参股的网上资产（包括 50 家网站，300 多名员工）成立了独立运作的 NYTD 公司（New York Times Digital）。随后纽约时报就开始准备抢滩登陆纳斯达克，但由于种种原因丧失了上市的良机。如果 NYTD 能在当时登陆纳斯达克以获得足够的资金，也许其将有足够的资源度过互联网的冬天。这次上市失败的直接后果就是，虽然纽约时报有实力和能力继续独立投资并在互联网上积极探索，但纽约时报的董事会仍然做了一个错误的决定——从互联网撤退。纽约时报放弃了被称为知识管理平台的 Abuzz，这是雅虎问答以及 Quora 模式的前身。马丁·尼森霍兹也被管理层要求尽快实现 NYTD 的收支平衡，在当时互联网广告几乎清零的局面下，这个要求对于 NYTD 来说是一个根本不可能完成的任务。

2005 年，NYTD 被取消了独立地位，作为公司的一个下属部门，重新回到纽约时报公司的怀抱。这对于纽约时报的数字化转型而言，是一次失败透顶的尝试。在互联网上，纽约时报的网上广告业务呈现出断崖式下降，收益近乎于无，但是网络用户的增长却始终保持着刚性上扬。一个叫好又叫座的纽约时报网站，虽然在当时没有太多广告收入，但是当拥有大量用户之后其商业模式自然而然就会呈现。而观念保守的纽约时报管理层却因为过于追求收支平衡，并不熟悉或者忽略互联网商业模式，选择放弃NYTD独立发展的路径，从而丧失了领跑新闻网站的先发优势。

纽约时报作为美国报业数字化转型的领跑者，在线订阅、在线广告等新业务的开拓与创新取得了一定的成功，可以说无人望其项背。强调数字优先的纽约时报公司仍然在保卫印刷版高达62.5万的每日忠实订户和每季接近1.5亿美元的印刷版广告。纽约时报在2015年上半年增加了8万个新的数字订户，截至7月30日，在线订户正式突破100万。上半年总收入为7.669亿美元，同比下降1.5%，当季净收益为200万美元。其中，发行收入增加了1%，源自于报纸的定价提价和在线订户的数字订阅收入增加；数字订阅收入为9350万美元；数字广告收入第二季增加了14.2%，高达4830万美元；而同期占据较大份额的印刷版广告收入下跌了12.8%。

这份半年报显示，纽约时报的数字订户与数字广告均持续增长，而印刷版的发行数与印刷版广告均持续衰减，新业务的拓展与创新并没有改变其整体颓势，微薄的盈利源自于成本削减与费用控制，而非数字业务盈利能力的快速提升。纽约时报的数字化转型之路仍在继续，随时都会有折戟沉沙的可能。

2. 重构以深度报道原创内容为核心的综合型平台

针对纽约时报数字化转型中遇到的问题，纽约时报从产品、编辑、分发与用户等多个维度进行了调整与整合，以应对数字化、碎片化和移动化时代用户信息需求的个性化与多样化，重构以深度报道原创内容为核心的综合型平台。

首先，主动寻找用户，借助社交平台拓展用户规模。

传统的新闻编辑部秉承着"内容为王"的惯性思维，认为只要能够提供高品质的新闻产品，用户就会主动找上门来，新闻一旦发表就意味着一篇报道的终结。用户对新闻的再利用也只限于按照日期的简单检索。

而新兴数字媒体的用户拓展则较为复杂，以往每月都会有数以百万计的用户访问新闻网站的主页来阅读新闻，而移动互联网的兴起致使大量用户通过社交媒体阅读新闻，不再访问新闻网站。媒体平台需要更加主动地利用社交媒体来推送新闻，直接与用户进行互动，根据不同的平台特征与用户细分，以更有效的方式对数字产品进行重新包装以适应新平台，还需要针对搜索引擎优化来满足用户个性化的需求。纽约时报利用移动技术在合适的时间和地点向合适的用户提供个性化的定制服务，移动新闻应用"NYT Now"（纽约时报移动应用）为不同平台提供定制化报道，满足不同用户的个性化需求，而"要点""更新标记""提示表"和"我们挑选"则更好地为用户提供快速浏览、优质原创内容的推送和导引。

第二，依托数据分析，整合原创内容，提升用户价值。

传统媒体《华尔街日报》和《华盛顿邮报》，以及赫芬顿邮报、BuzzFeed（巴斯菲德）都把数据分析置于其增长策略的核心地位，这不仅关乎数字新闻编辑部对信息内容的选择与更新，还影响着用户对多媒体整合报道的参与程度以及数字用户的忠诚度。《纽约时报》新闻编辑部通过扩大搜集和使用结构化数据的范围来提升数据的搜集和分析能力，寻找吸引受众注意的报道方法来扩大受众规模。比如，收集和分析纽约时报新闻的转发与分享次数、读者的阅读时间和阅读方式、浏览新闻内容的长度等数据，帮助新闻编辑部发现用户需求并制定未来发展战略，为数字化转型提供有价值的洞见。这些数据指标不但可以帮助记者了解读者如何参与新闻工作，也可以根据网页访问量和读者需求提供更高品质的新闻内容以及制定更明智的决策来提高用户到达率和媒体影响力。

新闻编辑部需要将过去放在报纸上的所有注意力转移到更大范围的数字媒体上。除了内容编辑外，还需要运作移动业务、网络业务、新闻简报和社交媒体推送等。这就需要新闻编辑部创建一个具有新闻采编、移动技术、用户体验、数据分析等各种不同背景的战略团队。这个战略团队需要根据媒体产业的发展趋势，结合用户数据来探索新闻如何更好地适用于移动终端、如何拓展用户群体规模、如何平衡编辑的新闻判断和媒体个性，帮助新闻编辑在内容管理系统和结构数据等领域保持领先地位，进而提升整个新闻编辑部门的业务创新水平。

第三，聘用数字人才，强化部门合作，提升运营水平。

在传统报业的数字化转型中，媒体的运营人才除了记者和编辑外，已经扩展到数字开发人才、用户体验设计师、社交媒体编辑和数据分析师等领域，以组建并不断强化数字项目、数据分析和突发新闻团队的规模，而传统的印刷版业务则大幅缩减或由一个规模较小的编辑团队来负责。《金融时报》和《今日美国》都将印刷版交由一个很小的团队负责，同时重点建立数字运营团队并将其整合入各个部门。《华尔街日报》创建了"实时新闻部"和"读者互动部"，《华盛顿邮报》则构建了庞大的"统一新闻部"，并在曼哈顿开设了一个"前哨新闻工作室"。

《纽约时报》在整个编辑部普及数字技能的同时，还从非传统媒体竞争者那里招聘相关的数字人才，不断加强报纸网站编辑、社交媒体编辑、设计师、制片人和数字开发人员等在新闻报道中的核心作用，提高数字人才在管理团队的比例。

《纽约时报》将继续保持采编与经营相分离的传统，广告部门仍将独立运营以保证新闻部门的完整和独立，但这并不限制新闻编辑部与技术部、消费者分析部、研究与发展部以及产品部等部门开展合作。通过这种跨部门合作，新闻编辑部可以借鉴和参考其他部门对用户的了解和认识，这是因为这些部门着眼于研究、思考以及构建用户体验，对读者的数字阅读和互动体验的理解和认识比新闻编辑部更加深入和透彻。新闻编辑部增加了更了解用户的软件开发者、营销经理、新媒体产品设计者、数据分析师，甚至包括曾经的竞争对手，通过跨部门互动与合作激发更多的业务创新与团队合作。在移动新闻应用 NYT Now 的开发中，这种跨部门合作显得尤为重要，并获益颇多。设计者要求 NYT Now 能够在重要新闻更新时即时自动提醒并推送给用户，开发者就需要据此设计一个新的技术平台，保证 NYT Now 能够根据用户的需求提供这种即时新闻的推送服务；消费者分析部则从消费者行为特征的角度提醒技术开发者针对消费者个性化需求的趋势，满足用户个性化定制新闻内容的需求；而营销经理则希望喜欢深度阅读和习惯快速浏览的两类读者都对 NYT Now 这款产品感到满意。这是纽约时报在移动新闻客户端这款产品上进行跨部门合作的一次成功的尝试。

3. 《纽约时报》开放的多平台运营战略

《纽约时报》以往都是从搜索引擎和社交平台导入流量，通过超级链接获得巨额流量，进而吸引广告业主的广告投放，借助付费墙固守围城用以沉淀网络用户和数字订户。为了更好地适应数字新闻的碎片化、移动化和便捷化的呈现方式，纽约时报推出旗舰 APP 应用"NYT Now"，以及

"Cooking"（烹饪）、"Times Insider"（时代内幕）和 "Up‑shot"（结果）等数字产品和服务，通过智能分析、写作和数据可视化的数字平台，用户不但可以选择自己所需的数字内容，还可以看到纽约时报的记者是如何工作的，重构数字平台满足用户的个性化需求，为数字用户提供更好的用户体验。

《纽约时报》通过自身的数字平台推出数字产品和服务的同时，也借助其他平台包装、推广与分享新闻内容，以更加开放的姿态来迎接新媒体的挑战。

《纽约时报》CEO 马克·汤普生（Mark Thompson）通过与 Facebook、苹果和星巴克合作，推行新闻内容的多平台运营战略，为《纽约时报》的新闻内容拓展新的受众，通过增量拓展扩大广告收入。

Facebook 于 2015 年 5 月推出 Instant Articles（即时文章）项目，以方便用户快速下载和改善用户体验为主要诉求，邀请新闻媒体把新闻内容直接免费发布在 Facebook 的网站上，用户可以直接在其网站上阅读与观看，Facebook 不提供链接到新闻媒体网站的回链。马克·汤普生认为参与这个游戏是有风险的，但是置身事外是危险的。2015 年 6 月，苹果在其新的操作系统 iOS9 中推出了一个预装的新闻聚合应用 News，《纽约时报》领衔约 50 家媒体签约入驻。《纽约时报》也将受邀加入谷歌推出的类似服务。

《纽约时报》每天将在 Facebook 平台和苹果 News 平台上各发布 30 篇文章，但选稿的标准可能有所不同。目前纽约时报每天的发稿数量在 300 篇左右，这 60 篇精华稿件通过社交媒体和新闻聚合平台向全球数十亿人开放。这种合作也许能够拓展新的受众，提供增量收入，但也可能对存量受众的既有流量、广告与订户产生更大的负面影响，尤其是以自有平台构建的付费墙模式与网络广告模式可能会形同虚设。

马克·汤普生认为《纽约时报》与星巴克的合作，是旨在确保时报不断扩大受众面，在新的、有趣的读者池中寻找读者的举措。从 2016 年开始，星巴克数以百万计的会员将可以在星巴克的 APP 中读到包括《纽约时报》在内的诸多媒体的新闻。

二　《华尔街日报》：以财经内容为核心，构建垂直型平台

《华尔街日报》是最早进行数字化转型的传统媒体之一，也是实施数

字化转型最成功的财经类报纸。选择数字化、网络化和移动化的路径是《华尔街日报》这类传统媒体的命运，也是新媒体时代发展的必然趋势。作为财经类报纸，《华尔街日报》围绕财经内容的核心优势和领先优势，同时适应数字时代的特性，强化在用户服务、社交媒体和移动网络上的投入与建设，构建以财经内容为核心的垂直型平台，这些成为了《华尔街日报》区别于其他报纸，实现数字化成功转型的关键所在。

《华尔街日报》的数字化转型始于 1993 年，1996 年 8 月诞生了第一个付费用户。媒体稽查联盟（AAM）发布的报告称，2012 年 10 月至 2013 年 3 月底，《华尔街日报》工作日版的订阅量平均为 238 万份，最高发行量达 240 万份，而其中近 90 万份的数字订阅量成为订阅量增加的主要来源。从 2003 年开始，以《华尔街日报》网络版为主体的道琼斯公司的网络出版部门的营运收入就实现了正现金流，并于 2004 年开始创造利润，从而成为全球最大、也是最为成功的付费新闻网站。

1. 以原创、差异化的内容服务用户

以大幅裁员应对报业危机的传统媒体希望通过精简机构、致力于网络化与数字化转型来获得数字用户与广告商的青睐，但专业采编人员的缩减直接导致了原创内容和深度报道数量的大幅下滑，高质量原创内容的缺失致使原有的用户大量流失，形成恶性循环。在传统媒体数字化转型过程中，数字用户的订阅量虽一直在增长，但这些用户群体并没有形成规模效应，尚未成为新的利润增长点。在 2014 年全美所有数字广告收入中，以 Google、Facebook、Microsoft、Yahoo 和 AOL 为首的五家科技公司占据了 61%，达到了 309 亿美元，同时这五家公司的市场份额还在逐年上升。在 2014 年全美移动显示广告收入中，以 Facebook、Google、Twitter、Pandora 和 Apple 为首的五家科技公司占据了 64% 的市场份额，达到 64 亿美元。这些数据显示，传统媒体在数字化转型中成功的并不多，占据数字广告和移动广告市场优势的仍然是科技公司而非媒体公司。

《华尔街日报》在数字化时代仍然没有放弃内容为王的传统核心竞争力，而是以原创、差异化的财经内容服务线下与线上用户，形成财经内容数字化和网生内容精品化的发展特色。《华尔街日报》拥有 1600 多名采编人员，每天为数字用户提供 1000 多篇涉及数千家公司深层背景介绍与特写的专业、独家的高品质财经新闻报道，而《华尔街日报》头每天版都会刊登一篇由记者策划并花费 1—3 个月时间独家采访、独立完成的长篇报道，这些独家报道总是能够给用户带来惊喜，并培养了用户的高度依赖性和黏性。

《华尔街日报》以独家性、专业性和不可替代性的财经新闻来服务用户，其数字内容的主要板块包括世界新闻、美国新闻、市场数据、个人理财、文化生活、纽约要闻、商业、市场、科技、言论、实业和管理等。《华尔街日报》的数字内容会 24 小时及时更新当日的新闻资讯，而传统印刷版则对重大的新闻信息进行深入分析和深度报道，线上与线下形成良好的互动与补充，方便用户知道"发生了什么"和"这意味着什么"。针对不同的接收终端、数字化平台的传播特点和用户阅读习惯及要求，《华尔街日报》不但重视分销渠道的多元化，而且还针对手机、平板电脑、网站和电子阅读器等接收终端的差异性，对同一则新闻内容进行差异化再生产，每一种媒介形式的数字内容产品都是独特的、无可取代的，这些数字产品能够更好地吸引和服务用户，并实现特色化和品牌化。

2. 以定制服务与社交网络聚合用户

2007 年新闻集团以 50 亿美元收购了道琼斯公司，《华尔街日报》网站数字内容的订阅收入从 3000 万美元增至 6500 万美元，付费订阅数量连续多年位居全美第一。《华尔街日报》网络版的成功之处在于长期对用户媒介使用习惯的培养和完全付费阅读模式的实施，以定制服务和社交网络为导向，针对不同层次用户的差异化与个性化的信息需求对数字内容进行更加细化的分类，设计不同层次的收费标准，构建以定制服务和社交网络并行发展聚合用户的新平台。

默多克根据用户的差异化与个性化需求开展定制服务，以精细化和专业化的内容服务聚合用户。

首先，以近乎免费的策略让普通用户获取部分新闻，从而最大限度地获得用户的关注。《华尔街日报》一方面通过减少用户的使用成本，甚至一定程度的免费使用户快速获取所需信息，进而增加用户使用媒介或内容的概率，另一方面通过 RSS 技术和内容架构，以专业和深入为特色，使订阅用户根据需求在自己感兴趣的频道中能够方便快捷地获取即时更新的商业、财经和投资信息，以降低用户的费力程度来增加用户的使用概率。通过这种免费策略和专业化内容服务满足用户的个性化需求来打造《华尔街日报》RSS 服务的核心竞争力，聚合规模用户，提升数字平台的商业价值。

其次，以原创、精细化的新闻资讯服务数字订户，尤其是深度报道的财经新闻。数字订户可以根据其个性化需求在《华尔街日报》网站的 My Online Journal 栏目中自主添加和定制自己感兴趣的内容，也可以在 My-Wsj. com 的网站进行新闻资讯的个性化定制，从而享受其专业化、精细化的服务。

最后，为额外付费的用户高端定制个性化的财经新闻和增值服务。依托道琼斯公司长期以来对美国股市、国际市场、基金与债券、商品与期货、利率与信贷市场以及汇市等领域丰富的信息资源，《华尔街日报》建立了强大、专业的数据库服务系统。注册用户可以按日期或关键字查询报纸刊登的各类统计数据，而付费用户则可以获得网站数据库以外的精细化统计数据服务。这种高端定制的个性化增值服务成为《华尔街日报》重要的现金流之一。

数字时代的网络入口从门户网站转移到社交网络，不但改变了传统媒体内容生产商、批发商和分销商的角色，也改变了用户被动接受信息的消费习惯。社交网络成为用户阅读新闻的主要途径和数字化交往平台，通过关注新闻机构和记者或者来自用户人际网络的分享与转发，用户既可以分享自己喜欢的新闻报道链接，也可以和好友一起讨论感兴趣的新闻。

《华尔街日报》网络版的新闻顶端都有链接到脸书、推特、Instagram 和 Youtube 等社交平台的标志，也可以链接到 AppStore，通过社交平台来调动用户在信息生产与传播过程中的主动参与性，借助社交网络来大规模聚合用户。用户可以关注《华尔街日报》在脸书和推特等社交平台的公共主页，《华尔街日报》平均每小时推送一条今日精选新闻，用户既可以选择分享或转发该条新闻到自己的个人主页，也可以对该条新闻进行评论或与其他粉丝进行讨论。这种互动方式为用户提供了一个开放的讨论空间，使用户拥有更多的自主选择权，可以选择查看、转发、评论、分享和讨论自己感兴趣的信息内容。当然，用户也可以利用移动终端将身边发生的突发事件或新闻线索以照片或者视频的形式甚至是详细的文字内容发送给编辑。用户借助社交网络成为自媒体记者，这种互动方式给报道突发性新闻提供了更加广阔的渠道。截至 2016 年 2 月底，《华尔街日报》中文网站在新浪微博公共主页的粉丝有 1798 万，发布帖子 99484 条，以每小时2—3条的更新频率推送摘要加网站链接方式。

《华尔街日报》借助社交平台聚拢超过千万的粉丝人群，调动粉丝用户的参与性，以查看、评论、讨论和转发的互动方式强化用户关系，进而实现数字用户的大规模增长。

3. 以移动终端构建多元化移动信息接收平台

在大数据时代、智能化生产和移动互联网革命的背景下，《华尔街日报》开始尝试构建多元化的移动信息接收平台，实施数字化转型。《华尔街日报》采用先免费后收费的推广策略，开发针对不同移动终端的客户端程序，扩大在移动端的用户覆盖，智能手机和平板电脑成为报业移动数字化战略的重要形式和工具。

从2009年开始，《华尔街日报》将采编的新闻内容制作成WSJ系列数字产品，投放在Apple Store、Kindle等平台上进行销售，供用户下载，以"合作分成"的新模式获得平台分成收入。这些数字产品分为iPhone与iPad两个版本，数字内容和人机交互界面都可以根据移动终端的差异进行优化，以方便数字用户的阅读和体验。平板电脑移动客户端借鉴报纸的排版规则，赋予用户纸质阅读的体验，方便用户操作且内容清晰，其栏目内容有美国新闻、市场行情、个人日志、金钱与投资、世界新闻评论和最新报道等，数字编辑每天会选择网络版最有价值的文章，向用户分享《华尔街日报》最精华的内容。iPad版的月订阅费为17.99美元，远远高于其他平台的收费标准，但《华尔街日报》原创的深度报道的财经信息获得了用户的认可与订阅。2015年4月24日Apple Watch出售时，《华尔街日报》的Apple Watch客户端也同步上线。

2015年5月，《华尔街日报》开始让网页设计者、移动客户端程序员和开发者加入新闻编辑室，内容编辑可以对WSJ.com的页面进行直接的管理，而移动客户端的开发人员也可以获得新闻内容编辑的指导。产品经理爱德华·罗塞尔说，"我一直相信，只要能通过移动客户端呈现的数字产品，最终都将移动化，如果有什么可以扩展和壮大我们的新闻编辑室，那一定就是移动新闻了。"

《华尔街日报》以移动终端为核心，构建多元化移动信息接收平台，已经获得了一定的成功。根据康姆斯科数据显示，2015年3月《华尔街日报》总的电子浏览量达到了30万，而其中约有半数来自于智能手机或平板电脑客户端。

第四章

平台及平台经济的本质特征：
无限延展性

平台是一种现实或虚拟空间，该空间可以导致或促成双方或多方客户之间的交易。① 平台表现为工具化、具体化和自组织化的组织形态。平台经济学是研究平台之间的竞争与垄断情况，强调市场结构的作用，通过交易成本、契约理论和长尾理论，分析不同类型的平台企业的发展模式与竞争机制，并提出相应的政策建议的新经济学科。平台及平台经济的显性特征为双边用户需求的互补性、间接网络外部性、双边用户多属行为特征和平台产品寄生性与信息化特征，而平台及平台经济的本质特征则是无限延展性。平台及平台经济通过开放平台战略，构建双边及多边市场中的各方利益相关者共同参与建设的平台生态圈，使平台企业在用户规模、产品类型、平台话语权、赢利模式等领域拥有无限可能和无限延展性，并能发展成为多方共赢的综合性开放平台。

第一节　平台的分类与特征

一　平台的分类

不同行业所建构的服务平台虽然具有不同的行业特征，但却具有类似的盈利模式或价格策略，这正是双边市场平台的共同特征所决定的。根据平台的不同特性可以把平台分为以下几种类型。

1. 垂直平台与水平平台

由多个平台相互连接构成一个体系就是垂直型平台。垂直平台能够促进"卖家"和"买家"形成交易，比如，苹果（iPhone）手机的成功就是建立在垂直型平台的基础上的，苹果手机的硬件设备、手机搭载的 iOS

---

① 徐晋：《大数据平台：组织架构与商业模式》，上海交通大学出版社 2014 年版，第 8—9 页。

操作系统等软件配置以及 App Store 和 iTunes 服务分属不同的平台，苹果公司通过 App Store 将全世界的开发者和 iPhone 等设备的使用者连接起来形成一个大平台，把硬件、软件、网络、服务和内容等多种平台相互连接起来，提供最终价值的垂直型平台。当两个以上的客户群之间产生的网络效应为正向，双边市场的运营会得到强化，反之，如果网络效应成负向，就可以肯定地说平台的运营面临着危机，所以在垂直型平台中，其中任何一个平台运作失灵都会影响到其余平台的正常运营。

垂直平台一般由不同的公司构建各自组成平台，并使其能够彼此兼容。比如，银行卡就是通过一种技术平台来促进卖家和买家形成交易。而苹果公司则是为了不受整个产业链的影响而选择亲自提供主要平台，所以我们把苹果公司称为垂直结合型企业。

水平平台是一个促进不同成员相互交流和组合的平台，它不再是相互区别的企业垂直结合的结构，而是根据所属业务的特性或提供内容的性质被同等划分的多个类别。比如服务平台就可以划分为中介平台、社交平台、新闻平台、游戏平台等多种形态。

2. 开放平台、封闭平台与共享平台

互联网对于平台的"开放性"与"封闭性"的争论还没有落槌定音，业界大多数公司会根据自身的经营特征采取选择性开放的策略。

开放平台是指买卖双方及第三方成员都可以自由进入的平台市场。开放平台主要分为向外提供内部资源和向内引进外部资源两种类型，前者叫平台的提供开放性，后者叫平台的接受开放性。[①] 从平台提供开放性视角来看，平台有以下几种形式：第一种是只供自己使用；第二种是向外部有偿提供使用权；第三种是免费开放设计文稿、支持技术或程序资源。[②] 对于平台企业而言，如何界定开放程度并判断第三方的创新是否符合平台战略，是平台企业需要重点考量的一个问题。例如，App Store 与 Google Play 作为全球最流行的智能手机应用商店，聚集了全世界众多软件开发者与使用者。据市研机构 Canalys 发布的报告，单在 2013 年第一季

---

① ［韩］赵镛浩：《平台战争——移动互联时代企业的终极 PK》，吴苏梦译，北京大学出版社 2012 年版，第 31 页。

② ［韩］赵镛浩：《平台战争——移动互联时代企业的终极 PK》，吴苏梦译，北京大学出版社 2012 年版，第 31 页。

度，全球顶级应用市场的营收就超过了 22 亿美元，应用下载量突破了 130 亿次。由此可见，开放平台能够聚合买卖各方自由进出平台，如果不考虑交易成本，平台的使用者甚至都不需要特别的身份认证或受到排他性歧视。

大多数 B2C（企业对消费者）电子商务平台都采取了开放平台模式，允许第三方企业入驻该开放平台，这虽然会加剧电商企业自营业务与开放平台业务的竞争，但是，平台企业可以借助开放平台系统为客户提供数据分析工具、营销工具与物流平台服务，这不但可以补充主营业务的不足，还能得到更多消费者的青睐。

封闭平台是指现有成员阻止后来者进入的平台。封闭平台在更大程度上不是对消费终端的封闭，而在于对平台竞争对手的封闭，以阻止后来者的进入，甚至会设置进出权限。很多行业性平台会阻止行业外成员进出该平台，以保证其平台的纯粹性。

而共享平台则是指基于某种共同目标，为实现不同企业或产品共同部分的模块化进而降低生产或运营成本的平台。

3. 市场制造者、观众制造者与需求协调者。

大卫·S. 埃文斯（David S. Evans）根据平台功能将平台企业区分为：市场制造者、观众制造者与需求协调者。[1] 市场制造者使得属于不同市场方的成员能够进行交易，观众制造者匹配广告商和观众，需求协调者制造能产生间接网络效应的商品和服务。[2] 平台企业需要根据自身的特征确定适合自身发展的角色定位。

4. 基础平台与增值平台

根据平台提供内容的不同，平台又可以分为基础平台和增值平台。平台的核心功能是促进海量端点之间的互动，而海量用户的不同需求又决定了平台的层次性。基础平台为用户提供最基本的内容服务，满足用户的基本需要，而增值平台则是在基础平台的基础上为用户提供差异化的应用性服务。

二 平台的本质特征

对平台经济特征的把握有利于正确引导理论框架的建立，我们将从平

---

① David S. Evans, "Some Empirical Aspects of Multi - sided Platform Industries", *Review of Network Economics*, Vol. 2, Issue 3, September 2003.

② 徐晋：《平台经济学：平台竞争的理论与实践》，上海交通大学出版社 2007 年版，第 18 页。

台双边及多边用户的供需关系的维度来揭示平台经济特殊的结构特征。

1. 双边用户需求的互补性

在双边市场中,双边用户对平台所提供的产品或服务的需求呈现着显著的互补性特征。以阿里巴巴为例,平台卖方(买方)对阿里巴巴提供的全球市场采购商的信息需求量会随着买方(卖方)对阿里巴巴提供的全球产品供应商的信息需求量的增加而增加,反之亦然。

由此可见,在双边市场中,平台运营商会同时向两个及多个市场的消费者提供产品,这与在传统市场中同一市场的类似刮胡刀和刀片形成的功能性互补不同,双边市场中的产品之间存在的互补性并非功能性互补,这种互补性是基于多个市场的消费者的需求而产生的,它是双边市场的联合需求,缺少任一市场的需求,则该平台其他用户的需求就难以形成。例如,婚恋中介平台就属于开放性平台,所有有婚恋需求的单身男女都可以通过免费注册加入这个平台,男生希望通过该平台寻找到心仪的女生,要满足男生的需求该平台就必须拥有大量的女生资源以提供给男生,如果没有,则男生对该平台的需求就为零。在婚恋中介平台的双边市场中,在召集双边客户加入该平台的策略方面,大都采取免费加入的方式,平台给这些客户提供基础会员服务,比如发表个人信息或查看会员信息等,男女双方通过中介实现互补需求带给各自的效用。

平台双边市场的互补性需求的特征主要表现为:基于多个市场的用户使用而产生的非功能性需求决定了市场需求的特殊性,即双边市场中平台运营商的需求源自于双边市场的联合需求,任一边市场需求的缺失都会导致平台的消亡。

2. 间接网络外部性

网络外部性最早是由 Rohlfs(1974)提出的,他指出网络外部性是需求方规模经济的源泉。当一种产品对消费者的价值随着其他使用者数量的增加而增加时,就说这种产品具有网络外部性。Katz 和 Shapiro(1985)将网络外部性定义为:随着使用同一产品或服务的用户数量变化,每个用户从消费此产品或服务中所获得的效用的变化。即每个用户从使用某产品中得到的效用与用户的规模有关,使用该产品的用户越多,则每个用户得到的效用就越高,网络中每个人的价值与网络中其他用户的使用规模成正比。

网络外部性可以分为直接网络外部性和间接网络外部性两类。直接网络外部性是通过消费相同产品的消费者人数对产品价值的直接影响而产生的，可以直接增加其他消费者的使用效用。比如 3G 网络，3G 用户的数量决定了移动基站的数量，只要 3G 用户不断增加，则移动基站的数量就会随之增加，这不但增加了早期 3G 用户使用的效用，也给其他使用 3G 网络的用户提供了直接的外部性。间接网络外部性是指随着某一种产品使用者数量的增加，市场中会出现大量互补性产品可供选择或使价格降低，从而使消费者更乐于购买该产品，间接提升了该产品的价值。电脑硬件与软件是互补性很强的产品，当使用某种类型的电脑用户数量增加时，就会有更多的企业提供这种电脑所需要的软件，这将给电脑用户带来额外的收益，比如，软件数量增加带来的可选择机会增多、价格下降等。

在双边市场中，间接网络外部性是指一边市场用户获得的网络外部性收益会随着另一边用户的增加而增加。传统的网络外部性理论是基于一个市场内部一个用户向其他用户的利益溢出而带来的收益，而"交叉"网络外部性则是基于多个市场的终端用户之间相互溢出的收益。产生间接网络外部性的主要原因是平台双边用户之间的需求互补特征，间接网络外部性主要基于平台关注其双边市场用户之间的相互影响，这种用户之间的相互影响会给用户自身带来间接效应。间接网络外部性主要关注利益从一个市场溢出后能否重新返回这个市场，最终能否形成一个完整的产业闭环，而这种外部性不一定需要平台。

间接网络外部性分为正外部性与负外部性。一般而言，双边市场的间接网络外部性都是正外部性，因为平台双边的用户都是参与越多对双方就越有利。关于间接网络外部性的负外部性，可以以广告收入为主要来源的媒介为例。对于平台受众而言，在热播剧或者黄金时间的栏目中插入大量广告，这对于受众来说就是一种干扰。但是从广告商的角度而言，在电视节目中插播大量广告可以增大广告的阅读率，由此可见，广告商对广告时间的需求对受众的效用会产生负外部性。

间接网络外部性强度差异是决定双边市场中平台双边定价结构的主要原因之一。这种差异造成了 A 边用户增加对 B 边用户所产生的贡献可能会大于 B 边用户增加对 A 边用户所产生的贡献。以婚恋中介平台为例，女生数量的增加对男生所产生的利益效用远远大于男生数量增加对女生所产生的利益效用。婚恋中介平台采取对女生用户单边完全免费的价格策略，平台异性会员聚集得越多，会员所能获得的匹配机会就越大，而这个平台的价值也就越大,平台可以通过对不同等级的男性会员收取会费来获得收益。

3. 双边用户多属行为特征

用户多属行为是双边市场中消费者行为的重要特征,根据用户使用平台的数量,可以把用户分为:单归属用户、多属用户、部分多属用户三种类型。单归属就是指用户在单一平台注册交易,平台使用或转移成本比较高的产业或高度垄断的行业存在单归属用户;多属用户就是用户在相互竞争的两个或多个平台上注册交易,纯粹的多属用户在现实生活中几乎不存在;部分多属用户就是一部分用户在平台上单归属,其余用户在两个或以上平台上多归属。

在适用双边市场理论的产业中部分多属用户是普遍存在的。在表4-1中,绝大多数产业中都存在着用户多属行为,无论是双边还是多边市场中的任何一边,尤其是在网络平台上,用户大多表现为同时使用多个平台,进而接触到更多的交易用户并获得更多的交易机会。以网络招聘平台为例,求职者不会单单只在一个招聘网站注册,往往会选择在多个招聘网站注册来增加自己求职的机会,而招聘企业也不会只选择某一个招聘网站来发布招聘信息,在很多招聘网站上都可以看到某一公司发布的招聘信息,以帮助企业尽可能寻找到更优秀的人才。如此看来,招聘网站求职者的单边市场存在多属行为,而招聘企业一端的单边市场同样存在多属行为。

表4-1　　　　　　　双边市场平台的用户归属特性

产业	平台	单边 I 归属特性	单边 II 归属特性
传媒	电视	观众多属	广告商多属
传媒	新闻网站	网络读者多属	广告商多属
银行	信用卡	持卡人多属	商家多属
互联网	招聘网站	求职者多属	招聘企业多属
信息	搜索引擎	希望被搜索到的企业多属	搜索用户多属
软件	视频游戏	一般是单归属	游戏开发商多属

双边市场中用户的多属行为的存在,一方面是因为平台提供服务质量的不完全替代性,另一方面是因为用户多属行为可以尽可能多地享受另一

边用户的规模带来的利益。Armstrong（2002）提出：相对于多属行为的用户，只加入一个平台的用户对于平台运营商而言，是平台运营商在另一个市场上的瓶颈资源；或者从多平台接入的用户来说，平台运营商成为其完成与平台另一边的不同所属用户交易的唯一途径。

4. 产品的寄生性与信息化特征

根据 Rochet 和 Tirole 的研究，科斯定理的交易费用理论是平台出现的必要条件。如果平台的双边用户在缺少平台的前提下，仍然可以进行低成本交易，那么平台存在的必要性就值得商榷。而在现实生活中，双边市场的用户之间因为众多担忧很难直接达成交易，最终会需要通过一个平台来推动双边用户之间的交易。例如阿里巴巴，卖家与卖家之间缺少必要的信任，无论是信息的真实性还是支付的安全性，彼此间都很难达成一致，故此需要借助阿里巴巴的中介平台来作为买卖双方完成交易的保障。

平台向双边市场提供的产品或服务对终端用户之间的相互作用或者交易具有寄生性。因为平台的主要功能就是促进双边用户相互作用，帮助平台双边用户解决外部性问题。平台通过为双边用户提供交易机会而获得利润抑或生存的机会，因此可以发现平台提供的产品或服务不具有独立性，只有当双边市场的用户之间发生相互关系时，平台产品才具有存在的价值，一旦双边市场的用户之间不发生相互作用，则平台的服务和产品将难以销售。平台运营商和传统市场最大的区别就是需要同时运营两个高度相关的市场，甚至是多个市场，而每一个市场的需求都不是单独存在的，彼此之间存在着相互依赖的寄生关系，多个市场通过平台作为中介来形成一种联合需求。在电视媒体行业，电视台、节目制作公司、观众和广告商等相互之间都存在着寄生特征：电视台要想获得较高的收视率就必须斥巨资购买优秀的电视节目；优秀的电视节目则能够帮助电视台提高其收视率，以此获得大量的观众；高收视率也预示着高品质的用户群体，使电视台获得广告商的青睐，提升其广告价值。这就形成了一种彼此之间共生共存的平台生态圈。

用户截然不同的互补性需求和用户多属行为的特征使得平台必须协调双边用户产生的过度需求和不足需求。平台在协调双边用户的多样化需求时，可以借助价格、质量结构来影响市场需求而获益。比如，婚恋中介网站可以对单边市场的女性用户采取免费服务，促使更多的女性用户能够在该平台注册，进而吸引更多的男性用户聚集在该平台，平台通过对男性用户收费来获得收益，甚至根据用户多样化的需求提供不同级别不同收费的会员服务。

平台产品也具有信息化特征。从平台产品的自身特征来看，大多数平台产品都是在信息流基础之上开发的增值产品或服务，以数字产品的形式呈现出来，在网络时代平台产品就具有高固定成本与低边际成本的特点。一旦平台的产品生产出来，继续生产的成本几乎接近于零，平台产品提供商生产的产品越多，其平均成本就越低。平台产品的信息化特征赋予其生产的无限复制性，也显示了平台产品在大数据时代数据挖掘与整合的特征。

第二节　以开放平台战略建构平台生态圈

一　开放平台的概念与分类

在互联网经济时代，商业竞争模式争的不再是产品，而是平台，一个成功的平台必须有清晰、稳定和公平的游戏规则。"谈恋爱的最高境界就是双方都觉得占了便宜"，这句话完美地诠释了平台经济的商业模式。平台经济就是指平台运营商通过召集有着各种不同需求的多边利益相关者在平台上进行交易与合作，在保证多边利益均衡的同时平台运营商也获得收益。平台经济是一个开放的系统，开放才能够吸引各种资源和众多合作伙伴的加入，通过平台集聚效应实现多方共享、共赢，进而提升平台价值。开放平台能够带来规模效应，开放的程度越大，则平台企业就越有竞争力。开放平台不仅是一种观念，也是一种能力，更是互联网商业领域的战略制高点。

2007 年 5 月 24 日，Facebook 上线 Facebook Platform，把用户账号、社交关系和信息通知等一整套系统开放给第三方开发者，让其以 Facebook 为基础开发、分发各种应用，这可谓是开放平台的典范代表。开放平台给平台和开发者无限的想象空间。借助开放平台提供的各种功能和资源，第三方开发者可以"站在巨人肩上"，把以往老死不相往来的竞争对手的服务通过开放平台嫁接在一起，完成"不可能完成的任务"。平台运营商则通过第三方应用无限扩展平台的外延，并使之成为一个万能的平台。

开放平台就是平台运营商开放平台数据接口 API 和平台实现系统化对接，即向第三方企业开放入口、用户、数据、云计算等资源，吸引第三方企业加入并构建多方深度协作、利益共同分享的服务平台，既可以满足平台用户的多样化需求，又可以增加平台黏性与平台忠诚度，通过网络外部性效应形成以自身平台为核心的平台生态系统。

开放平台是互联网企业的发展趋势，绝大多数互联网企业在深耕某项核心业务并巩固自身的领导地位以后，往往会采用平台开放战略进行业务扩张，通过集聚公众账号、商户和第三方开发者这些互联网业务供给方，为平台用户提供平台产品或服务。

按照平台类型划分，可以把开放平台分为业务型开放平台和流量型开放平台。淘宝开放平台是业务型开放平台，平台开放买家和卖家数据、店铺、商品、交易、物流、评价、仓储、营销推广等各环节和流程的刚性需求的业务，第三方开发者提供的应用能为用户提高其实际业务效益，用户愿意付费则会激励开发者提供更多、更好的应用服务。淘宝开放平台的网络外部性效应使第三方开发者增强了对淘宝平台本身业务的黏性，而淘宝也在产品支持、运营、服务方面给予开发者大力支持，从而促使淘宝开放平台在保持平台稳定性的同时从卖家工具向其他各类应用发展。2013 年，淘宝开放平台数据显示其日调用量已经达到 20 亿次/日，淘宝开放平台已初具规模。腾讯开放平台是流量型开放平台，其核心在于拥有的用户关系链资源，Q + 平台通过巨大的装机量或流量来帮助开发者推广应用，即通过入口把流量带给旗下的其他应用以适宜产品传播，通过开放平台实现流量变现的目的，2013 年腾讯宣布其开放平台的开发者累积收益总额超过30 亿元。

按照服务主体的不同，可以将开放平台分为中心化开放平台和分布式开放平台。阿里巴巴开放平台是一个技术性的中心化开放平台。面对数以百万计卖家对个性化软件的需求，阿里巴巴提供的标准化的应用软件已不能满足卖家的需求。阿里巴巴针对自身网站提供应用开发接口，使得众多第三方开发者能够在开放平台提供只为阿里巴巴自身服务的应用软件来满足卖家的需求。Google 开放平台则是分布式开放平台，由 Google 开放平台提出一个标准 API，所有支持该标准的网站都可以使用基于该接口的多个平台应用。

按照平台的开放程度，可以把开放平台分为完全开放平台和不完全开放平台。完全开放平台向第三方企业开放平台，并提供交易场所与支援服务，只负责平台运营而不涉及产品销售，比如天猫商城和日本乐天就是完全开放平台。而亚马逊和京东是以"自营＋联营"的模式在线销售，自营平台为主，辅以开放平台集聚众多商家，这种模式属于不完全开放平台。

按照平台管制程度，可以把开放平台分为全面开放型平台、监管准则宽松的高度开放平台和过滤机制极度严谨的低度开放平台。

二　开放平台的路径

在互联网时代，企业会选择不同的发展路径进行平台化转型。根据平台发展路径和资源开放性，可以把开放平台分为四种模式。

第一，依托强势应用打造应用开放平台。阿里巴巴凭借支付宝和淘宝等超级应用，以灵活多样的公众账号形成 O2O 电子商务、互联网金融、媒体于一身的应用平台，淘宝网、天猫商城再加上聚划算三个平台共拥有2.79 亿活跃买家和 850 万活跃卖家。腾讯开放平台是聚集超过 80 万个中小开发者和创业者、拥有 40 多万款第三方应用的开放平台。

第二，依托核心软硬件能力打造从软硬件向应用拓展的纵向一体化开放平台。苹果公司以"硬件＋软件＋应用"打造纵向一体化开放平台，并形成多边市场共赢的平台产业生态链，以操作系统 iOS 为基础，以智能终端 iPhone 为纽带，以应用商店 APP Store 为载体，集聚众多第三方应用开发者形成完整的平台生态圈。第三方开发者往往是中小型企业，受资金、人力、设备等限制，必须依托开放平台获得生存基础和适当的分成，而平台企业则可以通过整合信息资源来打造平台生态圈，以维持其长期的垄断地位。

第三，依托强大的基础设施实力打造云服务平台。通过宽带网络为中小企业提供低成本和动态可扩展的云计算服务，主要包括 SaaS、PaaS 和 IaaS。PaaS 是平台即服务，指的是云计算服务提供商将操作系统、计算环境、应用开发环境等平台级产品以 Web 服务方式提供给用户的商业模式，微软凭借 Azure 在全球 PaaS 市场中占据 60% 以上的市场份额。IaaS 是基础设施即服务，指的是把数据中心和基础设施硬件资源通过 Web 分配给用户使用的商业模式，2013 年，亚马逊凭借 Elastic Compute Cloud 在全球 IaaS 市场中占据 40% 的市场份额，发布了 264 个新产品并托管 1200 多万个网站，实现了云计算按需付费的理念。

第四，依托行业优势，主动转型打造跨界融合平台。传统企业在销售遇到瓶颈时，依托品牌和供应链的优势，搭建第三方互联网平台，以个性化定制、众包和移动 O2O 的方式，改变企业流程以适应用户互动沟通并汇聚用户需求与创意，形成传统行业与互联网跨界融合的平台。

目前，开放平台还面临着网络信息安全、垄断与不正当竞争和侵权行为的挑战。互联网开放平台规模虽然庞大，但其对于内容安全和用户隐私等方面仍保护不足。平台企业通过开放平台兼顾中小开发者的利益，实施较为缓和的手段，但是在竞争中也会出现恶意诱导、挟持用户、剥夺用户选择权和恶性价格战等行为，进而形成行业垄断。当开发者为平台带来增量利益时，开放平台会提供账号资源、推广资源、用户关系和变现手段，开发者和开放平台处于蜜月期。但是当开放平台的核心利益受到第三方应用的威胁时，平台运营商就会改变开放平台的游戏规则，无情封杀曾经依赖平台生存的第三方开发者，这是第三方开发者可能会面临的风险。淘宝网出于稳定商家价格体系考虑就曾封杀过返利网站、美丽说和蘑菇街等导购网站和微信等应用。

三　平台生态圈的设计、成长与创新

平台企业通过连接双边或多边不同群体或市场搭建平台生态圈，不再是单向流动的价值链，也不再是仅有一方供应成本、另一方获取收入的简单运营模式。对于平台运营模式而言，每一方都可能同时代表着收入与成本，都在等待另一方先来报到，进而形成平台。所以平台企业需要同时制定能够纳入多边群体的策略，来讨好每一个进入平台的参与方，真正有效地扩大平台的市场规模。也就是说，平台企业找到了连接供给和需求间的契机，进而引发了积压已久的网络外部性效应。例如，谷歌不但拥有搜索引擎和操作系统，还汇聚了众多软件开发商、手机制造商、手机用户以及对互联网文件处理工具有需求的群体，形成了多方共聚的生态系统。

1. 设计平台生态圈的聚合机制

平台企业连接双边或多边市场用户群体后，必须确定核心的平台补贴模式，通过设计环环相扣的系统化聚合机制，引发网络效应，促进平台生态圈的成长，吸引多边用户入驻平台，凝聚各方成员的互动，并使其产生归属感，达到有层次的、循序渐进的多重目标，再通过用户过滤机制维持整个平台生态圈的质量。如果平台企业能够设计出适合自己的产业与服务群体的聚合机制，将会促使平台生态圈迅速成长，平台容量与体量也将成

倍增长。

　　首先，平台企业需要建立用户补贴模式，吸引用户入驻平台生态圈。平台生态圈的各方参与者都可能带来收益或产生支出，平台企业可以选择补贴某一边用户以促进用户数量的增长，进而吸引另一边用户支付更多的费用。用户补贴模式可以激发被补贴方入驻生态圈的兴趣，并以此为筹码吸引另一方用户加入平台生态圈。如何选择被补贴方和付费方则取决于平台企业的战略抉择。平台企业选择补贴模式应该基于以下几个原则：价格弹性反应、成长时的边际成本、同边网络效应、多地栖息的可能性和现金流汇集的方便度。通过既定的双边模式框架，平台企业依靠极富创意的补贴战略在不同的市场群体之间形成一种刻意的不平衡，从而制造第一股推动力，激发网络效应，进而建立自身的竞争优势。

　　其次，平台企业需要激发正向网络效应，扩大平台用户规模。平台模式中的网络效应分为同边网络效应和跨边网络效应，平台企业建立的聚合机制都是为了能够激发网络效应的正向循环。如果平台企业能够建立足以激发同边网络效应和跨边网络效应的功能机制，将能够极大地增强用户的平台使用意愿与满足感，通过规模用户建构变现渠道和盈利模式。以开心网为例，通过建立符合中国国情与用户心态的功能机制和强大的网络效应捕捉机制，开心网以"转帖"和"观点发表"成功引爆正向网络效应，不仅使大众成为信息的传播者，而且通过人气的聚集来引发人们对社交议题的关注，满足社会大众对当前热点议题与特定议题的认同趋势，进而获取大多数人发表的意见，把握公众舆论的动向。

　　第三，平台企业需要建立赋予用户权限的机制，激发用户对生态圈的归属感。能够潜移默化地激发用户归属感的方法就是赋予用户权限，协助平台用户对该生态圈产生心理归属。这不但可以提升用户黏性，其效果还比强制性捆绑有效得多，而且这些拥有强大归属感的用户一旦成为意见领袖，自发表达对平台的热爱，还将为平台生态圈带来更多的新用户。

　　第四，平台企业需要建立用户过滤机制，加速用户融入平台生态圈。一旦平台企业建立平台生态圈的初期就拥有了完善的用户过滤机制，它就能够通过过滤不良用户来解决平台容量急剧扩张后可能出现的信誉问题，以维护生态圈的信誉。建立用户过滤机制最基本的方法就是用户身份的鉴定。大多数平台都需要用户以真实身份注册账号或绑定手机号码才能正常使用各项功能，这可以有效地提升此类平台服务的可靠性，也能避免有人发表不负责任的言论。另外，平台企业也可以通过建立奖励机制让用户在提交身份证号、手机号码、个人照片、电子邮箱等个人信息后能够获得等同于币值的积分回馈，吸引用户融入平台生态圈，打破用户之间互动交流的障碍，通过平台用户积累的个人声誉和信用等级来促进用户和平台的共同成长。

最有效的用户过滤机制是建立平台生态圈内的多方参与者彼此评价的机制，让用户们成为彼此的监督者。这种系统性地聚集大众意见和评价的用户评分机制会因为大规模用户的评论而具有公信力，成为平台成员间彼此判定、筛选和是否交易的重要参考依据，能够提高精确配对的概率，而被评分者也可以凭借自身的力量和平台积累的公信力来打造自己的品牌，进而提升整个平台生态圈的质量。

最后，平台企业需要建立平台盈利模式，实现平台可持续性盈利的核心目的。一个平台企业的盈利模式会随着生态圈的演变与竞争环境的变化而变化，平台商业模式的根本源自于多边用户互补需求所激发出来的网络效应，平台模式并非仅是直线性、单向价值链中的一个环节，平台企业是价值的整合者、多边用户的连接者和生态圈中的主导者，通过挖掘平台多边用户数据拟定多层级的价值主张，进而建构平台企业的盈利模式。

2. 提升平台生态圈的体量容量

如果生态圈内的用户数量达到存活的最低"临界数量"，也就是说，平台吸引用户的规模达到一个特定的门槛，基于平台模式的企业就能引发网络效应并确保其持久性，平台所连接的多边用户也会蜂拥而至，促使平台生态圈的规模扩大并使其能够自行运转与维持。平台需要持续不断地推动多边用户的加入，促使其规模达到并超过临界数量，生态圈原有用户带来的增值效应就会自动吸引新用户进驻平台，使生态圈能够有机地形成良性循环。

平台初创时期，平台企业必须突破缺乏网络效应的真空地带，深入挖掘用户之间关系的增值潜能，更要给潜在用户提供其他的"非网络效应的价值"并诱使早期使用者进入平台。平台企业需要使用免费、优惠、赠品、奖金、体验等策略，或者主动协助不熟悉平台服务的用户完成他们的初次体验，来吸引人们首次使用平台，即使在尚未引发网络效应的初期，也可以提供明确的非网络效应诱因，这种补贴模式可以使用户了解平台生态圈的产品和服务，并最终促进平台生态圈的成长。连接双边市场的平台生态圈若能网罗到具有高度相关性的知名用户，即在大众脑海中具有一定声望或使用频率比较高的用户，其引发的网络效应能量就能迅速强大。

新浪微博借助知名用户，比如明星、作家、音乐家、创业精英等入驻微博的生态圈，与网民互动并分享信息，以此来吸引有相关爱好的人们的关注。知名用户具有吸引大量粉丝关注并探访的能力，这种粉丝效应能够激发更大的网络效应，再加上普通用户群体间所产生的网络效应，提升了整个微博生态圈的质量可靠性。微博用了 14 个月就达到了 5000 万的用户规模，22 个月注册用户数就突破了 2 亿大关。

当平台企业中双边用户或多边用户的规模足够庞大时，不仅提升了自己与平台交涉的话语权，同时也提升了平台企业自身的话语权。平台生态圈就拥有了足够的筹码去和另一边的用户进行协商交涉，而这种平台话语权是需要慢慢累积的，如果平台对一边用户的话语权增强，平台企业对另一边用户的交涉就会更容易。平台企业在发展的过程中往往会由于各边群体的增长趋势引发网络效应，使用户规模的发展趋向正向循环。通过对一边用户实施补贴策略，使其规模增长并转换为平台的话语权，促使另一边用户的市场也随之发展壮大，再反过来刺激第一边市场的继续成长。通过巧妙掌控双边市场的互动，平台企业作为话语权的操控者在增强双边实力的同时也提高了平台自身的价值。

当平台发展、成长且用户数量达到一定规模时，在用户极端重视个性化需求的情况下，平台企业就需要随着生态圈的演进来打造适合其发展的细分框架，采取细分市场、精耕细作的策略，真正有效地引导多边市场中的用户能够找到他们真正需要的产品或服务。一个高度开放的平台生态圈将会促使双边用户找到彼此细分化的需求，并各自进行有效配对，这样不仅跨边网络效应得到完美体现，而且同边网络效应也能够得到提升，这就需要平台企业在生态圈内构建完善的、有弹性的规则机制，让供给和需求进行双向互动，多元化的市场需求将自动实现供需平衡。一个成长中的平台企业如果没有细分配对渠道的框架，则很有可能会被竞争对手侵蚀掉其中某一部分的细分市场，但细分策略又必须建立在平台达到足够规模的基础上。一个开放平台构建的健全而庞大的生态圈，本质上就是由众多的细分市场汇聚而成并活化生态圈的发展，在平台规模大幅增长的同时，设立细分框架将为使用者提供精确的匹配机制，进而构筑多元而丰富的互动机制。

通过价格补贴策略、平台话语权累积和细分市场策略，平台企业能够提供给用户个性化的细分产品和服务，引发网络效应，提升平台多边用户群体的规模，增强平台企业的平台话语权，进而提升平台生态圈的体量与容量。

3. 开拓平台生态圈的创新思路

目前，发展平台生态圈主要有以"时间"为平台内核和以"地理"为平台内核这两种平台模式。

以"时间"为平台内核模式必须拥有非常严谨的时间轴，以时间为主轴、以比赛为核心，通过补贴"现在"让未来"付费"。比如，中国达人秀就是将平台模式构建在长达几个月的时间轴上，连接想要成名的人和充满好奇心的观众。表演者和观众是"被补贴方"，拥有演艺天赋和希望成名的人获得才能展示的机会，而电视机前的观众无需花钱也能得到快乐。以有限时间的竞争为卖点，节目的高收视率也吸引了第三方群体——作为付费方的广告商，甚至观众粉丝中有一部分人也会成功转换为"付费方"，这是建立在"未来"之上的盈利模式。将"时间"元素融入生态圈的发展战略可以有效地引发网络效应，是生态圈能够成功发展的关键。

以"地理"为平台内核模式主要集中在拥有实体设备的生态圈中，平台生态圈范畴也就是他们真实覆盖的地理范围。一些线上的分类广告平台虽然缺乏实体设备，但网站信息拥有高度的地域化特征，因为只有来自同一地理区域的用户关注的信息才具有实时、便捷的相关价值，因此，这类平台也将地理元素纳入核心战略，作为构建生态圈的主轴。以地理元素打造平台，其生态圈的延展规模可能会受到限制，但是通过覆盖人们生活轨迹后所能达到的绑定效益以及真实准确的消费行为数据是该平台模式赢利的关键所在。

第三节　互联网平台企业的发展趋势

互联网平台企业的发展趋势主要有两种形态：综合平台和垂直平台；自营平台和开放平台。这两种平台模式孰优孰劣，可谓仁者见仁，智者见智，两种形态的平台企业在市场上都有成功的案例。

1. 综合平台和垂直平台

综合平台本质上是一种门户思维,在用户注意力资源极度稀缺的情况下,不断追求扩大用户规模的平台,通过一站式购齐满足用户对服务和产品的多样性需求。轻资产模式的综合平台将以日常消费频次较高的产品和劳动力及专业知识销售为主,虽然客单价和成单概率较低,但是只要拥有足够的用户规模,快速撮合用户交易,平台的成单规模还是非常可观的,2016 年双十一时期天猫 1207 亿元的销售额就已经证明了综合平台的规模效应和平台影响力。

垂直平台则专注于单一产品或服务,减少信息的不对称,通过公开透明的交易流程和交易价格降低用户的选择和决策成本。对注重用户体验的消费者来说,垂直平台靠精益服务和行业壁垒更容易形成品牌和服务之间垄断性的强关联。滴滴出行是垂直平台的典型案例,借助资本运作,滴滴先后合并、收购快的和优步,成为在中国 400 余座城市为近 3 亿用户提供出租车召车、专车、快车、顺风车、代驾、试驾、巴士和企业级等全面出行服务的全球领先的一站式多元化出行平台,实现了在该领域的垄断地位。根据第三方数据显示,滴滴拥有 87% 以上的中国专车市场份额和99% 以上的网约出租车市场份额。

综合平台和垂直平台二者是相互影响而又彼此转化的关系。当垂直平台发展到一定规模时,大多都会演变为综合平台,或者被综合平台所收购成为其中的一个子平台或子频道。

2. 自营平台和开放平台

互联网企业商业模式发展初期,必须拥有一定的用户流量才能获得长久的发展,而获得用户流量的两种主要模式就是开放平台和自营平台。

阿里巴巴在早期也有一定程度的封闭,拒绝百度等搜索引擎对阿里信息的检索来保护阿里内部的搜索引擎,奠定了阿里巴巴在电商领域搜索引擎的领先地位,并借此构筑了自身的基础用户壁垒和数据壁垒。在缺乏其他强劲竞争对手的前提下,阿里平台野蛮生长,吸引大量企业提供无限可能的产品种类,以满足用户的需求和切身体验,而平台则通过撮合交易来收取佣金。阿里巴巴作为开放平台的代表,并没有任何自营商品,只是作为平台运营商存在,为使用平台的多边用户提供免费服务及增值服务,这种模式可以成就平台规模用户的快速发展,但并不能全程控制产品或服务的质量,可能会影响到用户体验。阿里巴巴连续多年被美国列为黑名单就是因为阿里巴巴的持续性打假活动并没有从根本上解决或杜绝淘宝假货的问题。

聚美优品在创立初期，由于缺乏基础用户量且议价能力不强，只能选择二三线品牌，针对一线城市的"次白领"和二三线城市的"白领"进行销售。通过第三方物流投递商品，聚美优品只提供商品展示和订单服务，并向供应商收取佣金。在聚集了一定规模的用户后，聚美优品开始从第三方平台走向自营平台。聚美优品亲自采购、亲自送货、自建客服，为用户提供一体化的产品体验，所有的化妆品质量都在企业的控制范围之内。但是，自营平台的封闭性导致第三方供应商和合作伙伴偏少，平台提供的产品或服务就不可能无限丰富，甚至用户有可能买不到自己想要的产品或服务，这些都将影响到用户重复购买的频次。

平台需要在开放和封闭之间寻找一个平衡点：曾经的诺基亚因为封闭而走向覆灭；半开放的苹果构建 iPhone 生态系统，掌控 AppStore 平台而获利；全开放的安卓被外部的第三方开发者占用了资源而趋向于封闭。平台的开放程度需要根据平台企业生态系统的自我演化和市场需要来决定。

当平台企业发展到成熟期时，开放平台和自营平台就会相互融合。首先，开放平台需要自营模式来区隔不同类型的用户。开放平台的主要功能是撮合平台参与各方的交易，但是如果交易频繁失败就会影响平台声誉，最终导致用户流量的消失。阿里巴巴在拥有一定的用户规模后，通过平台裂变来细分用户市场，维护对用户体验敏感的群体。追求性价比的用户可以去淘宝，而追求品质的用户可以去天猫，这是一个要求更高的平台。其次，自营平台需要平台模式来拓展商品品类和业务范围。有限品类的自营平台限制了盈利空间，类似聚美优品的自营平台，如京东、亚马逊都向第三方开放了交易平台，增加了自营平台的商品品类以匹配无限化的市场需求，满足用户的多样化需求欲望和购物体验，也拓展了自营平台的业务范围。

一 阿里巴巴：构建以电子商务为核心的平台生态系统

1999 年，以马云为首的 18 人团队在杭州创立了阿里巴巴网络有限公司。目前，阿里巴巴是全球最大的网上及移动商务公司，也是全球最大的网上交易市场和商务交流社区。阿里巴巴秉承"让天下没有难做的生意"的理念，致力于打造公平的网络竞争环境，为企业提供根本的互联网基础设施以及营销平台,帮助企业通过创新与科技扩展业务,参与国内或全球的市场竞争,每天为数以亿计的企业和用户提供商业和社交互动,构建面向未来的商务平台生态系统。

经过十七年的发展,阿里巴巴形成了以淘宝、天猫、聚划算、全球速卖通、国际交易市场、中国交易市场、阿里妈妈、阿里云、蚂蚁金服、菜鸟网络等业务为主体的综合类水平型平台生态系统,业务遍及240多个国家和地区。2015年底,中国零售平台上的年度活跃买家达4.07亿户,较去年同期增加了22%,而12月份的移动月度活跃用户亦进一步增至3.93亿户,较去年同期增加了48%。

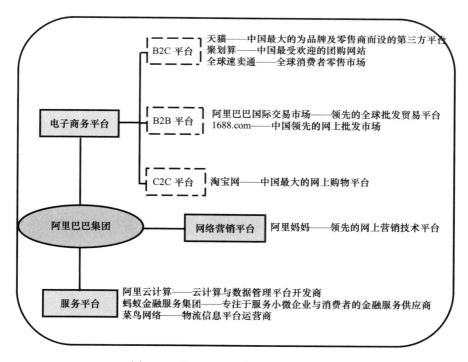

图4-1 阿里巴巴业务的平台生态系统

(一)阿里巴巴平台的间接网络外部性和多属行为特征

阿里巴巴作为电子商务平台、网络营销平台和服务平台,具有明显的用户间接网络外部性特征。阿里巴巴作为平台运营商,通过双边市场的间接网络外部性扩大平台用户规模,用户体量的增加又反哺平台获得更好的商业发展机会，这种良性互动帮助阿里巴巴构建了优异的平台生态系统。

对于阿里巴巴国际交易平台而言，销售商在平台销售商品的种类越多，或者销售商彼此之间的竞争越激烈，采购商获得采购匹配的机会就越大，议价能力也会随之增加；对于销售商来说，采购商规模的扩大也意味着商品需求数量和销售机会的增加，这种间接网络外部性特征就能够为平台双边用户提供更多的互动机会，并降低双方及多方的交易成本。天猫商城是商家和消费者双边市场的交易平台，而淘宝则是双边用户之间的交易平台。

无论是淘宝、天猫还是阿里巴巴，都存在着与其业务相类似的平台，例如环球资源、慧聪网、京东等，这些开放平台之间对用户的吸引和维系存在着激烈的竞争关系，人们可以免费注册成为这些平台的用户，会员的多属行为特征也决定了平台之间竞争的残酷性。阿里巴巴平台上的采购商、销售商和消费者都可以选择加入多个平台，这些平台的运营商之间形成交叉性的多元化关系。

（二）阿里巴巴平台的类型和业务模式

首先，阿里巴巴是一个开放平台。所有企业、消费者和政府机关单位都可以通过免费注册成为阿里巴巴的会员，依托网络平台开展信息、交易、服务等业务，并享受阿里巴巴提供的基础服务和支撑性服务。利用开放平台的用户免费策略，阿里巴巴在B2B、B2C和C2C领域先后击败了众多竞争对手，形成了以核心电商为中心、覆盖电子商务全业务形态的超级开放平台，进而利用大平台优势拓展并构建云计算、数字媒体和娱乐以及创新业务的平台生态系统。

阿里巴巴利用开放平台不断尝试在不同领域的业务拓展。比如，针对大型企业、国企、央企、政府机关单位、慈善机构等采购商的需求，2012年11月1688上线采购业务平台，通过与这些大买家系统对接，平台大量优质的供应商积极参与到大客户采购项目的报价，解决企业支付等问题，乃至公对公业务难题，降低了大客户采购的交易成本。2014年3月8日，阿里巴巴1688网站与浙江省政府进行全面战略合作，上线"浙江政府采购"平台（https://zjzfcg.go.1688.com/），为浙江省各级国家机关、事业单位和团体组织实时发布政府采购信息，探索更加公开透明、公平竞争、公正诚信的政府"阳光采购"新模式，这是浙江省运用市场机制推动政府采购制度改革的开始。目前，浙江全省的政府采购规模已超过

1000 亿元，部分省级政府的采购项目拟接受 1688 平台供应商的报价，并将逐步扩大到市、县政府采购项目，这块高达千亿元的政府采购市场蛋糕将吸引 1688 全网 940 万供应商参与竞争，这将有效降低政府采购的交易成本。

而依托淘宝的国内最大的在线拍卖平台——"淘宝拍卖"于 2012 年上线，平台拍品的种类繁多，包括司法资产、上市公司股权、海外岛屿、林权矿权、意大利古堡等，其中司法拍卖已有 1600 多家法院入驻，基于"公开、公平与公正"的宗旨，进行汽车、住宅与土地的司法拍卖，为政府部门、企业和用户之间搭建深具分享经济和强互动社区基因的拍卖平台。2016 年 5 月 18 日，阿里巴巴将"淘宝拍卖"并入国内最大的闲置交易平台"闲鱼"，跨越时间和地理的界限，召集众多的市场参与者，实现被拍物品的"价值最大化"，让闲鱼社区充分引入拍卖模式，构建一个分享经济社区化平台。借助淘宝上亿流量的导入，关闭 PC 端宝贝发布渠道，向移动端导入流量，探索包括闲鱼拍卖、闲鱼二手交易、闲鱼二手车在内的多种分享经济新业态和创新模式，打通海量用户、移动社区群落与商品交易的产业链，利用递增的网络效应，形成共享经济的平台矩阵。截至 2016 年 5 月，闲鱼用户的 MAU[①] 为 1001 万，每天的成交量超过 20 万单。

其次，阿里巴巴是一个公共电子市场提供商。平台企业和消费者都可以在平台上发布和共享信息，阿里巴巴为这些会员提供信用评估、第三方支付与担保和物流配送等服务，促进平台用户之间的匹配和媒合交易。平台的用户越多，则交易信息的匹配机会就越大，促成交易的机会也就越多。

最后，阿里巴巴是一个综合类水平型平台。阿里巴巴平台销售的商品种类繁多，涉及众多领域，从 B2B、B2C、C2C 和团购，甚至是互联网金融等领域都囊括在内。用户群体既包括海内外大量采购和销售企业，也覆盖海量的消费型用户。阿里巴巴平台的多样性和包容性形成了其独有的综合全面的电子商务平台。对于商家而言，其所在平台用户的规模越庞大，则越有希望找到目标客户，推广产品并销售。阿里巴巴 1688 网站通过整合市场中的采购和销售信息，为国内外的企业提供信用评估和第三方认

---

① 　MAU——monthly active users，月活跃用户人数。

证，以免费策略召集双边用户，聚合海量用户，依靠庞大的用户规模运营
跨品类销售，帮助企业进行全渠道的营销。

除了核心的电子商务之外，阿里巴巴还是一个强大的互联网入口和娱
乐文化平台，包括 UCWeb、阿里影业、阿里体育、阿里游戏、阿里数娱、
阿里文学、阿里音乐和优酷土豆。根据阿里巴巴集团 2017 财年第一季度
财报数据，UCWeb 是全球排名第三的移动浏览器，稳居国内第一，在印
度和印尼占据 50% 的市场份额；基于云计算的世界级计算服务平台，付
费用户已经达到 57.7 万，同比增长一倍，营收增长 156%，并积极拓展
日韩云计算市场；以 YunOS 为核心的操作系统及全覆盖位置服务，积极
投入量子通信、大数据、VR/AR、计算平台和人工智能等领域的预研，
其中，高德地图的日活跃用户增长率位居全行业第一，为超过 6 亿用户提
供实时交通信息服务；基于未来布局和战略投资，阿里巴巴联合众多物流
企业，构建菜鸟网络，完善物流信息平台，以支付宝为中心的蚂蚁金服构
筑互联网金融服务平台，以口碑为中心打造 O2O 本地生活服务信息平台，
为增加平台体量推出"农村淘宝"，拓展农村网购市场。

（三）阿里巴巴平台的竞争模式

1. 平台裂变——阿里巴巴的自我颠覆与创新

平台裂变指平台企业通过提供平台免费及增值服务和降低平台交易双
方的交易成本，利用核心产品聚合海量双边及多边市场用户，依托一个优
势平台分裂出 N 个相互依存又彼此独立的子平台。

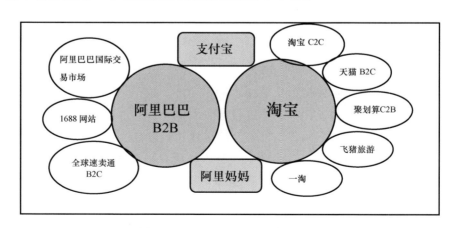

图 4 - 2　阿里巴巴电商平台裂变图

阿里巴巴集团创立于 1999 年，同年英文全球批发贸易市场阿里巴巴和专注于国内批发贸易的中国交易市场 1688 网站上线。以"天下没有难做的生意"为宗旨，阿里巴巴服务于全球上亿的中小企业买家，其中有100 万国内供货商、2.5 万国外供货商、1000 万国内采购商和 1 亿国外采购商。数以亿计的采购商和供货商推动阿里巴巴从综合信息平台、交易服务平台转变为综合服务平台，聚焦优势品类，专注行业特点，以行业垂直化形成专业壁垒，以平台为中心，利用用户黏性整合上下游产业链，构建平台生态圈，打通企业内部封闭数据，扩大企业间用户数据分享与合作。中国电子商务研究中心的监测数据显示，2015 年，阿里巴巴在 B2B 电子商务服务商中排名第一，市场份额为 42%，其中欧洲买家占比 40%，北美买家占比 23%。

阿里巴巴作为综合服务平台于 2010 年 4 月推出了面向全球市场打造的在线交易平台全球速卖通（AliExpress），也被称为"国际版淘宝"。全球速卖通是面向海外买家，通过支付宝国际账户进行担保交易，使用国际快递发货，帮助中国的中小企业接触终端批发零售商，小批量、多批次快速销售，拓展利润空间而全力打造的融订单、支付、物流于一体的外贸在线交易平台。截至 2013 年 3 月，全球速卖通已覆盖 220 多个国家和地区的买家，囊括 30 个一级行业类目，海外买家流量超过 5000 万/日。

2003 年 5 月淘宝网正式成立，马云宣布在 12 个月内实行免费政策，开启了中国互联网的免费战略时代，马云甚至还宣布了淘宝三年内不准赢利的政策。免费政策作为破坏性创新策略首先狙击了 2003 年 3 月以 3000万美元投资易趣网 33% 股份的 eBay，以完胜的姿态傲立于中国电子商务市场。目前，淘宝网拥有近 5 亿的注册用户数，每天有超过 6000 万的用户访问，同时每天在线商品数超过 8 亿件，平均每分钟售出 4.8 万件商品。随着淘宝网规模的扩大和用户数量的增加，淘宝网从单一的 C2C 平台进入了平台裂变期。

第一，从大淘宝平台分裂出独立运营的 B2C 平台。2008 年 4 月，淘宝商城上线。2011 年 6 月，淘宝商城完全脱离淘宝，成为独立的 B2C 运营平台。2012 年 1 月，更名为天猫，与淘宝成为并列的事业部。

第二，从大淘宝平台分裂出独立运营的 C2B 团购平台。2010 年 3 月，脱胎于淘宝网的聚划算成立。2011 年 10 月聚划算成为独立运营的、中国最大的以消费者为驱动的品质购物网站，每天有 1200 万消费者发起品质团购，其内容涵盖在线商品到地域性生活服务，成为互联网消费者首选的团购平台。

第三，从大淘宝平台分裂出独立运营的综合旅行服务平台。淘宝旅行平台于 2014 年 10 月成为独立平台，并更名为阿里旅行·去啊，为用户提供国内航线和国际绝大多数主流航线机票、国内所有火车票的在线订购，国内及海外 20 万余家酒店、民宿、客栈、酒店式公寓的在线预订服务，全覆盖国内外多家付费景点门票，线上预订一键预约多条国内及出境旅游线路，并提供电话卡、境外 Wi‐Fi、租车、签证等一站式服务。2016 年 10 月，阿里旅行升级为全新品牌"飞猪"。

大淘宝平台通过平台裂变形成了独立运营的淘宝、天猫、聚划算、飞猪和一淘等独立平台，阿里巴巴平台则裂变为阿里巴巴国际站、1688 和全球速卖通。阿里巴巴集团借助优势平台的海量用户不断进行平台裂变，分裂出 N 个相互依存又彼此独立的子平台，打造全覆盖的电子商务综合服务平台生态圈。

2. 平台协同——阿里巴巴的平台聚变与升华

传统组织工作形式有企业和市场两种形式：即企业员工通过协同合作提升工作效率和市场利用"看不见的手"来分配资源，以实现效率最大化。而平台协同（Platform Synergy）则是第三种组织工作形式，平台运营商既可以开展自营业务，也可以作为不销售任何商品，只提供平台服务的独立的第三方存在，成为通过媒合双边及多边市场的用户需求提升资源利用率、降低交易成本而独立存在的多边平台。减物质化、去中心化和大量的信息沟通会共同催生出更多的平台，平台是提供服务的工厂，而服务则偏爱使用权更胜于所有权。

微软的操作系统和运行其上的软件或其他基于其产品的第三方衍生品形成了彼此依赖的平台生态系统，一旦平台生态系统被破坏，平台一方离开或退出，这种平台协同就会消亡。一个产品或服务的成功是建立在其他共存产品或服务的基础之上的，比如，Linux 操作系统正因为缺少运行其上的软件支持，尚未构建完整的平台生态系统而用者渐少。可见平台用户之间互相依存的生态系统会打压所有权而扶持使用权。

苹果 iTunes、脸谱网、微软、谷歌、阿里巴巴、腾讯和百度等平台企业已经从传统的双边市场演变为最具破坏性的多边平台。这些平台企业都借用第三方供应商来增加其平台的价值，向第三方企业开放 API 接口，促进和鼓励更多人参与进来,创造一些市场规则和协议,生成由衍生但相互依赖的产品或服务构成的平台生态系统。平台生态系统受到共同进化原则的支配,这种生物学上的相互依赖的共生状态是竞争与合作的混合物。平台多边市场的参与者之间存在着彼此合作又彼此竞争的生态环境。以淘宝和天猫为例,品牌销售商在两个平台都开有店铺,甚至在一个平台还授权多家店铺销售,这些店铺彼此之间存在竞争关系,但多平台销售又会增加品牌销售商的曝光度与销量,这又属于合作关系,平台运营商的工作就是确保无论供应商之间是合作还是竞争,平台自身都会盈利且升值。当共享成为平台竞争的游戏规则,随着共享的事物越来越多,越来越少的事物会被当作财产看待,平台就会滋养出更少的隐私和更多的剽窃。数字平台正在减少你修改或控制自己拥有所有权事物的权利,而开源平台和工具则能够实现修改和控制的权利和能力。

阿里巴巴作为全球最大的第三方零售平台,已从 1.0 版电子商务升级为多元平衡的 2.0 版产业生态。以电子商务为核心,平台构建了覆盖大数据云计算、互联网金融、物流体系、信用体系、数字娱乐及国际扩张的多平台产业生态系统。在这种新的平台生态系统中,阿里巴巴将从售卖实物商品升级为售卖数字商品与本地商品,从单一的电子商务平台扩展为移动媒体平台和娱乐平台,囊括电影、音乐、文学、体育等领域,帮助商家增长业绩,塑造并维护品牌发展,利用大数据为买家卖家的 B2B 贸易提供数据支撑和分析,从 PC 端到移动端再到云计算和智能生活,实现对平台所有消费者和商家的全面覆盖。这种多平台战略很好地诠释了产业生态和业务生态的协同效应,比如,阿里云、农村淘宝、移动媒体及娱乐等新兴的拓展业务,都将由网上营销、支付、物流和大数据云计算进行支持,传统业务利用平台优势加速用户及流量对新兴业务的导入,刺激和促进新兴业务的快速成长,而新兴业务的高速增长又会对整个产业生态起到良性循环的作用。阿里平台生态系统的自生长实现升级换代,从单一的平台销售或分销功能体现交易价值升级为消费者社区平台、商家与消费者互动的多元化平台,在实现自身健康发展的同时,利用信息内容向商家提供强大的无线运营工具,利用大数据为商家运营客户提供后勤支援,利用全渠道助推商家线上线下融合,帮助商家重构运营成本,压缩渠道、销售、营销费用以及其他运营开支,显著提升市场营销价值、平台运营效率和利润率。

二 聚美优品：构建以用户体验为核心的美妆团购平台

2010 年 3 月聚美优品于北京创立，这是中国第一家专业女性化妆品团购网站，也是中国最大的垂直类化妆品团购网站。2011 年，聚美优品以"聚集美丽，成人之美"为宗旨，致力于为用户提供更优质、专业的标准化服务，让变美更简单，通过自建渠道、仓储和物流，以团购形式自主运营垂直类女性化妆品，打造另类的时尚购物平台。

（一）以团购形式运营垂直类女性化妆品的经营模式

聚美优品经营模式的核心就是以团购形式运营垂直类女性化妆品购物平台，是披着团购外衣的传统 B2C 模式。

1. 每日多团

聚美优品从最初的每日一件限时折扣团购模式到如今的每日多件产品限时抢购的每日多团，在团购品类管理上以推荐明星产品搭配其他产品进行销售为主，增加了客户的多样化选择。聚美优品主要对 20% 最畅销的那部分化妆品进行"每日多团"的品类管理。另外，聚美优品还推出了移动客户端，让客户随时随地浏览抢购。

2. 聚焦女性

聚美优品专注于服务女性市场，根据女性用户的心理特点来设计整个网站，以代表着高雅、温柔、甜美可爱形象的粉色界面吸引众多女性用户，让女性用户在浏览商品的同时也能够舒缓精神压力，放松心情。在信誉安全、客户信息保密以及自由度等方面更注重女性用户的心理特征，保持与用户的在线沟通更具效力。网站还提供男性化妆用品，展现女性用户关爱自己的同时，也不忘关心家人的顾家形象。

3. 推广渠道

（1）广告营销

2012 年 10 月，聚美优品在江苏卫视和湖南卫视播出了创始人陈欧亲自操刀上阵的新版广告。由于这则广告道出了当代年轻人的困惑与压力，获得了"80 后"及"90 后"的认同，由此引爆的"陈欧体"广为流传。广告一经播出便在微博和社交媒体上被疯狂转载，而何炅和韩庚等名人的微博点评更助推了这股热潮。这次广告营销提高了聚美优品在电视和网络的曝光率，让网民充分了解聚美优品充满正能量的企业文化，也增加了对聚美优品的消费倾向。

（2）搜索引擎营销

这是聚美优品主要的网站推广方式之一，通过知名搜索引擎百度和搜狐等网站搜索"化妆品团购""团购化妆品"等关键词，聚美优品的搜索结果都排在首页的前几名，帮助聚美优品导入更多流量并提升平台销量。

（3）娱乐营销

2011年3月27日，陈欧加盟天津卫视《非你莫属》，这是一档自播出后便颇受争议的专业性和娱乐性兼具的职场招聘节目，陈欧每期出场所引起的关注以及节目视频在社交媒体被大量关注并转发，间接帮助聚美优品在学生和白领阶层产生影响。2011年4月21日，聚美优品正式签约韩庚作为形象代言人，借助韩庚的众多粉丝及路人来扩大聚美优品在年轻一代中的影响力。

（4）口碑营销

聚美优品有超过1000万篇真实口碑报告，用户可以分享自己的购物及使用商品的体验与感受，这些报告可以与其他用户进行沟通与分享。写得好的用户还会有一定的奖励，好的体验分享可以帮助用户选择适宜的商品，差的体验反馈能够警惕其他用户，也可以帮助企业改进服务和产品质量，这种口碑营销可以提高用户的忠诚度和平台黏性。

（二）聚美优品"自营平台＋开放平台"的商业模式

聚美优品作为国内第一家化妆品行业的垂直团购类网站，自创立以来就将目标聚焦于女性市场，以女性需求为主导，来锁定具体的团购项目，并不断扩大到所有与女性美丽相关的产品。聚美优品的注册用户超过1000万，其中有82%的用户选择再次在聚美消费，有超过1000万篇真实口碑报告和3280万封收货物评论，每晚0点有5万用户如约守候，等待聚美更新。聚美优品占女性化妆品团购市场份额的60%以上，稳居行业龙头地位，成为国内领先的女性时尚限时折扣购物平台。

在产品与服务方面，聚美优品更重视用户体验，从提供各类化妆品（品牌类）、在线付费模式、下单发货、控制进货渠道、物流输送到售后服务，都要确保用户体验。为了提高用户的使用体验，聚美优品除了为用户免费提供美容知识外，还提出化妆品行业前所未有的最高售后标准——30天拆封无条件退货。所有从聚美优品购买的商品，自收货之日起，30天内可无任何条件退回货物并获得全额退款——即使用户已拆封甚至已使用，退货运费也完全由聚美优品承担（退回货品的全款和寄回的费用，不包含聚美优品邮寄给用户的运费）。顶级采购团队保障所售商品绝对正品，中华财险全程保证聚美商品百分百正品。

聚美优品是一家以"进货—销售"渠道模式为主，销售美妆产品的自营团购平台。聚美优品先通过向化妆品品牌供应商进货，然后在自己的平台上销售，并提供统一的仓储、物流、整体品牌营销等一站式服务，用户可以在聚美一站式采购。聚美优品通过调动自身资源，强化对供应链的整合与控制，挤出各环节大量的利润，保证利益不外流。自己投入的越多，获得的收益也就越多，使自营平台成为化妆品品牌出货的专用平台，借此控制用户体验。聚美优品自营平台主要的盈利渠道来自于直接销售商品带来的收入和物流渠道收入。

但是，自营平台资源的有限性和依靠平台自身的数据处理能力来预判用户诉求及匹配所采购的资源，因有限的数据处理能力造成的市场误判时有发生，不能够满足所有用户的需求，也就意味着浪费商机。自营平台的缺陷促使聚美优品在强化自身经营的同时，也开始引入第三方资源供给企业，通过大数据处理高效匹配导入用户和引入的资源供给企业之间的供需关系，通过售卖虚拟商铺、收取合作商的交易中介费和广告费，平台规模越大，交易量越多，店铺也就越值钱，聚美优品作为平台运营商的获利也就越大。通过完美终端和价值群落两类端口导入的用户量是聚美优品平台成功的基础，用户规模越大且产品的交互性或企业的社交性越高，平台所获得的用户数据也就越多，依托聚美优品的数据处理能力和云计算能力的无限扩张，聚美优品可以匹配资源供给企业与广告投放企业和用户的供需，向特定人推送特定商品与广告，甚至以自己的信誉为第三方企业背书，来撮合企业与用户达成交易，进而促进平台容量的扩大。

聚美优品"自营平台＋开放平台"的模式，即自营平台保证其在垂直领域的领先优势，收获规模用户之后，依托平台优势再发展开放平台，完善自营平台产品品类的不足和缺陷，满足用户多样化的需求并提供标准化服务，完善用户体验。首先，聚美优品开放平台的拓展使其没有了数据处理能力和资源的限制，引入大量数据处理企业和资源供给企业，以提供满足用户一切需求的产品和服务。其次，自营平台封闭的经营环境会失去发展动力，开放平台则允许所有条件适合者进入并参与竞争，第三方企业为了获得交易将展开激烈竞争，作为平台运营商的聚美优品则可以摆脱自营平台固定资产投资风险、人工成本刚性风险和终端销售风险等经营风险，甚至可以从交易活动中获得交易佣金和第三方平台的营销费用。最后，开放平台需要设置一定的进入门槛。因为这种自组织模式可能会引入劣质的资源供给企业，"假货"和劣质商品会降低用户体验，破坏平台的声誉。聚美优品率先推出"假一赔三、30天无条件退换货、全程保障"三大政策，坚持信誉为先，100%正品团购，从品牌方、代理商、国内外专柜等正规渠道采购商品，并对所有供应商的资质进行严格审核，确保供应商的品牌授权资质，近100家全球知名品牌在聚美优品所售的每一件商品均贴有品牌防伪码，并由聚美优品与中华财险共同承担全额赔付。

第 五 章
基于平台生态圈推动新闻网站平台化发展

在报业网络化与数字化发展的过程中，新闻网站借助报业的内容资源优势发展成为一个网络信息内容的发布平台，但是这个平台受体制机制、经营模式、用户规模和商业模式等因素的限制，尚未衍生出网络舆论平台、社交平台与盈利平台等子平台，还需要报媒集团对内容发布平台进行人力、物力和财力的支持和帮助。新闻网站先后历经报网互动、报网融合和新闻网站三个阶段的经营发展，即使新闻网站能够明确并坚持其企业发展战略，也并不能保证企业成功，更何况新闻网站在发展过程中过多的错误战略决策会导致其在信息产业竞争中"完败"，被赢家通吃。新闻网站应该把握平台的竞争规则和获得平台竞争优势，以双边市场理论、博弈论等理论为指导，制定以服务主导逻辑为前提的企业战略，聚焦并参与到平台企业的平台生态圈建设与发展中，最终实现新闻网站的战略转型。

本章主要分析新闻网站战略转型的用户策略、运营模式和平台生态圈等企业战略层面的问题。首先，新闻网站应该重新检视其用户策略，以用户体验为中心颠覆性重构互联网时代用户的平台黏性，基于用户体验管理，实现新闻网站平台体量与容量跃迁的战略转型；其次，新闻网站应该重新检视其运营模式，以互联网思维对其业务与运营模式进行破坏性创新，推进新闻网站产品策略和营收模式的战略转型；最后，新闻网站应该基于用户信息需求多属行为提升其在平台生态圈中的话语权，构建以内容平台为核心的多方共赢的平台生态系统。

第一节　颠覆性重构：以用户体验为
中心提升平台黏性

在互联网经济和移动互联网革命时代，传统媒体都将以融合新媒体的形式生存，要么融合新媒体，要么被新媒体融合，没有第三条路可以选择。传统报媒面临着新媒体革命的冲击，比如搜索引擎、社交网站、电子商务、分类信息、网络游戏等新媒体，用户的信息阅读时间在减少，报媒及新闻网站的广告营收被新媒体分流。报媒及新闻网站必须实施从以内容为中心向以用户体验为中心的转型，基于用户体验管理，实现新闻网站平台体量与容量跃迁的战略转型。

一　用户体验：重构互联网时代的用户忠诚度

在互联网时代，全球商业都面临着"太多的威胁和不确定性"，用户无时无刻不被大量的网络信息、竞争对手的产品和优惠促销所诱惑，越来越多的网站、社交媒体、搜索引擎、生活服务类网站和移动应用等都在尽其所能地争夺用户的眼球。在移动互联时代大多数服务都属于用户自助服务：用户客户端始终保持着"在线状态"，每天有数十亿用户在信息分享和社交媒体评论上花费数个小时，他们能随时随地关注并使用网络产品或服务，可以直接与企业进行沟通，企业没有任何隐匿的空间。在传统媒体时代，企业和媒体能够在一定程度上控制传播的手段与方式，消费者只能被动接受信息。而在社交媒体时代，信息传播的游戏规则完全改变，针对企业及其产品的一对一评论和企业官网的互动渠道也尤为重要，用户能够自由发表对企业和品牌的观点与评论，而且这些称赞或不满的观点与评论可以以分享与转发的方式快速扩散到世界各地。

不管企业在数字生态系统中被定位在哪一层，接受你服务的就是你的终端用户。即使你不为终端用户提供直接的产品和服务，但是你扮演的角色也会对他们产生间接影响，最终埋单的还是终端用户。

构建以用户为中心的组织就需要全力满足客户的期待和需求，提供卓越的用户体验。积极、令人难忘的用户体验可以让企业在激烈的市场竞争中脱颖而出，从而使你的产品和服务保持较高的价格水平，这是因为你的产品和服务产生了无法量化的价值。用户体验的好与坏不仅仅是表面上的现象，更是管理理念与管理行为相互作用的结果。用户体验管理就是指用户体验与组织设计的互动，具体包括：从最初吸引用户注意，到如何让他轻而易举地成为你的忠诚用户；提供物有所值的产品和服务；当问题出现时该如何处理。这种互动可以从营销活动、账单的准确度、用户服务中心或线下实体店以及用户服务与管理中获得，如果企业不认真对待用户的多样化需求，则可能每天都会以某种方式伤害或失去用户。这种互动体验不但可以构建有价值的品牌和组织良好的信誉，而且有利于保持用户对企业的忠诚度，以及企业的基本竞争力。一次坏的体验可能失去一个用户，而社交媒体时代用户的分享与转载将会使问题变得更糟糕，所以增强用户忠诚度、提供完美的用户体验就显得尤为重要。

1. 用户体验管理——基于大数据，洞察终端用户的所思所想

鉴于数字生态系统的范围、复杂性、不稳定性以及投资资本的限制，不断改善用户体验管理，使之清晰且具有可操作性则显得意义匪浅。良好的用户体验源自以用户为中心的企业，这需要从用户角度寻找问题并作出抉择，企业需要全面了解用户的各种需求与期待，挖掘有关用户特征的数据，并利用这些数据来为用户提供差异化的产品或服务，构建企业与用户之间的互动渠道。高度重视用户、以用户为中心应该是企业思考、讨论及做事情的前提，它是建立在长期信任基础上的企业文化，企业需要了解用户的需求与期待以及满足其需求的方式，积极主动地为用户解决问题，做让用户满意的事，并建立彼此间的信任与互动。

企业需要洞察令用户反感或满意的方面，但这并没有绝对统一的衡量标准，而且用户的期待值也在一直变化。以用户为中心则会使企业在内部面向用户的员工中获得正面效应，从而影响到他们服务的用户，而这些用户又会正面影响到他们的朋友圈，从而用户规模与用户忠诚度获得提升，让用户愿意花更多的钱。亚马逊运用产品说明、价格、等级和用户数据挖掘并分析用户的购买力，为每位用户提供个性化商店，让用户找到他们潜在需求的商品来提高销售额。亚马逊创造性地运用大数据分析系统来不断监督并评价用户服务，追踪网站、用户服务中心及其他交互系统的执行力。亚马逊通过计算机模拟数以亿计的活跃用户，生成大规模数据，把粗略的事实数据转化为有用的信息。因为任何的停机或服务迟缓都会让用户不高兴，甚至选择去其他地方购物。

不以用户为中心则消极影响就会扩大，导致用户不满意、厌烦、失望与流失，最终失去用户的关注，甚至扩大用户的家人及朋友圈。作出一个没有考虑用户需求的商业决策，往往会造成极大的负面影响和意想不到的后果。

不论是价格战还是用户的忠诚度，首先从战略上就应该明确用户体验定位以及制定一系列能让战略实现的具体手段。而市场竞争特征、价格和产品定位、收入的预期来源、用户互动的灵敏度或要求等因素都会影响到

用户体验定位和战略的制定。在互联网时代，数字产品和服务更应该以用户体验为核心来重构用户的忠诚度，这就需要数字生态系统价值链中的全部参与者共同努力。在数字产品和服务的交付过程中，用户的参与度非常高，他们会直接同产品、服务和系统进行交互，一旦产品和服务出现任何差错或缺陷，使得用户在需要帮助时没有得到想要的对待方式（也许只是期望企业能够快速反应和积极处理而已），那么用户体验就会出现挫折感，用户的忠诚度当然也会随之迅速消失。

改善用户体验的关键因素是要时刻保持警惕并勇于接纳改善它的新观念和新创意。数字生态系统中竞争无处不在，持续的改善和偶然的创新突破对于持续不断地提供卓越的用户体验来说都是必需的。鼓励员工正视问题的同时还要替用户解决问题，变不利为有利，理顺问题以使用户满意是获得忠诚的用户的绝佳方法。

用户体验应充分利用来自不同消息渠道的准确的大数据，这些实时信息可以了解用户正在做什么、他们需要什么、他们乐于接受什么，这些数据可以帮助企业了解其存在的问题，针对用户需求包装定位自己的服务，以提供适时的基于环境或位置的服务。实时地预测用户需求可以帮助企业了解未来的趋势，但更重要的是实时提供服务、用户帮助和性能信息，还有助于对用户体验产生积极的影响。

用户体验管理的关键领域是数据分析和策略管理。数据分析可以帮助服务供应商获悉所发生的事情和用户消费及其使用特征，而策略管理则有助于持续不断地对用户提出的问题提供适当的解决方法。数据分析将用户零散的、复杂的数据变成有用的信息，这是用户体验的脊椎，而策略管理就是利用这些有价值的信息的过程。比如，用户在线上与线下获得了不一致的体验和信息，显然是由于企业多渠道销售、缺少整体协同造成的，给用户的感受就是不够专业，这就需要企业了解用户对体验的期待和如何体验，并对系统进行配置，以支持多渠道交互。如果用户在体验过程中出现了不一致的情况，用户就可能会在社交媒体或企业官网上发泄出来。

企业对用户数据的管理能力与能否提供卓越的用户体验密切相关，企业拥有庞大的用户数据优势并需要对数据进行适度的管理，卓有成效的数据管理是互联网企业的核心竞争力。没有什么比丢失用户数据或滥用用户数据更能让企业受到关注，也没有什么可以比这更容易让企业失去用户的信任，屡次冒犯用户的企业将快速失去衣食父母。企业需要商务智能分析工具帮助员工研究正在动态使用的所有大数据，以便获得清晰的终端用户体验并可视化，这可以切实评估用户的满意度，真正为用户提供高度个性化的选项。这种方法的灵活性很强，通过了解用户的需求、使用方式以及满意度，利用技术管理用户体验和让用户拥有更多的选择权、知情权和控制权，不仅可以提升用户的满意度和忠诚度，也可以使服务提供商获得较好的收益。

在数字生态系统中用户和终端用户存在着明显的差异，甚至单一的终端用户也可能有多个角色，所以，了解与哪个角色打交道对认知用户体验以及他们在不同环境中的响应方式至关重要。科林·奥维斯（Colin Orviss）基于用户演进领域提出："在数字世界前所未有地授权用户管理他们的形象、社交、交往对象以及如何与周围人相处等诸多方面，用户具有多重角色和多重身份的概念。"我们都是多元社区中的成员，我们在社区中具有不同的角色和身份。

2. 基于大数据和游戏化机制，重构用户的参与度和忠诚度

巴里·科克（Barry Kirk）在《首席市场营销官》一书中指出人们真实体验到的忠诚度包括惯性型忠诚度、雇佣型忠诚度、坚定型忠诚度和狂热型忠诚度四个层面。要想实现坚定型忠诚度则必须提高用户对企业的凝聚力，根据福雷斯特研究公司的研究报告，凝聚力可定义为：与品牌之间拥有很深的情感；积极参与；建立了长期的关系。

首先，内在动机是提升用户忠诚度的动力引擎。内在动机包括自主、精通、意义、进阶和社交互动五项关键动机。自主动机是指要主导我们自身的生活，我们能够自己决定做什么，怎么去做，在什么时间，在什么地点，以及和谁交流的控制力，也就是说我们希望能控制自己的生活并且自己作出决定。精通动机是指我能够改善自己并成为有能力的人，以成长型思维方式来掌握某项本领和技能，从而获得不同程度的满足。意义动机是指我能带来改变，以此来证明自己存在和努力的意义。就如史蒂夫·乔布斯说的一句话："活着就是为了改变世界，难道还有其他原因吗？"进阶动机是指当人们看到在自己所关注的领域内有人不断取得成功时，就会持续不断的积极响应，哪怕只取得小小成就也会直截了当地激发动力和热情。社交互动是指我和他人之间的联系，我们通过与社会进行接触、互动，获得群体归属感、获得关怀、与人分享、被人认可，并且想在理解他人的同时也被人理解。移动互联时代增强了我们社交互动的能力，全球化

的、实时的、全天候的、无限紧密的连接成为了新时期人们的一种新的生活方式。人们在关注与被关注之间获得认可和赞誉，也从中找到合群的行为方式，遵循他人"喜欢"的那部分社交规范。这种喜欢可以是身份共性，也可以是环境共性，如果能够在用户、合作伙伴以及员工的共性中建立起某种社交规范，就可以强有力地驱动高价值的体验行为和用户忠诚度。

其次，大数据是提升用户忠诚度的"火眼金睛"。大数据呈现出数量庞大且分布范围广、无法通过传统的结构化数据库进行管理和不为某家企业所拥有或控制的特征。大量移动设备的使用汇集了海量的数据源，比如点击流数据、IP地址、在线购物模式、非接触式射频识别芯片、用户反馈等，还有许多未被提及的数据源在极大程度上扩展了企业可用的数据总量。在用户和企业互动的过程中，企业利用大数据的收集和分析工具帮助企业收集用户信息，通过大数据分析，企业就能够清楚地知道用户在做什么、在哪里做、什么时候做以及他们的兴趣爱好，进而对用户进行市场细分、定向广告和交叉分析、店内行为分析、实时价格优惠、社交媒体监控和推荐引擎等营销活动，这些线上或线下的营销活动都可以卓有成效地改善用户体验。大数据的挖掘与分析可以改善企业、员工、用户和合作伙伴之间的互动和沟通，最终提升用户的忠诚度。

最后，游戏化是提升用户忠诚度的内在激励机制。游戏化指的是给参与者制定所要达到的终极目标，授予他们对应的勋章，吸引其参与竞争，鼓励团队通力协作，通过升级提高身份地位并且能够获得积分。游戏化的核心概念就是通过用户活动中产生的大数据来激励用户。通过自我量化追溯实现自我认知，最大可能地激励用户改变行为。或在可视化的基础上提醒用户所要实现的目标，在其进展过程中给予及时的反馈，驱动用户更好地学习和提升绩效，对其成绩给予奖励，并通过社区的方式形成竞争和合作，这就是游戏化机制。游戏化机制是触发人类动机和点燃大数据引擎的"火花"，通过游戏化的快速反馈、透明度、目标、勋章、升级、入门、竞争、合作、社区性和积分的机制，来实现最具吸引力的用户体验。

二 用户黏性：提升新闻网站体量与容量的基础

用户黏性指的是用户愿意拥护企业产品的程度。多数平台企业，尤其是新闻网站的商业模式都是依托用户黏性，扩大用户规模，提升平台体量与容量，进而实现其价值最大化，在吸引新进用户的同时保留既有用户。

用户黏性包括以转换成本为核心的绑定策略和建立在用户对其功能或品牌信心之上的高度周转策略。

1. 用户绑定策略——提高平台转换成本

在平台经济中，生态圈中某边市场的用户大多具有开放性特征，他们可以自由选择是否进入该生态圈，尤其是众多平台企业采取各种营销手段甚至大幅补贴某方用户来利诱用户进入自己的平台，所以用户群体呈现出的多平台接入的多属行为特征就非常明显。把用户绑定在平台生态圈中，阻止用户脱离平台最有效的方法之一就是协助用户在生态圈中与其他用户之间建立起深厚的关系和真实的归属感，并在用户潜意识中形成巨大的平台转换成本，进而构建防止用户流失的平台壁垒。

平台转换成本是指当用户离开 A 平台加入到 B 平台或其他平台（A 平台的竞争对手）时用户需要承担的损失。这种平台转换成本包括：用户学习使用 A 平台所投注的时间和精神成本、已花费在 A 平台上的沉没成本及转换到 B 平台或其他平台所需支出的金额、养成习惯所需投入的精力，也可以是转换平台造成的商机损失。

首先，用户会对现有平台投注时间和精力，比如对微软操作系统、QQ 即时通讯工具和开心网等平台的使用，用户在这些平台上长期养成的使用习惯、积累的人际关系与社交圈、切身感受以及用户使用平台留下的数据资料等都会成为用户转换平台的阻力，因为一旦转换到另一个平台，目前建立的一切都可能会失去并需要重新开始。

其次，如果用户为获得 A 平台的产品或服务而购买硬件设备，那么用户转换平台时 A 平台硬件设备的沉没成本及额外购买 B 平台新硬件的投资都会降低用户的转换意愿。比如，亚马逊的电子书阅读器 Firekindle、微软的 Xbox、苹果的 iPad 等平台，一旦用户拥有之后则少有转换的。

另外，转换平台也会造成商机损失。在淘宝、eBay 等电子商务平台上，拥有荣誉店铺和高信誉等级的卖方轻易不会转换平台，因为原有平台良好的交易记录和买方评论能够帮助其获得更多的买方客源和实现价值的最大化。如果转换平台，卖方之前的营销费用、品牌价值和用户资源都将遭受极大损失。

通过增加这些转换成本的策略可以提升锁定用户的概率，并降低用户的营销成本，使之无法轻易地转换平台并将之留在平台生态圈中建立起"自己所重视的身份"赋予其的用户归属感。平台生态圈是一个聚集了多边市场的平台，建构多元、优良的交流系统使用户与生态圈共同成长，让多边用户成为绑定彼此的力量。通过赋予平台用户选择权利来塑造用户对平台的归属感，当用户意识到自己对身处的环境能够发挥影响力时才会对该环境产生依附感和归属感。用户归属感是平台锁定用户的基础，也是提升平台体量与容量的基础。

2. 高度周转策略——提升平台品牌价值

并非所有的平台企业都需要构筑转换成本来留住平台用户，它们也不需要协助用户建立硬性的归属感，更不需要筑起防止用户流失的平台壁垒。这类平台企业的用户黏性策略是建立在用户对其产品功能和品牌价值高度认可的基础之上的高度周转策略。这种策略会让用户在不考虑转换成本的前提下仍然会使用该平台的服务，所以这类平台企业不需要用户常驻在平台生态圈中，甚至不需要用户注册。这类平台企业主要以高速周转所酝酿而成的黏性来实现规模激增和品牌信誉，即使缺乏绑定用户的壁垒，仍然可以通过产品或服务的高度便捷性来实现对用户的吸附。

这类平台企业的用户呈现出高度流动性的特征。平台需要以非转换成本增加用户黏性，在制定补贴策略时就需要考虑平台用户的使用次数，对于流动性较大的平台用户进行强力补贴或许会产生负面效应，因为被补贴用户也许之后不会再反复使用该平台而使补贴政策失去应有的营销效果。所以这类平台企业应该更加注重塑造与提升品牌口碑、品牌信誉和品牌价值，完善产品和服务的使用速度、方便性与使用效果，吸引新用户，留住老用户，实现平台企业价值的最大化。这类平台企业以搜索引擎、生活服务、婚恋网站、社区论坛、分类广告等平台为主。

第二节　破坏性创新：以互联网思维重塑业务与运营模式

哈佛大学商学院教授克莱·克里斯滕森（Clayton Christensen）在《创新者的困境：当新技术使大公司破产》一书中首先提出了"破坏性创新"的概念，其基本理论是：那些大公司只专注于"持续创新"的道路，其资源配置等设计都是以可持续创新、实现利润最大化为目的的，他们只专注于现有的用户和被证明了的市场，一旦"破坏性创新"出现，原有企业就会陷入困境。原本这些公司对破坏性技术应该有所预见，但是它们并没有积极防御，而是采取转向高端市场的"维持性创新"，即通过向更多的用户销售更好的产品，从而获取高额的利润。而"破坏性创新"则是直接锁定低端消费者生产比现有产品更便宜、更方便的替代品，或开辟新市场更面向新的消费群体。

"破坏性创新"主要集中在两类市场：第一类是通过使用新技术积极、快速地与过去划清界限，开拓新的市场；第二类是争取现有产品市场上的低端消费者。哈佛商学院前教授克拉克·吉尔伯特（Clark Gilbert）认为，传统媒体的媒体创新并不是完全弃旧迎新，传统媒体既有的优势不能放弃，同时，可以利用新技术创新重新开拓市场来让自身变得足够强大，用新的收入逐渐填补失去的收入。吉尔伯特在《两条弹性路线：当你重塑你的商业模式时要重建你的核心》① 一文中提出，传统媒体转型需要重新定位核心业务，让现有的管理模式能够适应改变中的市场，同时，还应当创建一个独立的、破坏性或颠覆性的业务来进行自我创新，使之成为未来的增长点并具有核心竞争力。也就是说，"持续性创新"和"破坏性创新"二者并行不悖，其核心仍是"破坏性创新"。传统媒体转型的关键在于传统媒体与新媒体的并行发展，既不改变既定目标，也不改变业务，二者能共享选定的资源，建立具有"交换功能"的组织过程。

对于新闻网站而言，"持续性创新"和"破坏性创新"就犹如传统报业和新闻网站的双引擎。以"内容＋广告"为经营模式的传统报业市场在不断萎缩，它需要通过精简编辑部，重新定位报纸的编辑任务从而存活下来；新闻网站则是代表着互联网经济时代的一种新的消费方式与生活方式，适宜"破坏性创新"开拓新的数字化业务，将会不断扩大其市场规模。传统报业和新闻网站二者不应兼并，而应分开管理，建立一种双驱式文化。以互联网思维进行破坏性创新将重塑新闻网站的

---

① Clark Gilbert, Matthew Eyring and Richard N. Foster, "Two Routes to Resilience: Rebuild Your Core While You Reinvent Your Business Model", *Harvard Business Review*, December 2012, pp. 67 – 73.

业务与运营模式，这也将从根本上实现新闻网站从单向传播向网络信息互动平台转型、从单一网络广告经营向适度多元的网络经营平台转型、从行政化的事业管理向市场化的现代企业治理转型，最终成为综合性互联网信息服务平台。

一 基于移动与互联网的产品/服务

乔布斯认为，满足用户是平庸公司所为，引导用户需求才是高手所为。从用户的角度而言，成功产品的设计最重要的是树立长期愿景，让产品能够创造或改变用户的生活方式，让目标用户对该产品产生依赖、归属感与忠诚度，使销售产品成为传播一种生活方式并给用户带来良好的体验。从企业的角度来看，不以赚钱为目的的企业是不存在的，一些企业的产品/服务虽然对用户是免费的，但对企业用户却是收费的。

总而言之，能引导和创造用户需求的产品/服务，创造或改变目标用户生活方式的产品/服务，拥有良好用户体验的产品/服务，同时为企业带来赢利商业价值的产品/服务才是成功的产品/服务。[①]

1. 移动与互联网产品/服务的类型

基于移动与互联网的产品/服务主要分为五类：工具型产品、媒体型产品、社区型产品、游戏型产品和平台型产品。

工具型产品指的是能够帮助用户完成或促进某一事物的产品。典型代表有搜索引擎（Google、Baidu）、音乐播放器（百度音乐、酷狗音乐、虾米音乐）、浏览器（谷歌、360、火狐、IE）、即时通信工具（QQ、微信、Skype）等。人民网推出的即刻搜索和新华网推出的盘古搜索就属于工具型产品，只是这两款产品并没有引导和创造用户需求，更谈不上创造或改变目标用户的生活方式，也缺少引起用户关注和体验的动机。

媒体型产品是指将正确的内容在正确的时间、正确的地点传递给正确的人，即在正确的时间与地点传播正确的信息给目标用户的媒介或平台。传统媒体的新闻网站和四大综合门户网站以及垂直型媒体（视频网站、音乐网站等）都属于媒体型产品。目前绝大多数传统媒体都有自己的新闻网站，几乎是有多少家报纸/电视台就有多少个新闻网站，据不完全统

---

① 闫蓉编著：《神一样的产品经理：基于移动与互联网产品实践》，电子工业出版社2012年版，第41页。

计，应该超过 1000 家，这一类的新闻网站数量虽多，但是媒体型产品的质量与功能却并不能真正满足用户的需求，绝大多数新闻网站都存在内容同质化的问题，在产品/服务的开发与设计上与商业门户网站存在着极大的差距。

社区型产品是指包括 BBS/论坛、贴吧、交友、公告栏、在线聊天、群组讨论、个人空间、无线增值服务等形式在内的线上交流空间。这类产品主要分为内容型社区和关系型社区，比如，豆瓣网、百度贴吧和强国论坛就是内容型社区，而人人网、朋友网和新浪微博则是关系型社区，也可以称之为社会化媒体。

游戏型产品是指网页游戏、角色扮演游戏、社交游戏、小游戏、手游等在线游戏。浙报传媒通过收购盛大旗下的边锋浩方以获得棋牌类游戏产品，丰富其在线产品的类型，同时还获得大量忠诚度较高的用户。

平台型产品包括线上平台产品和线下平台产品两类。当前线上平台呈现出向开放平台转变的趋势，比如阿里巴巴、淘宝开放平台、新浪微博开放平台、社区开放平台、腾讯的财付通开放平台、微信开放平台等。将网站的产品/服务封装成一系列计算机易识别的数据接口，开放给第三方开发者使用的平台就是开放平台。开放平台可以聚集众多的平台参与方与大量用户，非常容易形成良好的平台生态圈。而线下产品主要是实体店铺，除了销售自己经营的产品外，还允许企业和销售代理通过入场的形式进入店铺销售自己的或代理的产品，第三方企业只需要支付给实体店铺一定的佣金或使用费。

这五类产品基本上囊括了移动及互联网产品/服务的全貌，新闻网站需要根据自身的资源优势和特点，以用户体验为中心，基于互联网思维与破坏性创新来重新开发与设计产品/服务。

2. 以核心产品整合移动与互联网的产品/服务矩阵

在移动与互联网产品/服务的市场格局中，大多数企业往往都采取产品矩阵的经营策略，从单一形态的产品类型演化为多形态产品类型，通过整合不同类型的移动与互联网产品/服务，最终形成企业核心产品/服务带动周边产品/服务的产品矩阵。不同企业则以上述五类产品/服务中的一种为核心产品，并向其他不同类型的产品/服务延伸、拓展。

（1）工具、社区、平台和游戏型产品演变为媒体型产品

工具型产品大多是只满足用户某一方面的需求，且使用频率比较高、

使用时间比较长的产品。在使用过程中用户会对这些产品逐渐产生依赖感或归属感，比如搜狗输入法、QQ、迅雷看看等工具型产品，在使用过程中会弹出新闻资讯窗口，推送用户感兴趣的信息，以此慢慢过渡为媒介型产品。QQ作为即时通信工具，起初只是弹出一些新闻资讯窗口，用户点击后进入腾讯网。随后，基于QQ的LBS功能向用户推介与十几家报业集团合作共建的基于区域化的本土新闻网站，比如大浙网、大秦网、大渝网等地方新闻网站。根据腾讯2014年Q3财报，QQ即时通信服务的月活跃用户数达到8.2亿，QQ智能终端（手机QQ）和微信（含Wechat）的月活跃账户分别达到5.42亿和4.68亿，而CNNIC第34次中国互联网分析报告显示，截至2014年6月，中国的手机网民数达到5.27亿，腾讯当之无愧稳坐移动端第一活跃平台。这些综合型工具产品在具备数以亿计的用户规模（尤其是移动端用户）和海量的信息内容及流量之后，都很自然地演变为媒体型产品。根据美国市场研究公司eMarketer测算，2014年全球的数字广告开支为1460亿美元，百度在全球的数字广告市场中占比4.68%，共计68.33亿美元。

社区型产品的代表是关系型社区的人人网、开心网、Facebook和Twitter，内容型社区的豆瓣网和天涯社区。人人网作为社交网站，为了提高好友之间的交互度、参与度与忠诚度，必须推出能够提升用户黏性的移动及互联网产品/服务。而当众多新闻媒体纷纷进驻社交平台，用户通过社交平台阅读新闻，或分享，或转发，或直接进入新闻网站阅读新闻，这些都能够促使社交平台的媒体化，从社区型产品演变为媒体型产品。eMarketer预计，2014年Facebook在全球的数字广告市场中占比7.75%（其中移动广告市场占比18.4%），而Twitter将拿下全球移动广告营收中的2.6%。

平台型产品的代表是阿里巴巴和亚马逊。这些平台型产品首先都具备海量的用户规模和平台参与各方的利益人，平台运营商基于庞大的信息流、现金流和物流，利用大数据挖掘工具分析与深度开发线上及线下的终端用户的商业价值，这些积累的海量用户数据和精准化的用户定位技术可以实现广告投放效率的最大化。这些基于大数据分析基础上的广告产品被出售给平台参与方的商家/广告商；这些广告收入未来将成为阿里巴巴和亚马逊业务收入中最重要的组成部分。据eMarketer测算，2014年阿里巴巴的广告营收为68亿美元，在全球数字广告市场中占比4.66%（桌面广

告 + 移动广告）。而同期 AOL 则从 0.93% 降至 0.81%。亚马逊在 2012 年发布全新的广告形式 Amazon Media Group，推出亚马逊及附属网站上的广告业务、Kindle 上的广告业务、移动广告业务、站外广告业务这四类广告产品，2013 年的广告收入（扣除流量购买成本）达到 8.35 亿美元，2014 年的广告收入超过 10 亿美元。

甚至游戏型产品也可以通过聚合海量的用户规模，引起众多广告商的关注和利用，从而演变为媒体型产品。

上述几类产品/服务之所以能够演变为媒体型产品，其最重要的原因就是聚合海量的用户规模、流量规模和信息内容，提供用户所需的一站式产品/服务，通过自建、收购与参与方式形成完整的具备良性循环的产业闭环。这些新生的媒体型产品/服务都在不断地侵入与蚕食传统媒体及新闻网站的传统业务范围，新闻网站必须直面这些竞争，并不断开发出适宜用户需求的核心产品/服务，尤其是移动端产品/服务。所以说聚合海量的用户规模，才是新闻网站的首要任务。

（2）工具、社区、游戏和媒体型产品演变为开放平台型产品

iPhone 手机整合硬件与软件等工具型产品演变为 App Store———一个面向第三方开发者和数以亿计用户的开放平台，形成以苹果、第三方开发者、广告商、用户和 APP 应用为一体的平台生态系统。国内的奇虎 360 免费提供三个核心产品：360 安全卫士、360 杀毒、360 浏览器。据第三方数据统计，截至 2013 年 6 月底，360 的 PC 端产品/服务的月活跃数达到 4.61 亿，使用 360 手机卫士的智能手机用户总数已达 3.38 亿，360 浏览器的月度活跃用户达到 3.3 亿，360 个性化起始页和其子页面的日均独立访问用户人数为 1.14 亿。这些庞大的用户规模使奇虎 360 一举成为中国规模最大的安全软件提供商。2012 年奇虎 360 推出面向第三方开发者的 360 应用开放平台，与合作伙伴建立多方共赢的平台生态体系。第三方开发者提供的 APP 产品/服务既可以嵌入在 360 安全桌面上，也可以展示在 360 浏览器上，通过提供细致、完善的平台服务以及网络安全服务使 360 应用开放平台成为上网入口级的应用平台，或称之为基于浏览器的 Web APP Store。

无论是关系型社区，还是内容型社区，为了提高用户的交互性和品牌黏性，都会向第三方开发者开放其 API 接口，提供除了社区型产品之外的网页游戏、网络文学、新闻、日记、相册、天气、旅游、招聘等平台型产

品。而平台型产品则以电子商务社区化来增加用户使用平台的时间，提高用户对平台的黏性。

以游戏起家的盛大依托主营业务为游戏型产品，不断整合文学、视频、糖果社区等各种优势资源，打造一个开放型平台产品，通过代理不同类型的网络游戏，打造网游用户互动娱乐的糖果社区，为旗下的业务提供新的营销平台，另外也可以增强用户黏性，弥补网游用户的流失。

新闻网站则更需要从媒体型产品转型为平台型产品，在为用户提供媒体产品/服务之外，还应该向第三方开发者开放 API 接口，为用户提供社交、文学、游戏、招聘等业务，从而过渡到平台型企业。以凤凰网为例，除了新闻信息之外，凤凰网还提供网络游戏、网络文学、彩票等产品/服务。2015 年 2 月，凤凰网以 7000 万美元投资"一点资讯"移动新闻客户端，持股 46.9% 成为第一大股东，以凤凰新闻和一点资讯双轮驱动，构建并巩固移动互联网资讯入口。

从互联网产业的发展规律看，成功企业一般都遵循着从流量到黏性再到用户商业价值的发展轨迹，以规模用户搭建商业基础，以商业基础形成开放平台，以开放平台扩散商业价值。新闻网站首先需要研发与创新移动及互联网核心产品以获得海量的用户群，其次提供丰富的接入平台进行应用渗透，最后集成更多第三方开发者的智慧和创新成果，从而构建一个扩张型的动态的平台生态系统。

二　平台生态链中新闻网站的业务模式

在平台生态链中新闻网站的业务模式主要有：客户召集、利益平衡、流动性和规模化。

1. 召集双边客户——培育双边市场用户规模

新闻网站转型为平台型企业，无论平台如何收费或定价，甚至免费提供产品/服务，只要没有另一边用户的需求，则这一边用户的需求也会消失。所以新闻网站首先要解决的就是"鸡和蛋"谁先谁后的问题，参与这些产业的平台就要设法召集双边客户并形成规模用户。在召集双边客户的过程中，Caillaud and Jullien（2003）提出"各个击破"的用户策略，而定价策略和资金策略则显得尤为重要。要想获取市场某一方的大量用户的参与，平台需要免费或以较低价格为这些用户提供产品/服务，甚至是付费让他们接受平台产品/服务，诱之以利，鼓励这些获利的用户积极参与平台。通过这样的投资方式及营销手段可以培育双边市场中的一方或双方用户，并形成规模用户群。

凤凰网为召集双边客户聚合在其彩票平台，采取了众多营销活动来吸引用户。"100% 中奖，不中奖奖 10 元"，为了吸引新用户注册，凤凰网对首次购买双色球和大乐透的用户进行单边补贴，若不中奖由彩票平台奖10 元红包；另外还有"摇骰子免费赢彩金""新年开门红，千万红包免费抢""下载客户端送 50 元礼包"等营销活动。

"浙江新闻"是浙江在线推出的新闻客户端，聚焦于浙江本土，秉持"新闻 + 服务"的模式，为用户"送文化、送服务、送资讯、送新闻"，共建浙江用户的认同感和归属感。为了推广"浙江新闻"，浙报集团充分利用党报集团的优势，分片包干，在全省 11 个市开展地毯式的推广，逐县逐镇，将"浙江新闻"推广卡送到城市、集镇、乡村。在市场层面，所有注册登录浙江新闻客户端或者使用抽奖码的用户都可以参加抽奖，有机会获得 iPhone6、iPad、边锋盒子、购物票、西塘景区门票等不同的奖品，更有年终大奖奔驰车。清晰的产品定位和独到的原创内容，加上一系列的营销推广活动，使得浙江新闻的用户人数于 2014 年底达到了 510 万人，成为国内省级媒体中用户数最多的新闻客户端。

2. 促进双边客户交易，并维持双边客户的利益平衡

在多边市场中，一个成熟的平台企业仍然需要构建和维持一个最优收费结构和价格结构，以保障双边客户基于平台发生交易。但是在绝大多数多边市场中，平台企业往往都会对市场的某一方用户采取倾斜或价格补贴措施，使这一方的边际效用远远低于市场的另一方用户，这种定价策略就是为了更好地撮合多边市场用户在该平台发生交易。在这种情况下，平台企业就需要在对一方采取价格补贴的同时安抚另一边市场的用户，当双边客户都着眼于自身利益而要求对方支付高价时，平台企业就需要去维持双边客户的利益平衡。

新网网站一贯的用户策略就是读者可以免费阅读平台信息内容，甚至专门针对用户的需求与体验来设计研发不同类型的产品/服务。首先是为了获得海量用户使用其产品/服务；其次是在海量用户的基础上提高政府对网络信息"议程设置"的能力，并引导网络舆论正向发展；最后是"用户 + 内容"实现新闻网站平台服务的商业价值。在这个过程中，新闻网站需要协调与维持用户、政府部门、广告商、软件开发

商、硬件供应商、移动运营商、其他内容提供商等平台参与各方的利益平衡，把这些参与方整合在平台生态链中，聚合海量用户，建构以新闻信息产品为核心的平台产业价值链。

3. 流动性和规模化——提高平台活力与商业价值

成功的多边平台企业在做重大投资扩大市场规模之前都需要花费大量时间来测试和调整平台基础与架构以增加其流动性。通过小规模的试运行反复试验、测试来找到值得投资的适当技术与设施以保证运营常态化。这些成功的平台企业都采取了循序渐进的市场进入策略，规避市场风险，经过市场检验后再逐渐扩大其市场规模，通过规模市场和规模用户来创新其商业模式。而通过迅速占领市场份额来控制平台产业市场的目前还没有成功者，许多较早进入市场的平台企业最终都不能保持其在产业内的领先地位，成功的往往都是采取市场跟随者策略的平台企业。

目前，新闻网站需要增加用户及产品/服务的流动性来扩大平台业务规模，创新投资的业务模式，而现有数量巨大的新闻网站却又限制了这种流动性，使它们都集中在区域市场为生存苦苦挣扎。浙报集团旗下共有44 个网站，其中能盈利的并不多。新闻网站未来的规模化将体现在平台的自身建设上，以凸显其用户规模、投资规模、流量规模等。未来新闻网站将在全国范围内整合为 3—5 家大型综合信息服务平台，参与到与商业网站的竞争中去。

三 以互联网思维重塑新闻网站平台运营模式

在互联网大潮与新媒体革命时代，随着用户日益转向在线和移动阅读，传统媒体"内容＋广告"的运营模式已经不适合互联网时代的经济特征和用户消费习惯。传统采编部门与新媒体运营、技术、用户等部门壁垒分明，缺少沟通与合作，传统媒体的转型面临着"要不要做，敢不敢做，该如何做"的窘境。同时，在传统媒体中内容的传播与编辑记者没有太大关系，用户和编辑、记者之间缺少互动，导致记者既没有积极与用户互动的意识，也没有掌握推广内容的方式与渠道。而在新媒体时代传统媒体需要实现一体化，实现自我颠覆，抑或是被颠覆，"只要内容好，无论是直接收费还是间接收费，广告都将纷至沓来"的时代已经被颠覆，而绝大多数传统媒体正如被称为"颠覆创新之父"的哈佛大学商学院教授克莱·克里斯滕森（Clayton Christensen）所说的那样，"旧习已不再适应，奈何你旧习难改"。

传统媒体的商业模式正在加速崩溃中，坚信好内容一定有价值的编辑部门并不清楚好内容是否一定有商业价值，而广告与发行部门则努力推销内容给用户群体，但变现越来越难。新闻网站在做好内容的同时还需要技术人才、金融人才和经营人才。新媒体就是建立在新技术基础上的，也正是新技术对旧有的商业模式进行颠覆，而内容本身并没有好坏之分，通过新技术手段新闻网站可以按照用户的需求对内容进行匹配。金融人才将利用资本市场的力量促使新闻网站的多元化经营，帮助新闻网站聚合海量用户并演变为成功的平台企业。经营人才也将不再是过去的发行与广告业务人员，以用户为中心的原生营销将带领新闻网站走出困境。

新闻网站将改变过去的"内容＋广告"的旧有商业模式，以互联网思维和大数据营销重构"平台＋内容＋应用＋终端"的信息流平台商业模式和规则流平台商业模式。

第三节　平台生态圈：以内容平台为核心构建平台生态系统

一　用户信息需求多属行为与平台生态演化

从网络信息来源、用户信息需求与平台运营商信息发布格式的兼容性来分析，新闻网站同样存在不同的多边市场结构和网络用户对信息需求的多属行为。如图 5－1 所示，无论是网络读者还是广告商，都通过加入两个及多个平台来丰富自己的选择，这种多平台接入的现象也反映了新闻网站提供信息服务的复杂性。新闻网站具备双边市场特征，且少有新闻网站能够为互联网用户提供一站式的信息产品或服务，这些功能可以被替代或者互相之间并不相关联的平台，也加剧了互联网用户与多个新闻网站发生关联的行为，这种多属行为在具有双边市场特征的产业中较为普遍。只是在网络新闻平台上网络用户多属行为的动因略有差异。网络用户大多不太喜欢网络广告，进而形成了网络用户与广告商之间存在的负外部性，所以网络新闻的用户多属行为更多地表现为获得更多的网络信息内容或娱乐节目，而不是为了获取更多的网络广告。

　　根据 Armstrong 和 Wright（2004）①、Roson（2005）② 对竞争平台差异化与用户归属行为及平台竞争的研究理论来分析新闻网站：在差异化显著的边形成单归属，如果用户认为该平台无差异，则该边形成多归属。也就是说，在众多网络新闻平台相互竞争时，假定网络用户在一个特定的时间段内只阅读某一个新闻网站的新闻，就是单归属。用户单归属行为需要该新闻网站能够提供差异化显著的具有不可复制性的新闻信息产品，只有在新闻网站形成这种具备不可替代性的单边市场，为用户提供独一无二的专业化的信息服务时，则用户多属行为才有可能减少，进而形成单归属。如果新闻网站平台间无差异，提供的新闻信息服务雷同率较高，大同小异，则会直接造成用户为了获取更多的信息内容而形成多归属。目前，还没有一家新闻网站能够做到真正意义上的网络用户单归属，为拥有多元化信息需求的用户提供一站式的信息产品或服务，这也说明了众多新闻网站还没有形成自己的核心竞争力，也缺乏与商业新闻网站和新闻聚合网站直接竞争的实力。在未来很长一段时间内，新闻网站还将以网络用户对新闻信息服务需求的多属行为现象为主的状态存在。

　　CNNIC 发布的第 32 次《中国互联网络发展状况统计报告》显示：截至 2013 年 6 月底，我国的网民人数达到了 5.91 亿，互联网普及率为44.1%。我国的手机网人数达到了 4.64 亿，较 2012 年底增加了 4379 万人。③ 网民中使用手机上网的人群占比提升至 78.5%，在各应用中增长规模第一，更是成为新增网民的重要来源。结合表 4-2 的数据可以看出：（1）我国网络用户人数不断扩大。网民人数已经达到 5.91 亿，为新闻网站提供了大量的用户。其中网络新闻的网民人数达到 4.61 亿，使用率为78.0%。（2）移动互联网用户成为新增网民的重要来源。手机网民人数已经达到 4.64 亿，网民中使用手机上网的人群占比提升至 78.5%，成为新闻网站重要的阅读终端。（3）网络用户的网络应用分类碎片化。根据CNNIC 的调查，当前我国网民对网络的应用主要集中在即时通信、搜索

---

　　① Mark Armstrong and Julian Wright, "Two-sided Markets with Multihoming and Exclusive Dealing", *IDEI Working Paper*, August 2004.

　　② Roson Roberto, "Platform Completition with Endogenous Multihoming", *SSRN Electronic Journal*, February, 2005.

　　③ CNNIC 第 32 次《中国互联网络发展状况统计报告》（http://www.cnnic.net.cn/hlwfzyj/hlwxzbg/hlwtjbg/201307/t20130717_40664.htm）。

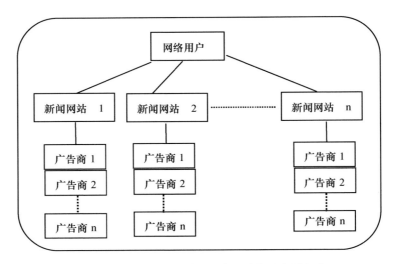

图 5 - 1   新闻网站网络用户信息需求的多属行为

引擎、网络新闻、网络音乐、博客/个人空间、网络视频、网络游戏、微博、社交网站、网络购物、网络文学、电子邮件、网上支付、网上银行、论坛/bbs、旅行预订、团购、网络炒股等领域。

总之，网络应用的使用率显示，当前网络用户的网络应用都是基于两个信息平台，即互联网平台与移动互联网平台。互联网平台的用户规模比较庞大，各种应用也比较成熟，而移动互联网平台的用户规模则呈现出不断增长的趋势，各种网络应用尚处于探索应用阶段，但不可否认的是，移动互联网平台将成为网络经济中重要的一极。

表 5 - 1   2012.12—2013.6 中国网民对各类网络应用的使用率

应用	2013 年 6 月		2012 年 12 月		半年增长率
	网民人数（万）	使用率	网民人数（万）	使用率	
即时通信	49706	84.2%	46775	82.9%	6.3%
搜索引擎	47038	79.6%	45110	80.0%	4.3%
网络新闻①	46092	78.0%	39232	73.0%	17.5%

---

①   网络新闻：2012 年 12 月份未调查网络新闻的网民数，此处为 2012 年 6 月份数据。

续表

应用	2013 年 6 月		2012 年 12 月		半年增长率
	网民人数（万）	使用率	网民人数（万）	使用率	
网络音乐	45614	77.2%	43586	77.3%	4.7%
博客/个人空间	40138	68.0%	37299	66.1%	7.6%
网络视频	38861	65.8%	37183	65.9%	4.5%
网络游戏	34533	58.5%	33569	59.5%	2.9%
微博	33077	56.0%	30861	54.7%	7.2%
社交网站	28800	48.8%	27505	48.8%	4.7%
网络购物	27091	45.9%	24202	42.9%	11.9%
网络文学	24837	42.1%	23344	41.4%	6.4%
电子邮件	24665	41.8%	25080	44.5%	−1.7%
网上支付	24438	41.4%	22065	39.1%	10.8%
网上银行	24084	40.8%	22148	39.3%	8.7%
论坛/bbs	14098	23.9%	14925	26.5%	−5.5%
旅行预订①	13256	22.4%	11167	19.8%	18.7%
团购	10091	17.1%	8327	14.8%	21.2%
网络炒股	3256	5.5%	3423	6.1%	−4.9%

无论是在互联网平台还是移动互联网平台，当前的网络应用都比较多元化，例如，即时通信的使用率高达 84.2%，搜索引擎的使用率为 79.6%，网络新闻的使用率为 78.0%……由此可见，网络用户很少只使用一种网络应用，他们在使用即时通信的同时也会使用搜索引擎、网络新闻、网络音乐、网络视频、网络游戏等应用，网络用户为了满足不同的信息需求或达到最小化成本的目的在两个及多个平台之间切换使用，进而获得最大化的收益，甚至在相同需求的情况下，用户也会基于信息来源、信息格式、信息丰富性等因素而选择多个新闻平台来获得信息内容。

因此，任何一个平台假如只能满足用户某方面的需求，而不是提供一站式的服务，或者不能提供给用户差异化显著的、不可复制的、具有不可替代性的产品或服务，用户多属行为将不可避免地一直存在下去，直到该

---

① 旅行预订：最近半年在网上预订过机票、酒店、火车票和旅行行程等行为。

平台能够给用户提供专业化的不可替代的产品或服务为止。同时，用户多属行为也预示着该平台不能提供具有核心竞争力的产品或服务。

对于新闻网站而言，用户多属行为将是一个无法回避的问题。

二　新闻网站平台竞争与平台定价模式

1. 平台竞争：新闻网站不同主体间的动态博弈

平台竞争是平台企业为了争夺双边或多边市场份额以及其他经济资源与利益而不断进行的动态博弈。平台竞争不但存在于相同类型的平台之间，也存在于不同类型的平台之间。同一平台主体之间存在着内部竞争，两个及以上的多平台之间存在着外部竞争。在互联网时代，外部竞争因为环境的复杂而更具挑战性，比如，社交网站、门户网站、搜索引擎、B2C购物网站、浏览器，甚至是 APP 客户端等都存在着不同主体间的竞争，不同性质的平台在平台竞争中的利益附着点也是有差异的，或是流量之争，或是用户之争等。

平台竞争体现了平台企业的多面性特征。传统报业媒体通过廉价甚至补贴发行的方式把新闻信息销售给读者，然后通过对广告商的"二次销售"获得收益，很多传统媒体觉得只要能够提供质量好、价值高的新闻信息就可无往不利。但是在平台竞争中，无论是规则层、用户层还是信息层都存在着不同程度的激烈竞争。新闻网站、门户网站、社交网站和搜索引擎等都可以在其平台发布新闻信息，它们都是以寄生方式生存在互联网上的。但是这些平台的规则层又是完全不同的，它们能够吸附不同类型的规模用户，从而产生不同价值的数据信息。用户登录社交平台首先是要满足其社交需求，顺便阅读好友推荐/链接的新闻信息，社交功能才是社交平台的核心功能，而新闻信息则只是社交平台的附加功能而已。在新闻网站与社交网站的平台竞争中，新闻网站的用户吸附力明显弱于社交网站。

平台竞争还体现了平台用户对该平台的依赖程度。一般而言，大多数用户会专注使用同一个平台，因为使用多个平台可能会导致效率较低、收益较少和平台壁垒，用户在多个平台间切换也比较麻烦。比如，大多数用户在使用操作系统的时候都会选择使用人数较多的一方，当用户使用微软Windows操作系统已经形成了习惯之后，再要求用户转换操作系统就是一件很难完成的任务。

然而，在互联网经济时代，用户会发现同时使用几个相互竞争的企业平台对自己更有利，我们称之为"用户多属行为"。没有任何平台能够满足所有用户的差异化需求，而具有互补性的多平台产品和服务则可以满足用户多样化的需求。当表面上各自独立的用户通过平台的互补而连接起来时，作为媒介的平台就促使间接网络外部性内在化，平台之间就会发生竞争，而用户则可以游刃有余地往来于不同平台之间，搜寻物美价廉的平台产品和服务。平台企业为了能够聚集并维持庞大的用户规模，甚至从竞争平台吸附更多的用户，就需要开展针对不同用户群体的营销活动。安德烈·哈克（Andrei Hagiu，2008）认为多平台竞争的核心就是不断降低参与交易多边用户的搜寻成本和共享交易成本。Carliss Y. Baldwin and C. Jason Woodard（2008）认为平台竞争是推动平台企业进行形态演化与功能跃迁的重要动力。这种多平台竞争会提高平台企业自身的竞争优势，并不断进行平台形态演化与功能跃迁，但是也有可能造成行业寡头垄断。垄断平台在市场竞争中通过网络外部性的内在化来平衡市场的双边用户，其行为原则与社会福利最大化一致。但是总体价格水平和相对价格因竞争压力较强而改变时，这种平台竞争就会导致平台的最终目标与社会福利最大化之间形成矛盾。

平台竞争的关键在于用户临界规模，当平台容量超过其临界规模时，电子商务平台的内在正反馈机制将促使其获得竞争的成功；反之，在负反馈机制的作用下，平台将失去竞争优势而逐渐萎缩乃至消失。平台体量和容量越大则平台对用户的吸附力越强，而平台吸附力越强，平台的体量和容量也会随之得到提升，平台双边都会从竞争对手那里吸引更多的用户。只要平台企业能够进入良性循环，就会产生平台对用户的虹吸效应和网络效应，并凸显赢家绝对通吃的超级威力和创造性的破坏本质。当前新闻网站最大的问题就是平台容量尚未达到用户临界规模，在负反馈机制的作用下，用户规模增长有限甚至萎缩，需要母平台采取单边补贴的定价策略来刺激其平台用户规模的正向增长，进而形成良性循环。否则，在竞争激烈的市场中新闻网站很难有所斩获。

根据平台用户规模和平台容量对平台竞争进行分类，可以将其划分为规模相当的平台竞争，规模不等的平台间竞争，存在内耗的平台间竞争和平台联合。规模相当的平台竞争是指两个或多个规模相当的平台争取市场交易的各参与方能够在自己的平台交易，进而获得收益。规模不等的平台间竞争是指不同规模的平台各自发挥自身的竞争优势来吸引双边用户，具有较大平台容量的强势平台在用户吸附上占有绝对的竞争优势，而弱势平台需要提供差异化的产品与服务才能够吸引不同的双边用户。存在内耗的平台间竞争是指至少某一方内部存在小平台竞争。平台联合是指小平台在形式上联合成大平台，以减少平台间的竞争与内耗。

当前，平台竞争日趋激烈并表现出多样化的形式，新闻网站需要通过多种手段进行竞争，不断提升新闻网站的平台吸附能力和用户黏性，迅速提升平台体量和平台容量。新闻网站参与平台竞争主要有下列一些手段：

（1）平台产品/服务差异化

在多平台竞争中，新闻网站提供的符合用户需求的平台产品/服务差异化越大，就会获得越多的用户，从而可以吸引更多的平台参与方加入该平台，以获得更多的收益。反之，如果新闻网站的信息内容同质化，即差异化越小，则平台运营商对用户和广告商的争夺就会越发激烈，导致平台对广告商的收费降低，甚至会突破平台的盈亏平衡点，最终亏损。

平台产品/服务的差异化是平台竞争的一种重要手段，也是保证平台能够获得正收益的基础。平台产品/服务差异化有利于培养用户对该平台的单归属感，而这种单归属用户对平台的忠诚度是非常高的，将是平台发展、获得收入和利润的用户基础和重要支撑。这就促使平台运营商不断开发新的获得用户认可的平台产品/服务，这种差异化越大就越有利于满足用户的碎片化需求。

（2）平台黏性与指数效应

平台黏性就是平台对用户的吸附能力，这种吸附能力决定着平台体量和容量。平台黏性一方面体现为平台吸附用户的数量，另一方面体现为用户使用平台的持续时间长度。这种平台黏性是一种在连续时间上不断变化的动态过程，平台运营商要通过不断提升自己对用户的黏度来扩充平台体量和容量。

新闻网站目前的困境就是平台黏度较弱，无论是从产品/服务、线上体验，还是平台功能等方面，绝大多数新闻网站能够吸附的用户数量和用户平台使用的持续时间都不足以支撑其正常运营，而外部"输血"一旦减少最终将导致平台的体量和容量均不足，短时间内很难实现盈利。新闻网站要想追赶上商业网站并参与市场竞争就需要扩大用户规模，并提高用户的平台黏度。

（3）平台功能性竞争与交叉驱逐

根据中国互联网信息中心发布的第 34 次《中国互联网络发展状况统计报告》，截至 2014 年 6 月，我国手机网民人数增长到 5.27 亿，网民中使用手机上网的人群占比由 2013 年的 81.0% 提升至 2014 年的 83.4%，手机网民人数首次超过 PC 端网民人数（80.9%）。手机和 PC 端成为人们上网的主要设备，新闻信息载体也会随着用户的使用习惯而发生变化，传统的信息阅读方式将逐渐转向电子阅读，线上阅读和移动阅读将成为未来人们主要的两种阅读方式。对于新闻网站而言，传统报业在发展主营业务的同时也发展辅业（新闻网站、新闻客户端等辅业），辅业将逐渐吸收主业的某些职能或功能，使主业的该项职能或功能退化或消失，这种平台的功能性竞争被称为"辅业驱逐主业"。PC 端和移动端的新闻网站将取代传统报业的大众传播功能，从而实现其平台的功能性转移与跃迁，而传统报业也将从大众传媒转向小众传播。传统报业线下将针对精英人群推出具有政治、经济等理论深度的"精英报"，做好小众传播，而线上 PC 端和移动端的新闻网站将重点关注一般用户市场所需的信息产品/服务。线下平台与线上平台的业务转移、跃迁与竞争将会促使平台开展自己的辅业，并最终形成"业务交叉驱逐"的结果。

（4）平台包络、平台吞噬与模式侵占

平台包络是一种渐进式渗透的平台竞争手段，即新平台运营商通过对与市场既有的异质性平台运营商的共同客户进行对象锁定和功能捆绑式的逐步延伸和拓展，实现对新目标市场渐进式渗透的目的。在移动互联网时代，新华社对网络用户进行了对象锁定和服务功能拓展，推出了新华社发布、新华社新闻、新华社资讯、新华社消息和新华炫闻等移动端产品/服务，实现了从线下产品/服务向线上移动端产品/服务的不断渗透与业务拓展。

而平台吞噬则是在实力相差悬殊的平台间进行强力竞争的一种方式，即实力相对强大的平台运营商通过收购与兼并同质性平台实体以扩大其市场份额，或者为了进入新的市场将实力较弱的异质性平台予以整体收购。浙报集团控股的浙报传媒是浙江省第一家上市的国有文化集团，通过以32 亿元收购盛大网络旗下的边锋浩方进入在线游戏市场，就是平台吞噬的经典案例，是传统报业从单一媒体向多功能平台企业转型做出的有益尝试。

　　平台商业模式侵占的典型代表是腾讯。通过平台商业模式的仿照和再创新进行竞争是腾讯一贯使用的商业模式。QQ 从单一的在线交友和即时沟通平台发展为包括 QQ 空间、QQ 游戏、朋友网、腾讯微博等功能繁多的巨型网络平台，通过对既有平台功能的延伸与拓展，依托 QQ 庞大的用户群体在复制社交网站、盛大游戏和新浪微博等大数据平台商业模式的基础上，深度挖掘腾讯规模用户群体的潜在价值和商业价值。这是一种通过商业模式侵占方式进入新行业的、较为抽象但颇为有效的竞争手段。

　　2. 新闻网站的平台定价模式

　　在双边市场中，平台运营商不仅关注价格总水平，还十分关注价格结构。平台运营商为了促成双边市场的用户通过平台发生联系与交易，就必须为双边市场的用户带来价值增值。平台运营商需要通过向一边或双边用户收取平台使用费或接入费，或者按照双边用户的交易数量或次数收取平台交易费来补偿成本并获取利润。同时，平台运营商还需要采取价格机制或者交易信息处理手段来降低双边市场用户平台交易成本，使之低于不借助平台的交易成本，进而有效平衡双边用户存在的需求差异，解决双边市场用户之间的外部性问题并实现平台利润最大化的目标。

　　在设计新闻网站的平台定价和投资策略时，多边平台需要考虑不同客户需求间的互动关系以及平台生态圈建设与发展对平台价格的影响。平台各参与方涉及的诸多因素都会影响其对最终用户费用征收的多寡，并通过平台使其他参与方的福利内在化。阿姆鲁斯（Ambrus，A.）和罗塞拉（Rossella，A.）[1] 指出即便在平台双边信息对称的情况下，同样会发生平台定价不对称以及其他不对称的现象。即平台运营商通过提供多样化的产品/服务，在内部化双边市场用户间产生的外部性过程中，从平台一边用户赚不到钱甚至亏损的行为就是为了对另一边用户收费，进而构建持续的赢利模式，通过平台定价不对称模式促使双边市场的用户加入平台进行交易并不断增加正向间接网络外部性。

　　影响平台定价的因素主要有：需求价格弹性、中介的相关市场能力、平台竞争与多属行为、间接网络外部性强度和捆绑销售等。市场双边的需

---

　　① Ambrus，A. and Rossella A.，"Network Markets and Consumers Coordination"，*CESifo Working Paper*，2004.

求弹性是平台定价的重要决定因素，因为平台单边的用户规模是另外一边需求弹性的影响因素，当买方数量增加时，平台对买方收取的费用会上升，而对卖方收取的费用反而会下降，具有吸引力的卖方能通过买方规模的增加而获取更高的间接收益。平台运营商可以尝试收取较低的进入费用或以免费形式"消除"中介的市场能力而汇聚双边用户更好地基于平台进行交易。如果平台参与方的一边规模能够在另一边发生重要的网络外部性效应，那么平台运营商对其中一边市场用户的定价等于或者低于边际成本以吸引用户的参与而盈利则由另一边创造，对不同的用户应该采取不同的定价模式。当一定数量的买方呈现出平台多属行为特征时，买方有能力转移到其他竞争性平台，买方针对给定平台的需求弹性是增加的，同时平台运营商一方将会"控制"卖方，引导他们在这些竞争性平台中进行选择。这种多平台竞争在一定程度上使平台运营商面临征收费用下调的压力。

Rochet 和 Tirole（2003）认为，双边市场中的捆绑销售与传统市场的捆绑销售的动机不同。传统市场的捆绑销售带有歧视定价和阻遏进入的动机，而双边市场的捆绑销售则是平台运营商为了更好地平衡双边市场的发展，使平台更加有效地运作，这种捆绑销售不一定会造成社会福利的损失。

双边市场的平台定价虽然非常复杂，但一般的平台定价还是遵循一定的规律。

首先，平台运营商选择的最优价格通常取决于双边市场用户各自的需求价格弹性，双边市场用户之间的间接网络外部性强度以及双边市场各自的边际成本。

其次，平台运营商的最优价格往往是选择其中一边的价格等于或低于其提供产品/服务的边际成本，甚至是免费的，而这种价格结构却并不意味着掠夺性定价或违背市场规则。

最后，相对于另一边的市场价格而言，一边市场的边际成本上升并不意味着该边的市场价格也一定会上升。

三　提升平台话语权，构建多方共赢的平台生态系统

网络用户对新闻网站提供的新闻信息服务呈现出多属行为，说明了当前新闻网站存在同质化特征，很难让网络用户对其采取差异化的单归属行

为。新闻网站必须基于网络用户的多属行为和新闻信息的服务碎片化及多元化特征，打造新闻网站新闻信息服务的核心产品，提升新闻网站的平台话语权，构建以新闻网站为核心的平台生态圈。

（一）基于用户多属行为特征的新闻网站平台战略转型

网络用户多属行为特征使新闻网站呈现出信息产品或服务的碎片化与多元化，新闻网站的同质化内容又导致网络用户游离在不同的新闻网站之间，甚至只关注少量商业新闻网站，使得大量新闻网站用户日均流量都偏低，而新闻网站的用户群体规模则直接影响广告商及政府机构对新闻网站的影响力与商业价值的评估。这些都需要新闻网站基于用户多属行为及多元化需求进行平台战略转型。

首先，新闻网站是否能够利用用户关系来建立无限增值的可能性，不仅能够拓展单一群体之间的关系网规模，还能够连接双边或多边的使用群体，让不同的群体能够通过平台相互连接达到彼此增值的目标，即用新闻网站用户的规模经济效应或网络外部性来提升平台用户群体的利益增值和用户黏性；其次，新闻网站是否已经构建基于多边市场的成熟的平台商业模式，使平台各方相关的利益人都能够通过平台来获取各自的利益，成熟的平台商业模式是新闻网站平台战略转型的关键；最后，新闻网站是否能够整合多边市场的相关要素及资源构建一个稳定的常态化的平台产业链，整合众多平台参与者，引导整个平台产业链的合理、有序发展。

新闻网站以新闻信息为核心，将网络用户、新闻信息产品或服务、平台运营商、软件开发商、广告商、政府机构等相关利益方整合在一个平台上，并形成一个稳定的生态圈。由平台模式搭建而成的生态圈，将不再是单向流动的价值链，也不再是仅有一方供应成本、另一方获取收入的简单运营模式。新闻网站的每一方都可能同时代表着收入与成本，平台企业需要制定能够容纳多边群体的策略，网罗每一方的使用者，进而真正有效地壮大新闻网站的用户市场规模。

1. 新闻网站内容资源的生态聚合趋势

网络用户平台接入的多属行为加速了新闻网站内容资源的生态聚合趋势。新闻网站要想让网络用户对其平台产生归属感或依赖性，就必须建立"赋予用户权限"的机制。传统媒体的内容资源无论是数量还是质量都远远不及新闻网站，传统媒体尤其是区域性报纸，每天借助纸媒发布的新闻信息是有限的，影响的范围是区域性的。而对于新闻网站而言，就需要提供海量的内容资源给碎片化、专业化及个性化的网络用户，甚至新闻网站会根据某一类单边群体的信息需求聚合相关的内容资源以专题的方式提供给用户使用。新闻网站在继承传统媒体优势的同时还需要结合网络时代的信息传播特征和用户多属行为的现象，构建新闻网站信息平台的多边模式，基于新闻网站的用户体验与网络用户的阅读习惯聚合海量的信息产品提升新闻网站信息平台的使用价值。

自采、自编、自制的原创新闻——新闻网站信息产品生产并提升用户归属感与价值的核心要素。自采、自编、自制信息是新闻网站生存的根源，也是新闻网站核心产品的价值所在。新闻网站只有提供给用户所必需或唯一的核心产品，才能潜移默化地培养用户的归属感并保持长期的可持续发展，而这种唯一的核心产品又必须着眼于用户需求和用户体验，生产满足用户所需要的呈现碎片化特征的专业化、个性化与差异化的信息产品。在激发了新闻网站与网络用户间单边市场的网络效应，尤其是同边网络效应，即新闻网站核心产品使用群体的用户规模增长时，将会影响同一边群体内其他使用者所得到的效用。这种正向网络效应会不断提升用户的归属感，帮助新闻网站建立真正意义上的核心竞争力。以新华网为例，依托新华社 170 余个境外分支机构以及自有的采编队伍，新华网形成了全球化的新闻信息采集网络，在重大新闻和突发事件的报道、权威信息的发布方面相对于其他新闻网站拥有了优势。尤其是在国际新闻报道方面，国内任何一家新闻网站都不具备新华网国际新闻采编的先天优势，新华网在国际新闻报道及发布方面拥有发布速度快、内容报道全面、覆盖全球的新闻信息采集网络、传播形态多样化的显著特征，形成了多语种、多媒体、多渠道、多层次、多功能的新闻发布体系，每天 24 小时不间断地向全世界各类用户提供文字、图片、图表、音频、视频、网络、手机短信等各类新闻信息产品。国内其他新闻网站的国际新闻基本上都是由新华社供稿的，这就奠定了新华网在国际新闻栏目上的内容优势与商业价值。同时新华网的网络电视日均采集量达 800 分钟，开通的中文台、英语台 24 小时不间断地播出新闻节目，节目信号覆盖亚太、北美、欧洲、中东、非洲等 200 多个国家和地区的 55 亿人口，并建成了亚太卫星台、北美卫星台、非洲卫星台等 10 个直属台和合作台，其覆盖面和影响力不断扩大。

新华网借助国际新闻的原创内容不断激发与强化同边网络效应，而对于绝大多数区域性新闻网站而言，新华网的内容优势恰恰是他们不得不面对的困惑，这些网站通过互换新闻稿件或者直接购买来获得由新华网、人民网、中国新闻网等网站提供的新闻通稿，直接后果就是大多数地方新闻网站的国际新闻或国内新闻高度雷同，即使经过网站筛选，内容重复率依然较高。区域性新闻网站必须立足本地用户的实际需要提供原创新闻，通过原创新闻的积累，提升新闻网站的品牌价值与品牌影响力，并形成个性化特色，使地方新闻网站不至于"泯然众人"。以温州网为例，温州网以"立足温州，贴近生活"为宗旨，成为温州本地最强势的新闻资讯门户、互动社区门户和生活服务门户。① 温州网转型突围的着眼点之一是成为本地化服务集成商，以用户为中心，以内容为主导，以技术为驱动，借助智能终端等新媒介，利用新闻网站的资源优势，为区域用户构建本地化的城市生活资讯服务平台。基于本地化的信息资讯服务与方便快捷的用户体验将会极大地增强用户的品牌黏性，根据用户大数据分析细分用户市场的多样化需求，建立智能网络新闻平台与用户服务数据中心，提高在线信息产品服务的质量与水平；基于信息服务、移动互联网和 LBS 移动互联应用，基于用户的移动存储需求构建云计算服务平台。温州网原创新闻甚至走出国门为海外华人提供信息服务，先后开通了《意大利中文手机报》《法国中文手机报》和《西班牙中文手机报》，通过订阅费用分成、收取编辑费用、共同经营广告等方式来实现海外手机报的盈利。通过提供本地化的信息服务，温州网赢得了众多网络用户的青睐，并根据用户需求创建了在线教育与书画网上交易等平台。

平台互换信息——新闻网站丰富内容资源、扩大用户规模的双赢策略。每一个新闻网站都有其特有的信息产品，无论是国际新闻、国内新闻还是地方新闻，抑或财经新闻、体育新闻与娱乐新闻，任何一家新闻网站都不可能提供用户所需要的所有信息产品。因此，不同新闻网站间互换信息就成为了一种丰富平台内容、资源优势互补的策略。借助其他新闻网站提供的优势信息资源来完善自身内容资源的不足，数字化信息产品的快速复制与分享极大地丰富了平台产品的多样化。对于新闻网站而言，平台产品的丰富与完善又会加速新闻网站用户规模的扩大，平台间互换信息的经营活动就不失为一种合作共赢的经营策略。绝大多数新闻网站之间都存在着这种互换信息的交易活动。

---

① 黄作敏：《地方新闻网站的转型突围——以温州网为例》，《新闻实践》2013 年第 8 期。

采购专业信息——新闻网站核心产品市场拓展与延伸的必要补充。新闻网站除了自采、自编、自制的信息产品与平台互换信息外，还会根据新闻网站的定位、自身特色与目标用户需求的个性化特征，通过采购专业化及个性化的信息产品来满足新闻网站信息产品使用者一边的个性化及碎片化需求趋势，进而扩大新闻网站用户群体的规模，最终实现新闻网站自身的商业价值。无论是平台互换信息还是采购专业信息，都是为了更好地补充与完善自采、自编、自制的核心产品，依托这三种信息产品生产与加工的渠道，新闻网站将拥有充分吸引网络用户注意力的内容资源，进而加速新闻网站内容平台生态圈的建设。

UGC 模式——Web2.0 时代网络用户信息传播与社交沟通的参与式新闻。UGC（User Generated Content），即用户创造内容，用户将自己原创的内容通过互联网平台进行展示或者提供给其他用户。这种自媒体形式将会改变传统媒体的新闻播报方式与体制机制。美国最具影响力的"第一份互联网报纸"《赫芬顿邮报》（The Huffington Post）提供原创报道和新闻聚合服务，每天的独立访问量达到 2500 万。《赫芬顿邮报》兼具传统博客的内容自主性与网络新闻媒体的公共性，借助 UGC 模式"分布式"的新闻挖掘方式和以 Web2.0 为基础的社会化新闻交流模式来聚合网络社群。这是一种建立在新的社区基础上的内容生产模式，与传统报纸的新闻传递方式具有很大的不同。这种新闻模式改变了传统媒体新闻传递的消极关系，是报道所有事情并为各方利益服务的一份网络报纸。

《赫芬顿邮报》并非一个单纯的原创性新闻网站，它虽然只有 150 名正式员工，但却有超过 3000 名投稿者为每一个可以想到的话题制造内容。《赫芬顿邮报》还有 12000 名"公民记者"作为该报的"眼睛和耳朵"。另外，它的读者也生产了大量的新闻信息内容，每个月有超过 200 万条投稿，这种读者视角的洞察和参与对于提升《赫芬顿邮报》价值有着举足轻重的作用。阿里安娜·赫芬顿（Arianna Huffington）凭借自己在政界、媒体等领域的广泛人脉，汇集众多名人精英为《赫芬顿邮报》写博文，HuffPo 现在有超过 3000 个已经证明了自身可信度的博主，他们可以不通过编辑的检查直接将他们的博客放到网上。而《赫芬顿邮报》编辑的主要任务就是整合编辑各主要媒体的精华内容，这是因为大多数读者都仅仅只是想了解报道的基本情况，虽然纽约时报或华尔街日报的原创内容加上深度分析的价值更大，但网络读者的阅读习惯决定了赫芬顿邮报摘要性的短文报道更具可读性与辨识度。网络信息爆炸改变了网络用户的阅读习惯，如何从海量信息中寻找到读者感兴趣的内容才是关键所在。

《赫芬顿邮报》主要以 24 小时新闻聚合发布、博客新闻评论两种方式来呈现与解读新闻。《赫芬顿邮报》着重于国内外时政新闻，为读者挑选并过滤有价值的类型清晰与主题突出的新闻信息。《赫芬顿邮报》既有网站专职记者及众多自由博客记者采写的新闻，又有大量读者投稿的信息内容，同时也提供其他媒体新闻信息的链接。读者可以在《赫芬顿邮报》的主页迅速了解新闻的主要内容，也可以自主决定是否深入阅读，新闻的排列顺序根据网民的点击率由读者自主决定。

这家新兴的在线新闻与评论网站于 2011 年 3 月被美国在线（American Online，简称 AOL）以 3.15 亿美元的价格收购，AOL 通过收购《赫芬顿邮报》转变成一家生产新闻、娱乐和其他数字内容的顶级制造商，实现了其业务的战略转型。AOL 的收购也表明了《赫芬顿邮报》数字时代新闻模式的成功。

2. 新闻网站平台入口的交叉多元化特征

新闻网站内容资源呈现的生态聚合趋势与网络用户多属行为的现象必将促使新闻网站平台生态圈的加速演变，内容资源在新闻网站、门户网站或社交网站等平台之间、平台与用户之间以及平台用户互动的平台入口会呈现交叉多元化的显著特征。如图 5－2 所示，无论是互联网平台还是移动互联网平台，建立并抢占平台入口是众多平台运营商必须面对的首要问题。

首先，新闻网站聚合多边用户，构建以内容资源为平台内核的内生增长型生态圈。新闻网站将平台生态圈的根基与用户、广告商、软件开发商、硬件供应商、移动运营商等相关利益方紧密联系在一起，实现共赢，这是新闻网站借助自身平台渠道，聚合相关利益方，建构以新闻信息产品为核心的平台产业的价值链。平台入口与用户流量是关乎新闻网站生存的根本性问题，新闻网站不但需要构建互联网平台入口和移动互联网平台入口，还需要借助搜索引擎、社交网站、微博、微信、浏览器、RSS 工具、社区网站、新闻聚合网站、新闻客户端、iPad、APP STORE 等入口来导入流量，提升单边用户市场的网络效应。网络用户规模的扩大与新闻产品价值的提升都将加速新闻网站平台的影响力提升和商业价值的彰显，帮助新闻网站构建多边用户利益共享的平台价值链与内生增长型的平台生态圈。

其次，新闻网站通过与其他开放平台的互联共通构建新闻信息资源的

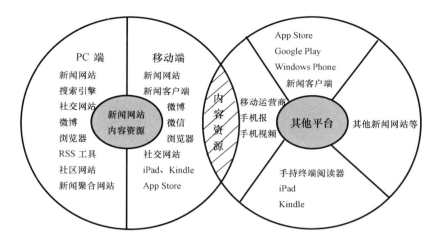

图 5 - 2　新闻网站平台生态圈的交叉多元化特征

外生增长型生态圈。新闻网站以内生增长型生态圈为平台内核，通过多平台的互联共通构建新闻信息资源外生增长型生态圈来延伸内容资源的网络增值效应。新闻网站作为以新闻信息产品为核心资源的平台运营商，同时还是其他开放平台内容资源的提供商，在维持自身生态圈的同时还是其他平台生态圈的一个重要组成部分，你中有我，我中有你，共同组成一个既庞大又复杂的互联网平台及移动互联网平台生态系统。例如，新浪网除了娱乐新闻以外，其他的新闻信息产品都源自数量众多的纸媒与新闻网站，如果用户对某些新闻内容感兴趣，就可以直接通过链接进入到新闻网站来阅读更多更详细的专题报道。人人网客户端的新闻插件共有 20 多个应用，包括搜狐新闻客户端、网易新闻客户端、凤凰新闻、即刻新闻等门户网站与新闻网站客户端的下载链接，可见新闻网站可以借助网络社交平台提供新闻客户端来吸引用户。从新浪网与人人网可以看出，新闻网站与其他平台形成了一个共生状态的生态圈，各自的信息产品除了在自身平台发布外，还可以借助其他的开放平台来增加用户的进入通路，以期实现更大规模的网络效应。

（二）新闻网站平台话语权的建立与提升

在平台模式初建时期，平台使用者的数量较少致使其他用户持观望态度。即使很多平台企业拥有激发跨边网络效应的潜能，但当连接双边市场的用户均选择观望时，平台企业就面临着艰难的选择，如何吸引单边群体进入平台？这就需要平台企业建立多边市场模式，决定对哪个市场投注更多关注并倾斜资源支持其发展，判定多边市场中哪方使用者拥有更多的话语权。平台企业话语权的多寡取决于企业在协商、交涉过程中的影响力，在平台商业模式中涉及协商、交涉的关系远远比传统的直线型产业链要复杂得多。平台企业对应多边市场的话语权关系主要有两种：

1. 松散式协商交涉关系

松散式协商交涉关系主要集中在各边群体之间，平台企业并未牵涉其中，仅仅提供一个供多边群体交涉的场所，且负责建立起完善而中立的沟通机制、交易机制，在这个机制中各边群体自由互动，平台企业主要承担"搭台"的任务。无论买卖双方最终的成交价格能否反映出双方的权势差距和协商能力，平台企业自身的利益都不会受到各方群体的影响，并展现其中立性的优势。阿里巴巴就是松散式协商交涉关系。阿里巴巴给买方与卖方提供一个交易平台，并建立完善的沟通机制、交易机制和安全保障机制，众多买方、卖方通过阿里巴巴的交易平台影响着彼此的价格接受意愿与购买频率，阿里巴巴则从买卖双方的交易过程中收取佣金、会员费和广告费等，来构建其成熟的平台商业模式。

2. 核心式协商交涉关系

核心式协商交涉关系是平台企业与其所服务的各边群体所进行的博弈，是平台企业为了获得必要的利益分成，彰显自身的核心话语权，每时每刻都在与平台各边的相关利益人进行交涉，以自身平台为核心，捆绑众多相关利益人的一种协商交涉关系。平台企业需要与整个平台产业链中的各边群体进行协商，谈判各方利益人的合理利润分成准则、促销责任归属、产业链协作、在线支付等。团购网站与在线旅游网站都是这种核心式协商交涉关系。

新闻网站的平台战略转型必须提升自身的平台话语权，而平台话语权取决于新闻网站是否能够使一方群体吸引到一定规模的另一方群体，扩大平台使用群体的规模；是否能够为特定用户提供盈利机会，以鼓励用户积极参与该平台，并在使用过程中提升用户的使用频度以及培养用户的使用习惯。但是新闻网站长期的低效率运营并没有培养网络用户的使用习惯，用户的使用频度也偏低。2014 年 2 月的 Alexa 排名显示，新华网排名第45 位、人民网排名第 75 位、光明网排名第 142 位，都远远落后于腾讯、新浪新闻、网易与搜狐等商业门户，新闻网站与它们相比，平台话语权也明显较低。

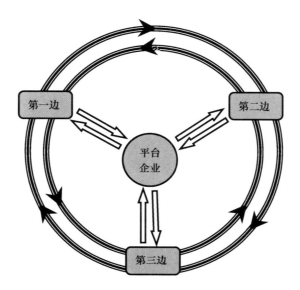

图5-3　平台模式的话语权关系

表5-2		2014年2月Alexa网站排名①	
网站	Alexa排名	网站	Alexa排名
百度新闻搜索	5	新华网	45
腾讯新闻	7	凤凰资讯	54
新浪新闻	8	人民网	75
新浪微博	17	光明网	142
网易新闻	20	中华网	152
搜狐新闻	25	环球网	287

中国互联网络信息中心"关于网络新闻阅读习惯的调查"②的统计数据显示，通过电脑上网的网民获取网络新闻的方式仍然以门户网站和新闻网站为主，门户网站的占比为64.35%，新闻网站的占比为48.48%，借助搜索工具查找新闻的用户群体占比为23.13%。然而，2012年6月新闻网站总访问次数比例的统计数据显示：网络用户对门户网站新闻频道的依

---

①　Alexa，新闻媒体网站排行榜（http：//top. chinaz. com/hangye/index_ news_ alexa. html），2014年2月。

②　中国互联网络信息中心，中国互联网调查社区"关于网络新闻阅读习惯的调查"，ht-tp：//h. cnnicresearch. cn/sv/result/sid/47319。

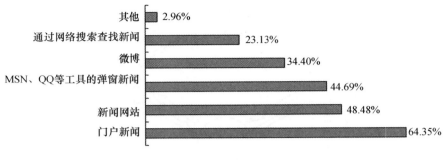

图 5 - 4 网民阅读网络新闻的习惯

赖性普遍高于新闻网站。QQ 新闻占比 21.87%、搜狐新闻占比 18.47%、新浪新闻占比 15.88%、网易新闻占比 14.32%，这四家商业新闻网站的总访问次数的比例明显高于新华网（14.82%）、环球网（12.62%）、人民网（11.80%）和中国新闻网（5.86%）。① 新闻网站的内容及传播模式受传统媒体的影响较大，在内容上能够表现其专业性，但是缺少互联网思维方式让新闻网站的用户体验较差导致总访问量低于门户网站。门户网站则通过提供较为宽松的综合性新闻资讯传播氛围，一站式的综合新闻信息让网络用户节约大量时间成本，获得较好的用户体验，从而让网站获得较多的访问量。市场研究机构 Experian 公司发布的最新统计结果显示，美国互联网用户 27% 的上网时间花在论坛和社交网站上，也就是说，美国人如果每天上网 1 小时，就有 16 分钟停留在社交网站上。游览娱乐网站约为 9 分钟，网购时间约为 5 分钟，收发邮件和浏览新闻网站各为 3 分钟左右。显然，美国用户在新闻网站的停留时间远远低于在社交网站的停留时间。

新闻网站平台话语权的建立是需要慢慢累积的。新闻网站率先评估其所连接的多边市场的相对权限显得至关重要，当用户市场达到足够规模时，不仅提升了用户群体与平台交涉的话语权，同时也提升了新闻网站本身的话语权。新闻网站拥有了庞大的规模筹码去与"另一边"的群体进行交涉，平台企业需要具备三方博弈的视角。新闻网站通过不断地刺激和激励各边市场，提升与强化各自的话语权，在不断打破并建立新的平衡的

① 中国互联网数据平台，"关于网络新闻阅读习惯的调查"，http：//www.cnnic.cn/hlwfzyj/hlwxzbg/mtbg/201701/t20170111_66401.htm。

交错过程中来提升整个平台规模的总量。总而言之，新闻网站就是话语权的掌控者，通过不断刺激并掌控双边市场的互动，在提升双方势力的同时也提高了平台自身的价值。因此，新闻网站应该给网络用户提供更多免费的、有价值的新闻信息产品，激发网络外部正效应，使用户规模的发展形成正向循环，甚至通过补贴策略来促进用户规模的增长，并将其转化为平台的话语权，来促进另一边市场随之产生规模效应，再反哺用户市场的进一步发展，进入正向的急速循环。

（三）构建新闻网站的平台生态圈

生态圈是指在一定的时空中共同居住着的生物群体与居住环境间不断地进行物质循环、能量流动和信息传递过程而形成的彼此相互依存的统一整体。平台生态圈是依托核心平台的精密规范和机制系统，构建双边及多边群体之间信息互动、利益共享和相互依存的盈利模式的生态系统。平台生态圈可以分为核心圈、内部环境圈、外部环境圈三个组成部分。核心圈指的是平台生态圈内拥有平台话语权的平台企业；内部环境圈指的是与生态圈内的平台企业发生直接作用的利益主体，比如多边市场中的用户、企业等；外部环境圈指的是宏观环境，包括政治环境、法律环境、经济环境、文化环境、自然环境、技术环境等。

平台生态圈在网络经济发展中具有强大的资源聚集、规模及范围经济与知识溢出等功能。

首先，平台企业具有资源聚集与整合的功能。平台企业依托单边市场的规模优势，聚集与整合众多相关利益人，使生态圈内的收益高于圈外，把行业内的资本、技术等生产资源转移并聚集到生态圈内，从而形成以优势平台企业为核心、众多相关利益人相依附、共生存的生态系统。平台企业通过不断激发网络效应来扩大自身的规模优势，促使更多的资源往生态圈倾斜，进而形成正向网络效应。这种网络效应包括同边网络效应和跨边网络效应。同边网络效应是指当单边市场群体的用户规模增长时，同边群体内的其他用户所得到的效用或收益；跨边网络效应指的是当一边用户规模增长时将会影响到另外一边群体使用该平台所得到的效用与收益。当平台企业能够聚集相当规模的用户时，就有可能同时激发同边网络效应和跨边网络效应，这将极大加强用户的使用意愿与满足感，增强用户对该平台的用户体验，激发网络效应的正向循环。

其次，平台生态圈具体降低搜寻成本和交易成本的功能。平台企业往往具有众多相关利益人不具备的资源优势，比如，信息资源、用户资源、技术资源等，这些资源在生态圈中相对集中，节约了生态圈中其他相关利益人搜寻的时间和相关成本，大大提高了平台的经营效率。在平台生态圈内，相关利益人彼此间的互动合作频率较高。

最后，平台生态圈具备知识溢出功能。

综上所述，新闻网站通过平台生态演化，积极参与平台竞争与平台定价，提升平台的话语权，构建多方共赢的平台生态系统，以"平台＋内容＋终端＋应用"的生态模式实现新商业模式的重构。

第 六 章
基于平台大数据推动新闻
网站平台化扩张

第一节　基于平台大数据重构新闻网站的商业模式

基于平台大数据的信息流和数据流，新闻网站沿着平台组织内在的逻辑脉络可以划分为参与层、规则层和数据层，三个层级共同构成了平台组织结构，各层级及组成层级的模块在大数据与信息化的背景下相互影响和彼此互动，新闻网站的目标、信息技术特征和数据价值的具体固化和动态演化确定着新闻网站的边界。大数据是社会经济解构之后的表达方式，而平台是社会经济重构后的表现形式。[①] 平台技术层影响着多边市场中相关利益人进入新闻网站参与交易的非结构性的、无间断涌现的、潜伏着孕育平台规则的海量数据。平台就是基于社会经济环境高度网络化，在发展上体现为规则化信息与多方利益纠结博弈而形成的经济生态系统的演进过程。

参与层是平台的多边参与方、利益相关者，包括普通消费者、法人、社会团体与政府机构等。参与层派生的原始信息与数据是平台组织自然状态下诞生的内生动力来源，也是平台组织服务的主要对象。这些原始信息基于平台组织的生产、分配、交换和消费等活动的行为轨迹，沿着信息流渠道进入到规则层。

规则层是不同数据结构下的各种不同类型规则组成的平台规则系统。规则是平台运营的一种符号体系、关系映射和制度设计，依据不同的规则设计不同的信息规则，进而对应不同的数据结构并对数据进行配对、调整和衍生。平台组织规则的基准是基础规则，取决于参与方的需求与供给的搭配、平台数据的匹配和普通交易时空顺序的整合。在基本规则的基础上

---

① 　徐晋：《大数据平台：组织架构与商业模式》，上海交通大学出版社 2014 年版，第 1 页。

研究平台组织运营规律、竞争规则与机制的是动态规则。如果从长期发展的视角讨论组织形态的嬗变则属于衍生规则，譬如平台的寄生与共生，母平台与子平台的形成、分裂与生命周期等。规则是大数据和大平台之间的纽带，规则的变化既彰显着大平台的显化形式，又连接着核心的大数据并主导着大数据。

　　数据层是对数据解构后使大数据呈现出骨干数据、边缘数据、清洁数据和肮脏数据的本质形态。[①] 数据层对社会价值的描述和对事物自然属性的描述信息既包括事物的本身和过程，又包括静态的和动态的状态。对事物信息的数字化解构成为了大数据，并最终形成蕴含商业价值与社会价值的大数据。大数据表现出四大特征：海量的数据规模、快速的数据流动和动态的数据体系、多样的数据类型、巨大的数据价值。

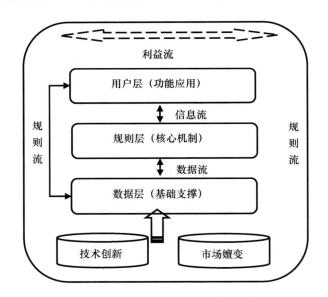

图 6 - 1　大数据平台组织层级构成要素图

　　新闻网站在大数据的生产与价值的生产之间建立了沟通参与方的平台规则，并为参与方提供平台产品与服务。新闻网站的双边或多边市场的参与方会基于个体和群体的共同利益而互动，并在平台进行交易。新闻网站

　　① 徐晋：《大数据平台：组织架构与商业模式》，上海交通大学出版社 2014 年版，第18 页。

在双边或多边市场参与方的平台召集力，促使产品和服务聚集的产能性、人力资本汇集的知识性、规则体系的动态演化性共同奠定了新闻网站的优越性和盈利性。新闻网站平台的多属行为和间接网络外部性，可以加速整个平台生态圈各个节点、各个方面信息的及时汇总，完整准确地传递到双边或多边市场的参与方中，解决市场的信息不对称，降低交易成本。新闻网站的知识性和知识的外溢性促使平台交易更标准，规则更人性、创新、贴近生活。这些特质反馈于新闻网站，新闻网站不断增强的召集能力和凝聚能力将会扩大新闻网站的平台容量。平台容量的扩大又意味着召集配置资源的能力不断强大，聚敛社会利润的能力也增强，平台参与方的收益提高，平台的商业价值也就凸显出来了。基于平台产品和服务的供需与交易，双边市场或多边市场的参与者合作、竞争和垄断信息数据挖掘，解构为平台大数据，在价值导向下进行数据挖掘和利用。每一个平台的参与要素和平台组织生成要素间的相互作用、反馈，促使平台组织重新配置资源，创造再盈利点。

在大数据经济时代，商业模式已经超越技术层面，从信息管理领域扩展到了企业管理领域，开始关注企业的整体运营、价值创造与获取的互动机制，增加了战略层面的内容。商业模式是连接企业战略和战略实施的纽带，战略实施是企业战略被转换为价值创造、产品营销和资源配置的运行方式，商业模式是保证企业战略能够成功实施的先决条件。

一 商业模式与平台商业模式

1. 商业模式的概念与内涵

20 世纪 70 年代中期，Konezal 和 Dottore 首先使用了"商业模式"这一术语，80 年代"商业模式"出现在了反映 IT 行业动态的文献中，90 年代互联网成为企业电子商务平台，使得新兴的网络公司用"商业模式"来赋予未经验证的想法以合理性。"商业模式"成为创新型互联网企业展示未来企业赢利模式和可持续发展能力的一种工具，其内涵已经发生变化，超越技术层面，从信息管理领域扩展到了企业管理领域，开始关注企业的整体运营、价值创造与获取的互动机制，更注重企业的发展战略。

琼·玛格丽特（Joan Magretta）（2002）认为商业模式是一个企业如何通过创造价值，为自己的用户和维持企业正常运转的所有参与者服务的一系列设想。加里·P. 施奈德（Gary P. Schneider）（2014）认为商业模式是指为了实现企业的主要目标，尤其是盈利而建立的业务流程的集合。① 企业尤其应该审视自己的业务特点，识别和寻找能被互联网技术增强、简化、改进和替代的业务流程。通过识别客户、面向这些客户进行市场推广，实现销售、获取收益的业务流程的集合则是其收入模式。关注企业的收入模式可以帮助企业识别出创造收益的业务活动，进而更好地进行营销沟通和分析。

埃弗雷姆·特班（2014）认为商业模式是指开展商务活动的方法，企业就此获得收益，维持生存和发展。② 企业要明白自己在价值链中处于什么地位、通过什么方式为产品或服务提升价值。

商业模式代表的是一种"更好的价值创造方法"，源自对用户需求敏锐的洞察，并最终获得长期、可持续发展的收益。商业模式影响着价值创造。首先，商业模式决定着企业的价值创造。商业模式决定了企业业务流程和信息系统的设计，也影响着平台企业结构资本的管理，并最终决定企业是否能够实现预期的价值。其次，商业模式决定了成本和收益的结构。商业模式是技术创新与价值创造之间的转换机制，即成本投入与获取收益之间的根本。最后，商业模式为了创造价值而设计的交易活动规则也影响着平台企业的关系资本管理，决定了企业能否通过平台生态圈的协作创造和获取价值。

一个成熟的商业模式包含以下一些要素：

（1）价值诉求。它是指运用某种商业模式（有形的或是无形的）所能创造的收益分析与客户能够为企业创造的价值。电子商务企业创造的价值主要表现在四个方面：检索和交易的成本效益、补充效益、锁定效益和创新效益；

（2）目标市场。企业能够提供的产品和服务；

（3）生产流程。按此来生产、递送产品和服务，包括配送策略和营销策略；

（4）优势资源。明确企业经营管理所需的资源，哪些是现成的，哪

---

① ［美］加里·P.施奈德：《电子商务》（第10版），张俊梅、徐礼德译，机械工业出版社2014年版，第10—11页。

② ［美］埃弗雷姆·特班、戴维·金、李在奎、梁定澎、德博拉·特班：《电子商务：管理与社交网络视角》（第7版），时其亮、陈育君、占丽等译，机械工业出版社2014年版，第23页。

些需要在企业内开发、生产，哪些需要从外部市场获取；

（5）供应链。供应商和商务伙伴；

（6）竞争对手。企业及竞争对手各自的市场份额及彼此的优、劣势；

（7）商业模式带来的竞争优势；

（8）收益模式。企业预期的经营收入、预期的成本、融资渠道与盈利能力。收益模式是价值诉求的一部分，也是对价值诉求的补充。

2. 平台商业模式的概念与演化

作为市场具化形态和手段的平台将供应商和终端用户的需求聚合起来并匹配，可以提高双边市场或多边市场的交易频率，增加交易对象，扩大交易范围，而且降低了双边用户的搜寻成本和交易成本。平台成为联系供需市场的中介平台，通过控制交易的全过程实现最终盈利。

平台商业模式就是指在市场的具化过程中，平台基于现代信息技术，通过要素流、信息流和规则流推动平台各参与方完成交易的全过程，并实现平台自身的最终盈利。平台商业模式的关键在于制定游戏规则和利用现代信息技术实现对平台各利益相关者交易过程的控制。

平台商业模式是平台通过对利益主体、信息技术、运营结构和战略方向等具有内部关联性的变量进行定位和整合的概念性工具。一个成功的平台商业模式首先要解决的问题就是实现平台各利益相关者的利益诉求。对于各平台的参与方而言，借助平台交易平台产品或服务进而实现各自的价值主张，是平台商业模式能够产生和发展的基本条件。平台商业模式的本质是对交易信息对称与不对称的充分利用，交易产品或服务以满足平台各相关利益人的各种需求，而需求偏好则通过与交易有关的行为、信息因素体现出来。也就是说，相关利益人通过对平台信息搜集、匹配与交易来实现其最终的价值满足，这也恰恰体现了平台商业模式本质上对交易相关信息强有力的控制。

平台商业模式的核心内容是交易规则，或称之为游戏规则。平台会根据自身的发展战略和发展阶段制定不同的交易策略，但平台商业模式必须遵循符合市场属性的基本交易原则。一个成熟的平台商业模式，首先要有能够满足双边或多边需求的海量用户，这是平台能够持续发展的动力；其次，要有各利益相关者认可的平台游戏规则，这是维持平台公信力和正常运行的制度保证；最后，要有数据与信息的处理能力，这是建立平台数据信息流量正常运行的信息交流渠道。

根据平台演化理论，平台商业模式可以划分为要素流平台商业模式、信息流平台商业模式和规则流平台商业模式。任何一个平台商业模式的发展与演化都存在着要素流、信息流和规则流的变化与交换。

二　互联网企业的平台商业模式：市场发展的逻辑

互联网环境下的商业模式已经被很多平台企业采用，目前成功的平台企业大多集中在互联网行业，对互联网企业的平台商业模式进行分析与研究，可以总结出平台企业自身发展的平台商业模式。

保罗·蒂姆斯（Paul Timms）是欧洲较早研究互联网环境下的商业模式发展的学者，他主要研究以价值链分解和重构为基础来构造和识别商业模式。商业模式的构造和识别主要包括价值链分解、交互模式与价值链重构。交互模式就是根据双方的信息整合情况分为一对一、一对多、多对一和多对多的不同平台类型，把来自多个不同商业活动的参与者的信息整合到一个平台上，将平台的双边用户互动扩展为多边用户互动。而价值链重构则是指整合与处理多个价值链环节中的信息，并形成新的价值链环节或者要素。保罗·蒂姆斯基于价值链分解和重构的方法，把互联网环境下的商业模式分为 11 种。

表 6 - 1　　保罗·蒂姆斯基于价值链分解和重构的商业模式分类

商业模式	描述
线上商店	传统企业依托互联网建立虚拟商店销售产品或服务，随着网络技术和在线支付的发展，线上商店可以使卖方获得更多的用户，进而提升线上销售额，降低宣传成本和销售成本，甚至可以获取网络广告的收入。用户则可以获得更多的产品或服务信息，以多样的选择、较低的价格和便利的服务在线消费。
线上采购	政府部门和企业可以在线招投标与采购。采购方可以通过招标从众多供应商中选择性价比突出的产品或服务。供应商则可以获得更多的投标机会，进而降低提交投标的成本。
网络购物中心	网络购物中心就是大量在线商店的集合。其收入来自于广告、交易佣金和会员费。网络购物中心可以提供一个方便的流量入口，使用户可以便捷地访问该网站的在线商店，这往往比自建在线商店节省建站的软硬件成本，同时可以共享网络购物中心提供的附加产品或服务。

续表

商业模式	描述
电子拍卖	电子拍卖平台不但提供竞价拍卖，还提供订契约、付费和送货。其收入主要来自技术平台出售或出租费、交易费用和广告费。借助电子拍卖平台可以在全球范围内交易，节省交易时间并提高交易效率。
虚拟社区	虚拟社区提供给成员一个获取信息、发表意见和讨论问题的场所，社区价值的高低取决于成员发布信息质量的优劣。企业利用虚拟社区加强同顾客的沟通，提高顾客的忠诚度，进而提升商品销售。其收入来自成员的费用和广告。
协作平台	协作平台给企业间的合作提供了一个信息环境和工具。各个平台专注于某种特定的协作功能。其收入来自成员支付的平台管理费和销售专家工具的收益。
第三方交易场所	企业将互联网的营销部分外包给第三方完成，第三方提供访问公司产品目录的用户界面且承担订单、安全交易和物流运输的功能。其收入来自成员会费、服务费和交易费。
价值链集成	通过开发价值链多个环节之间的信息流，集成价值链环节间的增值服务。其收入来自顾问费用和交易费用。
价值链服务	专注于价值链的特定功能并致力于把其打造成独特的竞争优势，比如第三方支付或物流等。
信息中介	收集来自网络、商业操作、用户信息、投资建议等领域的数据并对这些数据加以筛选、分析与总结，从中得出有价值的信息和结论。信息中介以出售这些信息和研究结果来获利。
信用服务	信用服务由电子认证权威部门和其他被信任的第三方机构提供，保证交易可以顺利进行。信用服务提供商以收取认证费获利，信息服务可以帮助企业有效防止交易欺诈。

美国学者肯尼斯·劳顿（Kenneth C. Laudon）和卡罗·特拉弗（Carol Guercio Traver，2001）在《电子商务：商业、技术和社会》一书中基于交易双方划分了互联网商业模式，就平台企业中的交易平台和媒体平台企业进行了分析。[①]

就 B2C 商业模式而言，其主要包括：门户模式、网上销售、内容提

---

① Kenneth C. Laudon and Carol Guercio Traver, *E-commerce*：*Business*，*Technology and Society*. Second Edition，New York：Addison-Wesley，August 2003，pp. 67-87.

供商、交易经纪人、市场缔造者、服务提供商和社区建造者这七种商业模式。门户模式可以是水平或是垂直平台，依赖广告、订阅费和交易手续费获利；网上销售主要依赖销售收入，但可以采取不同模式（虚拟商人、鼠标＋水泥、目录销售、网络购物中心、制造商直接销售）；内容提供商和社区建造者可以依赖广告、订阅费和会员推荐佣金获利；交易经纪人和市场缔造者以交易手续费获利；服务提供商以销售收入获利。

就 B2B 商业模式而言，其主要包括市场/交换、B2B 服务供应商、网络分销、市场匹配者、信息中介等商业模式。其中市场/交换、市场匹配者依赖交易手续费获利；网络分销和传统型的 B2B 服务供应商依赖销售收入获利；应用型的 B2B 服务供应商以服务费用获利；信息中介依赖信息收入和推荐费用获利。

美国学者迈克尔·拉帕基于混合型分类法将互联网商业模式划分为九种基本形式：经纪模式、广告模式、信息中介模式、销售商模式、制造商模式、附属合作模式、社区模式、订阅模式和效用计量模式。[①]

美国学者彼得·魏尔和迈克尔·维塔尔将互联网商业模式划分为内容提供商、直销商品、"一站式"服务、中间人、共享基础运营、价值网络的整合者、虚拟社区和以点带面这八种"原子商业模式"。[②]

三　基于平台大数据重构新闻网站的商业模式

平台商业模式的创新是互联网时代企业获得核心竞争力的关键。平台商业模式是一种描述平台通过定位和整合具有内部关联性的变量——内外要素、经济逻辑、运营结构和战略方向等，从而实现用户价值，获取利润最大化的概念性工具。平台商业模式的关键要素就是价值主张和赢利模式。由于平台根本上是一个双边或多边市场，需要考虑利益相关者的多元价值和利益诉求，一个完整的平台商业模式就必须有明确的价值主张、利益相关的多边参与方和通畅稳定的平台组织。平台商业模式的核心在于平台如何实现利润最大化。

[①] Michael Rappa, "The Utility Business Model and the Future of Computing Services", *IBM Systems Journal*, Vol. 43, March 01, 2004, pp. 32 – 42.

[②] Peter Weil and Michael G. Vitale, *Place to Space*: *Migrating to E – Business Models*, Boston: Harvard Business School Press, 2001, p. 21.

基于大数据下的信息流和数据流，新闻网站根据平台组织内在的逻辑脉络可以划分为参与层、规则层和数据层，三个层级共同构成了平台组织结构。各层级及组成层级的模块在大数据与信息化的背景下相互影响和彼此互动，新闻网站的目标、信息技术特征和数据价值的具体固化和动态演化确定着新闻网站的边界。新闻网站在大数据的生产与价值的生产之间搭建沟通参与方的平台规则并为参与方提供平台产品与服务。新闻网站的双边或多边市场的参与方基于个体和群体的共同利益而互动，并在平台发生交易活动。新闻网站在双边或多边市场参与方的平台召集力，促使产品和服务聚集的产能性、人力资本汇集的知识性、规则体系的动态演化性共同奠定了新闻网站的优越性和盈利性。新闻网站平台的多属行为和间接网络外部性，可以加速整个平台生态圈各个节点、各个方面的信息及时汇总，完整准确地传递到双边或多边市场的参与方中，解决市场的信息不对称，降低交易成本。新闻网站的知识性和知识的外溢性促使平台交易更标准、规则更人性、创新和贴近生活。这些特质反馈于新闻网站，新闻网站不断增强的召集能力和凝聚能力将会扩大新闻网站的平台容量。平台容量的扩大又意味着召集配置资源能力的不断强大，聚敛社会利润的能力也增强，平台参与方的收益提高，平台的商业价值也就凸显出来。基于平台产品和服务的供需与交易，双边市场或多边市场的参与者合作、竞争和垄断信息数据挖掘，解构为平台大数据，在价值导向下进行数据挖掘和利用。每一个平台的参与要素和平台组织生成要素间的相互作用、反馈，促使平台组织重新配置资源，创造再盈利点。

（一）要素流平台商业模式：O2O 生活服务类电子商务平台

要素流平台就是提供基本生产要素满足用户生产要素需要的平台。要素流平台商业模式分为商品流模式、资金流模式和权益流模式。要素流平台商业模式是平台商业模式的起点，是基于生产要素的交易模式。新闻网站的要素流平台商业模式以商品流模式为主。商品流模式就是指平台通过召集众多物质、商品的提供方与需求方集中在电子商务平台满足双边用户间交易，从中收取合理佣金或费用以实现自身利益最大化的商业模式。这是一种普遍存在的平台商业模式，更是要素流平台商业模式中最初级、最传统的平台形态。随着要素流平台虚拟程度的提高，物流平台作为要素流平台商品流通的主要实现途径与载体，成为要素流平台不可或缺的重要组成部分。

电子商务平台的核心价值就是提供商品使用价值，使用户效用最大化，平衡供货商、客户与售后服务商等众多平台参与方的多元利益，获得利润最大化，保证平台组织能够通畅运营。具体而言，电子商务平台的价值主张就是提供多种多样、物美价廉的商品，通过商品使用价值，满足用户需求，也就是衣食住行等方面的需求。新闻网站需要召集尽类型多样的商家入驻电子商务平台为用户提供一站式购物体验，通过差异化价格战略和安全高效、方便快捷的购物服务来满足用户差异化的需求。

新闻网站搭建生活服务类电子商务平台，尤其是为区域市场和城际市场的高端用户和特色用户提供精品化和个性化的产品和服务。这种虚拟商品流购物平台主要有 B2C、B2B 与 C2C 三种模式，既可以采取门店目录式销售，让用户到店查询目录后直接付款，也可以采取在网站下单、门店自提，或者送货上门等方式。生活服务类电子商务平台的收益主要来自商家的会员费、店铺费、自营商品销售差价和平台广告费等。

另外，新闻网站通过整合母媒体的发行渠道，构建要素流平台的派生平台——物流平台，从媒体单一的发行渠道转变为向第三方企业开放的城际或区域物流平台，既可以为生活服务类电子商务平台提供服务，也可以向市场开放获得其他客源，其收入来源主要是买家与卖家支付的物流费用。

目前，新闻网站的电子商务平台主要集中在衣食住行、教育、医疗、养老等领域，向自下而上的消费驱动转移，主要针对本地化社区、同城或者区域市场开拓新业务。

浙江在线基于本地化文化及社区化服务提供了同城电子商务、在线医疗网站、生活资讯服务和签证网等电子商务平台。"钱报有礼"以"小电商，美生活"的定位上线，推出爱购生活、健康直购、家电直购、悠游浙江、吃货福利、母亲生活、江南酒坊和全球购八个垂直专业场馆，形成八个分馆、微商城、线下体验店、呼叫中心和移动客户端的业务结构，还开发了手机移动配送实时系统，积累了一定数量的用户，目前电子商务营收增长迅速。浙江在线以社区服务为中心，提供多方位养老配套服务，与浙江民政厅合作建设浙江省养老数据库，并希望在 2015 年达成 5000 万活跃用户的数据目标，在建立浙江省养老数据库的基础上，从事老年服务产品的集中采购、养老网站的建设运营、呼叫中心服务以及和老年产业相关的教育培训等业务。

四川新闻网麻辣社区推出麻辣 e 购电商平台，为消费者发现最值得信赖的商家，让消费者享受超低折扣的优质服务，为商家找到最合适的消费者，给商家提供最大收益的互联网推广。麻辣 e 购目前已经覆盖 21 个城市，形成了以四川土特产和旅游产品为主的电子商务平台。

大众网上线"在山东"综合性电子商务平台，将媒体平台与商业运作模式结合起来，探索以推介山东本地的名特优产品、山东老字号为主的主流媒体电子商务产业发展之路。同时，还面向大中型企业、知名品牌提供先进的电子商务整体解决方案。"在山东"通过优选山东优质产品资源，坚持直销以减少中间流通环节，搭建企业与消费者的购物直通车。

东方网先后和汇银集团、天津王朝共同创办了东方藏品网和爱酒网。东方藏品网以"权威公信展示、规范交易流通"为基本职责，通过社会征集、多元展示、交易流通、金融服务四个基本环节的服务，为民间藏品提供交流展示平台，为藏品爱好者提供线上互动与线下沙龙及讨论会等活动的社交平台，为藏品爱好者提供基于 C2C 和 B2C 的拍卖和线下艺廊等交易流通平台，为藏品持有人、藏品投资者提供收藏品质押融资、众筹理财、收藏品基金等形式的理财投资平台。爱酒网则依托王朝在葡萄酒方面的品牌与专业优势，结合东方网在媒体系统的资源优势，专业从事葡萄酒的电子商务业务。卡通中国网是东方网旗下的一站式预付卡网上购物平台，整合了 B2C 电子商务 CPS 合作与预付卡企业的多卡支付接入，通过满足持卡用户旺盛的网络消费需求，实现电子商务企业分享预付卡市场、增加营收，预付卡企业扩展消费渠道、增加发卡量。东方网通过整合众多的优质电子商务服务商，以综合电子商务运营为载体，集一站式注册、搜索、导航、导购等服务于一体，打造涵盖网络购物、大宗货物贸易和跨境贸易等各类电子商务模式的上海超级电子商务平台。

这些新闻网站基于社区、同城或区域市场开展电子商务业务，结合当地特色产品的优势资源，既能推介区域市场的企业、品牌和产品走向全国市场，也能改变传统媒体及新闻网站的固有思维模式，从而进入更加广阔的互联网新业务领域。包括人民网和新华网在内的众多地方重点新闻网站通过收购和合作共建的方式，都拓展了在线互联网彩票销售业务。

（二）信息流平台商业模式：综合信息服务平台

信息流平台商业模式重点关注平台信息在参与方和平台组织层级之间扩展的把握和利用上，通过对信息流实用价值的商业化开发利用来实现盈利。对海量信息的挖掘、分析和有效控制是信息流平台商业模式成功的关键。通过互联网技术，在双边及多边市场的众多利益相关方之间实现供给需求信息的高效流通，降低交易各个环节的交易成本，并最终促进平台交易的顺利完成。平台运营商是平台信息服务的控制者和集成方，通过大量的信息交易来实现自身平台的盈利，这是大数据平台大战的必然结果，也是信息成为市场交易关键影响因素后的重要产物，平台运营商有效掌控规模化的海量信息，尤其海量的用户信息还可以帮助平台运营商找寻到更多的基于用户数据开发与利用的商业模式。

信息流平台商业模式通过对市场交易信息的有效掌控来获取商业利润，但是信息流平台商业模式却是建立在要素流平台所拥有的双边或多边用户吸附能力以及市场的控制力量的基础上的，通过提高信息传递的充分程度来克服供求双方信息不对称的问题，或者人为设置进入门槛充分掌控信息资源的有效传递，召集多边用户，建立与增进用户间的信任、沟通与反馈机制，凭借匹配用户供求信息来促进交易以获得利润。信息流平台成为了信息聚散整合的数字化枢纽，谁掌控了信息，谁就拥有了商业权力和利润来源。线上婚恋交友平台就是通过掌握大量男女求偶信息而对平台上的求偶者具有强大的吸引力，平台运营商对求偶意愿强烈的一方收取增值信息服务费，通过对大量求偶者进行信息权限控制和有偿信息提供，就能够实现规模化盈利。而在线旅游平台则是通过聚合海量酒店、航空公司和旅游景点等组织给用户提供质优价廉的旅游产品与服务的信息来吸引用户的关注与使用，进而聚合规模化的用户群体，反过来又借助规模用户影响与制约提供服务的一方。通过建立双边市场的良好互动，在线旅游平台既可以向企业收取佣金，又可以向提供增值服务的用户一方收取订阅费、会员费或顾问费，也可以直接在平台获得广告收入。

互联网时代的经济是以信息和知识为驱动的信息经济，互联网平台是一切都从用户需求、用户体验、用户方便出发，打造让用户"尖叫"的神奇产品和服务，从产品设计、推广到销售配送以及售后服务的整个生态圈都完美体验的信息流平台。新闻网站需要基于用户的需求来打造满足用户完美体验的信息流平台。

首先，新闻网站要形成以"用户体验为中心"的互联网思维观念。新闻网站需要打破新闻产品固有的限制与桎梏，扩展新闻网站产品/服务的内涵与外延，为用户提供种类多样化、个性化和特色化的创新型信息服务，打造一个拥有双边及多边用户群体的综合信息服务平台，实现从"新闻产品/服务"观念向"信息产品/服务"观念的转变。人民网不但提供新闻产品/服务，还通过收购或共建的方式参与到线上彩票、网络游戏、网络小说等新业务领域来拓展信息服务平台的容量。

其次，新闻网站要从信息产品/服务的提供商向平台运营商转变。通过为双边及多边用户提供综合信息服务，新闻网站能够吸附更多用户基于该平台展开交易活动，打造一个集聚多边参与群体的用户聚合平台。通过信息产品/服务吸附规模化用户，不断提升新闻网站的平台体量与容量，新闻网站的平台价值和商业价值才能真正意义上得到体现。

最后，新闻网站基于用户数据库和信息数据库打造一个信息增值服务平台。浙江在线通过收购参股方式收购游戏平台边锋浩方以扩展在线棋牌、电子竞技平台、桌面游戏和边锋盒子等业务，采取"硬件 + 游戏 + 平台"的经营模式来打造数字娱乐平台，未来还将把更多的娱乐资源导入该数字娱乐平台。这种"新闻 + 服务"的新商业模式以用户为中心重构传播逻辑和用户开发的产业逻辑，通过发展用户、集聚用户和开发用户，从而有效拓展和延长传媒的价值链和产业链。

新闻网站通过构建综合信息服务平台，以信息服务换取和吸附双边及多边用户来提升平台的容量与体量。平台规模用户将促使新闻网站重构以"原生广告 + 原生营销"为核心的商业模式。

原生广告（Native Advertising）是 Sharethrough 的 CEO Dan Greenberg 发起和倡导的，他认为原生广告是一种将广告作为内容的一部分植入到实际页面设计中的广告形式。Solve Media 的定义是："原生广告是指一种通过在信息流里发布具有相关性的内容产生价值，提升用户体验的特定商业模式。"凤凰网认为，原生广告就是帮助企业建立以用户为中心，基于媒体形态而构筑品牌内容的营销体系。

菲利普·科特勒（Philip Kotler）在《营销3.0》一书中指出，营销3.0时代将更加注重人文层面、情感层面的需求满足。新闻网站以人为中心，基于媒体的品牌内容的营销理念，为用户提供有用、有趣、有共鸣的信息价值，在告知品牌的同时还影响着用户的决策，进而提升企业的美誉度和用户忠诚度。有用的信息解决人最基本的需求，有趣的信息通过内容表现解决人的感官需求，能使人产生共鸣的信息通过对人性的洞察解决人的精神需求。原生广告是一种通过融入受众所处的媒体环境、基于大数据

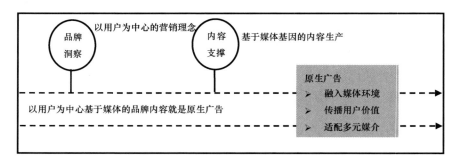

图 6 – 2 以人为中心基于媒体的品牌内容的原生广告

平台精准推送的、对用户有价值的信息内容，在保障用户体验的同时实现快速全媒体适配的全新营销理念。

原生广告主要表现为以下三个特征：

第一，广告内容化以融入媒体环境。原生广告的内容承载方是媒体，其本身就在内容生产和传播造势方面具有先天的优势。原生广告通过与媒体属性相结合，以新闻化、娱乐化、人文化、事件化、全媒体化的内容导向来实施原生营销。其内容源自媒体对社会热点及用户关注点的洞察，媒体整合国家方针政策、各方利益集团、发展资源和共鸣谈资等方面的信息内容，使广告融入媒体的视觉与语境，给内容涂上娱乐与人文的色彩，以媒体惯用的说话方式和用户消费媒体的方式跟消费者沟通并让其接受原生广告，在不干扰用户正常使用媒体的前提下，满足用户获得高价值的媒体内容的需求，同时也实现向广告主目标的消费者进行高质量营销信息的潜移默化的传播。原生广告将不再以广告的尺寸和展示空间来传递广告信息，而是以创意和内容的相关性来影响受众。

原生广告的主要手法是"找概念、请名人、讲故事与做传播"，在明确概念的前提下，依赖媒体的借势与造势能力来讲述与主题相关的故事，借助名人效用进行广泛传播。只有概念明晰才能在满足广告主传播诉求的基础上与用户产生思想上的共鸣，实现原生营销的效果。

第二，用户数据化以实施精准营销。利用媒体拥有的大量数据基础和用户关系，原生广告通过后台数据挖掘、前台的创意和内容相关性为用户提供精准、互动、有趣和有共鸣价值的信息，激发目标用户积极参与自主选择，以提升广告的主营销效果，促进媒体营销价值的升级并增强媒体的变现能力。大数据挖掘与分析企业的精准营销将提升营销体系的整体效益，媒体从流量变现模式转向了内容变现模式。FaceBook 通过挖掘用户分享和点击的文章、使用的应用、关注的页面和喜好兴趣来判断用户身份，从而帮助广告主完成精准投放。同时，Facebook 为用户提供了信息流广告的附加选择，用户可以自主选择阅读还是屏蔽某广告主发出的广告信息，以避免给用户带来干扰而影响用户体验。

第三，全媒体适配以提升用户体验。媒体覆盖终端的多平台、多系统与碎片化特征将会影响用户体验，降低营销效率，增加营销成本。即使同一媒体在不同平台上也会让用户感受到分散、凌乱的广告体验。原生广告要快速适应各种传播媒介和复杂的媒介环境，通过跨终端、多系统覆盖，生产图片和视频形态的原生广告，扩大受众接触信息的触点，解决碎片化问题，实现广告主的营销效果、媒体商业化和用户使用体验的多方共赢。

新闻网站未来将基于信息流平台，通过规模化定制来实现和拓展原生广告的平台化与规模化。原生广告的平台化可以实现规模效应和网络效应，增加新闻网站的平台商业价值。实现原生广告的平台化则需要原生广告内容化以融入媒体环境、用户数据化以实施精准投放、全媒体适配以提升用户体验。在移动互联网时代，新闻网站的媒体性与去中心化将会加速差异化整合营销的进程，新闻网站可以针对垂直领域的子频道建立原生广告平台以实现差异化整合营销，将过去的硬性广告原生化，根据不同的媒体或用户产品平台规模化定制与平台特性契合的广告创意。

（三）规则流平台商业模式：公信力平台

平台作为市场的一种具化，同时又是一种组织形态，必须包括与市场相关的交易规则和与组织相关的组织规则。规则流平台商业模式就是以平台商业流和信息流规则模式为基础的，可以在现有的交易规则下重点关注某些产品/服务的供给与需求，也可以制定全新的交易规则而不涉及某种具体的产品/服务，体现出了平台创造和实现价值的本质特征。平台企业的最高形态就是通过制定规则形成对权力的垄断，以实现对平台双边及多边用户的有效控制，进而垄断定价权利和定价规则，利用双向的间接网络效应实现利润的最大化。

能够体现平台垄断能力和控制能力的规则都与平台的定价规则和管制规则等平台的"私权"有关，而规则流平台商业模式发展的高级阶段却是平台的"公权"的形成。搭建各个利益相关者之间的利益输送规则是一种规则流平台商业模式，而对既有的平台规则的破坏和侵害也是规则流平台商业模式的一种表现形式。

从一般权力的形成过程分析，规则流平台商业模式可以分为自上而下的公信力模式和自下而上的自组织评价模式。从参与方介入和实现交易两个维度来看，规则流平台商业模式可以划分为强制性规则流模式、自愿性规则流模式、寄生规则流模式和交易规则流模式。

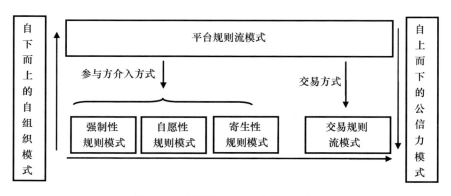

图6-3 规则流平台商业模式解构

基于规则流平台商业模式的新闻网站的终极价值主张既不是物质产品也不是信息服务，而是一种市场规则或市场权力。新闻网站通过巨大的社会效益和商业利益汇聚了各种社会力量，各种社会力量之间的利益博弈又派生出了新的规则，最终平台的持续发展和运营衍生出公权力，即公信力平台。该平台能够影响平台参与方的行为决策与判断，使得平台的参与方按照平台运营商的"意志"进行交易，而平台运营商则通过控制参与方的交易实现平台的盈利。

在互联网行业，中小型互联网企业要不断创新并遵守规则，大型互联网企业在创新之外更要创造与升级规则。新闻网站自身的内在品质和外在形象在社会公众心目中所占据的位置是衡量其自身权威性、信誉度和社会影响力的标尺，也是新闻网站被社会公众所信赖的内在力量。新闻网站以其主体业务为核心，形成能够赢得受众、占领市场、获得最佳社会效益和经济效益并在众多竞争对手中保持独特优势的资源和能力。通过衡量、评判新闻网站的舆论影响力和网络舆论引导的能力来构建公信力平台，新闻网站将真正实现规则流平台商业模式的价值。

第二节　新闻网站的平台逆向整合与扩张

对于新闻网站而言，母媒体在信息流、物流和资金流领域的优势早已被互联网平台企业所超越，除了信息流略显优势之外，在物流和资金流领域并不能得到母公司太多的支持，甚至掣肘反而更多一些。以百度、腾讯和阿里巴巴为首的互联网平台企业拥有数以亿计的用户资源，在搜索引擎、社交媒体和电子商务领域拥有无可替代的垄断地位，大量蚕食了传统媒体的广告收入和绝大部分的网络广告收入，正在逐渐演变为世界知名的新媒体公司。2015 年，腾讯广告客户基础的扩大及平台流量的增加，尤其是移动平台的网络广告收入成为了拉动腾讯营收的重要动力，全年总收入为 1028.63 亿元，而同期阿里巴巴紧随其后，营收已达 943 亿元。从全年营收来看，阿里巴巴和百度的网络广告收入已经把传统媒体远远地甩在身后，同时，阿里巴巴利用资本优势，开始投资和控制传统媒体来打造一个强大的媒体帝国。从 2013 年入股新浪微博开始，阿里巴巴已投资了科技媒体虎嗅、36 氪，财经媒体第一财经、《南华早报》、博雅天下、《商业评论》和财新传媒等。2015 年 11 月阿里巴巴与优酷土豆达成最终收购协议。

新闻网站通过构建平台，逆向整合传统纸媒的资源来应对互联网平台企业对其优势业务的侵袭，以互联网思维和平台经济思维实现真正意义上的平台转型和蜕变。

一　新闻网站的平台逆向整合——以澎湃新闻为例

纸媒已死还是纸媒永生？

其实我们正在探索的"报纸消亡论"更多是以体制、内容为出发点进行研究的，希望能够延续报纸的生命并帮助报纸找到新的生存形态。

那么，报纸存在的价值是什么？这也许能帮助我们找到问题的答案。无论是报纸、电视抑或是网络媒体，都只是人们获取信息、满足需求的载体而已，只不过现在越来越多的用户习惯通过网络或者移动终端来进行新闻消费。不是没有人看报纸，而是人们选择了更加方便快捷的网络载体来阅读新闻，再加上报纸传统的盈利模式被新兴的互联网公司所取代，报纸一夜之间好像都进入了寒冬，欧美大量的纸媒停刊，或者被变卖。根据实力传播发布的《2015 全球三十强媒体主》报告，按照各媒体主的广告收入进行排名，名列第一的不是传统媒体，Google，Facebook 位居第 10 名，百度、雅虎及微软分别位居第 14、18、21 名，这五家非新闻媒体的纯互联网企业的广告收入达 710 亿美元，占全球数字广告收入的 68%。由此可见，数字广告市场主要集中在这五家互联网平台上，且未来市场的集中度还会越来越高。在进入数字时代之前，新闻媒体几乎完全控制着新闻产品和服务的所有流程。而这五家互联网企业只是将新闻业务整合进产品中，并非是为了追求媒体业务的利润。但是，新技术平台已经逐渐取代了新闻媒体的选择和目标，成为传统新闻业的颠覆者。这种发展趋势对于传统媒体的冲击是非常大的。2015 年美国报业纸质广告和数字广告的总收入下滑 8%，数字订阅收益与数字流量的增加至今未能转换成新的盈利模式，甚至数字化转型较早的《纽约时报》也并没有在真正意义上转型成功。

从用户和技术两个维度并不能证明报媒真的被淘汰，应该说传统用户正在不断地从报纸和电视流向新兴媒体，年轻人更倾向于以社交媒体作为新闻入口，而这恰恰是报媒所不具备的。互联网平台企业依靠技术优势控制着用户接触新闻的入口，让传统媒体沦落为纯粹的内容提供商。皮尤中心 2016 年的报告显示：电视仍是主要的新闻来源，其次就是数字新闻，有 40% 的美国用户在线获取新闻。在 18—29 岁的人群中，有 54% 的年轻人更倾向于数字媒体新闻，70% 的年轻人表示他们仅仅通过手机来获取新闻，而在 50—64 岁的人中只有 15% 的用户喜爱数字新闻。这说明，移动端新闻消费总量呈上升趋势。

用户新闻消费调查显示，用户的阅读习惯表现出以数字阅读为主的发展趋势，移动化、快捷化和去中心化成为用户阅读的主要特征。新闻网站需要根据用户需求作出战略转型，改变以往传统纸媒以自我为中心、新闻网站为辅助的发展战略。以新闻网站为核心平台，逆向整合企业内部资源，从战略规划、组织结构、人力资源等方面进行整合，构建网络化和移动化的综合信息平台。

澎湃新闻就是利用新闻网站实现平台逆向整合的成功案例。2014 年 7 月澎湃新闻正式上线，致力于打造一个专注时政与思想的媒体开放平台，主打时政新闻与思想分析，生产并聚合中文互联网世界中优质的时政思想类内容。澎湃新闻进行互联网技术创新与新闻价值传承的结合，探索新闻追问功能与新闻追踪功能，以最便利的分享和清晰简洁的内容架构增强用户体验。澎湃新闻以东方早报的采编力量为基础，经过两年半的快速发展，截至 2016 年底，澎湃新闻客户端下载量已超 6000 万，移动端的日活跃用户达 500 万，培育了诸如中国政库、中南海、打虎记、人事风向、一号专案、舆论场、知识分子等比较有影响力的栏目，用户黏性和活跃度都很高，形成了包括网页、Wap、App 客户端等一系列的新媒体平台，成功跻身国内新闻客户端的第一阵营。

澎湃新闻在原创力、传播力、影响力等媒体核心指标方面都已经完全覆盖和超越了《东方早报》，从用户规模上澎湃新闻已具备了平台的基本条件，依托平台优势，以澎湃新闻为主体，逆向整合东方早报，把东方早报的采编队伍、经营团队、媒体功能和职责等进行了全方位的整合，完全取代了东方早报的新闻报道和舆论引导功能，完全改变了东方早报传统广告业务持续下跌的现状并实现"华丽转身"，利用互联网平台成为华语世界里最重要的原创新闻内容供应商，乃至成为通讯社。2017 年 1 月 1 日起纸质版《东方早报》的休刊，吹响了澎湃新闻逆向整合传统纸媒的号角，标志着新闻网站自身地位的蜕变、变革与创新的开始。

（一）平台内容整合

以澎湃新闻为主体，主导东方早报的内容整合。首先，将东方早报的新闻内容完全导入澎湃新闻的各个新闻板块；其次，保留原有的知名品牌栏目和专刊，根据内容差异整合到澎湃新闻的不同栏目中。

（1）《上海书评》周刊的内容将呈现在澎湃新闻的"翻书党""思想市场""私家历史"等栏目中，以延续原有的品牌，在澎湃和亚马逊等第三方平台上提供"上海书评"电子周刊供付费下载，并以适当的周期结集出版纸质书。

（2）《上海经济评论》整合在澎湃新闻"澎湃研究所"和"请讲"等栏目。

（3）《艺术评论》整合在澎湃新闻"艺术观"等栏目，在此基础上，原采编团队筹划打造一个全新的"博物馆"移动客户端。

（4）《私家地理》整合在澎湃新闻现有的"私家地理"栏目。

（5）《身体周刊》整合在澎湃新闻现有的"身体"栏目。

（6）澎湃新闻上线澎湃新闻视频和澎湃新闻英文项目 Sixth Tone（第六声）。

　　在整合东方早报内容及栏目的基础上，澎湃新闻的内容遵循四个原则：通俗但不庸俗，懂批评也懂建设，听民意但不迎合，谈问题也谈主义。澎湃新闻尝试在信息繁复和过剩的时代为用户提供真正有价值的信息与见解，促进民智的成熟与社会的发展。澎湃新闻以深度报道见长，通过新闻创新，使 UGC 内容转化为新闻源，在每一条新闻后都设置了两个按钮："评论"和"问答"。"评论"可以了解内容触达用户后的真实反馈情况，而"问答"则需要用户进行深入思考，对关键人、关键细节发起理性提问，把 UGC 的贡献内容转化为新闻源。用户也可以利用"跟踪"按钮持续关注某一条内容，系统会把新闻的最新进展推送给用户。澎湃新闻形成了以时政报道为主、重视思想争鸣、文风通俗个性和开放内容平台为主要特色的新闻网站。

　　（二）平台资本运作

　　2016 年 12 月 28 日，六家国有独资或全资企业战略入股澎湃新闻，增资总额为 6.1 亿元。这次通过以股权为纽带的方式，按照市场化运作机制引入的六家战略投资人与澎湃新闻网具有产业链或价值链关联，能与澎湃新闻网形成协同效应，在资源、技术、管理、市场等方面帮助澎湃新闻网突破发展瓶颈，提升澎湃新闻网的核心竞争力和资源配置能力，实现澎湃新闻向用户规模过亿、日活跃用户过千万的平台级产品进发，致力于打造全国领先的新型互联网主流媒体。

　　澎湃新闻引进全国资的战略投资者可以从体制机制和资本上充分保障党管媒体原则的落实，利用自身的传播力和影响力，面向全国传递好正能量和主旋律，确保网络信息时代意识形态建设的安全，增强主流意识形态对网络文化的控制力和引导力，从而牢牢掌控网上舆论的主导权。

　　澎湃新闻也将同步实施与引入战略投资者并重的"团队激励"，按照采编、技术及经营三大类岗位，制定不同绩效考核标准，建立多元化的长期激励体系，激励核心员工，提升员工的归属感，改变传统媒体人员僵化的弊端。

　　二　新闻网站的平台化扩张之路

　　平台经济的发展规律决定了新闻网站必须打造千万级用户以上的平台级产品或服务，才能够满足平台运营的基本要求，实现从传统媒体的有限选择到平台企业无限扩张的蜕变，吸引众多第三方共同参与构建新闻网站的平台生态圈。

新闻网站平台化扩张的前提是拥有千万级用户以上的平台级产品或服务。就目前而言，人民网、新华网和澎湃新闻网处于第一梯队，且拥有千万级用户的平台级产品，将进行真正的平台化扩张并构建平台生态圈，实现赢家通吃的局面。未来在中国将形成3—5家全国性的平台级新闻网站，而以浙江在线为首的省级新闻网站将和全国近2000家新闻网站一起，探索与第三方平台的战略合作，通过加入第三方平台促进自身的发展，或者选择以区域性平台作为发展方向。浙江在线与腾讯联合打造大浙网，并在腾讯微博上展开合作，浙报传媒通过资本运作收购边锋浩方，进军游戏行业，都显示了区域媒体的平台化尝试与扩张。

新闻网站平台化扩张的主要路径有：以核心产品推动专业化平台扩张为综合服务类平台和以用户体验推动社区性平台扩张为生活服务类平台。新闻网站的核心产品或服务是聚集平台用户构建专业化平台的基础，一旦新闻网站能够形成千万级用户的平台，则可以利用已有的用户资源进行平台裂变和实施多平台策略，不断扩大平台规模和丰富平台产品及服务，最终形成自循环的平台生态闭环，建立为平台用户提供优良服务的综合服务类平台。新闻网站的用户消费特征决定了信息产品的区域性特征，新闻网站必须基于用户体验为本地用户提供针对性、本土化的生活服务，大量地方性的新闻网站可以作为社区性平台加入第一梯队的新闻网站成为其地方站点，这样既可以利用大平台的入口和流量优势，吸引来更多的优质用户，又可以为地方用户提供高品质的产品及服务，建立立足于地方的生活服务类平台。

结　　语

在传统互联网和移动互联网时代，年轻一代的用户群体呈现出移动化、社交化与碎片化特征，正不断改变着昔日传统媒体的传播方式和生存形态。未来新闻网站将何去何从？当"互联网＋"一词首次出现在李克强总理的政府工作报告中，就意味着国家层面对"互联网＋"战略的认可与推动。"互联网＋"战略就是指包括传统行业在内的各行各业利用互联网平台、信息通信技术和互联网结合起来，在新的领域创造出一种新的平台生态系统。"互联网＋"对于新闻网站而言，不是颠覆，而是换代升级，重新审视新闻网站在信息技术时代组织结构和运营模式的重构与再造。

在"互联网＋"战略渗透各个行业的时代，新闻网站需要对社会资源重新架构和重新组织，通过优势资源，构建平台生态圈，实现平台资源的对接、匹配、发现、发掘和整合，形成经济的、政治的、文化的以及社会资源的重新连接和配置。新闻网站如何融入互联网，实现平台化转型战略，并构建新商业模式是本书立意所在。

当新闻网站成为网络舆论引导的公信力平台时，其产业属性也就越发明显与重要。新闻网站产业属性的彰显与其市场化程度有着必然的联系，如果新闻网站在市场上处于明显的弱势地位，这只能说明新闻网站的影响力也处于劣势，市场上的弱势化必然会导致政治上的边缘化。所以新闻网站就需要在市场上获得成功，只有搭建一个聚合海量用户的应用平台，才能真正提升影响力。

未来的新闻网站是以内容平台为核心，以网络为介质的一种配置社会资源与商业资源及一切社会生活的平台生态系统，聚合能够满足用户需求的海量的非内容产品/服务，而非内容产品的价值创造又远比内容带来的市场价值大得多。

对于未来新闻网站发展的趋势与路径的展望，主要存在两种路径：第一，以人民网与新华网为代表的全国性新闻网站将通过转换机制与资本的市场化运营来整合全国的新闻资源，形成综合信息服务平台；第二，以浙江在线为代表的地方重点新闻网站将基于区域特征，打造区域性生活服务类信息服务平台。这两类平台成功的关键在于新闻网站能够提供满足用户体验的产品/服务和聚合海量的用户群体来提升平台的容量与体量。

本书从平台经济学视角来研究新闻网站的转型与新商业模式的探索，希望有更多的学者能够关注新闻网站的转型与发展，共同探寻未来新闻网站的发展之路。

参考文献

一　中文专著

［1］蔡雯：《媒体融合与融合新闻》，人民出版社 2012 年版。

［2］陈刚、李丛杉：《关键时刻战略：激活大数据营销》，中信出版社 2013 年版。

［3］陈国权：《新媒体拯救报业》，广东南方日报出版社 2012 年版。

［4］陈宏民、胥莉：《双边市场：企业竞争环境的新视角》，上海人民出版社 2007 年版。

［5］陈威如、余卓轩：《平台战略——正在席卷全球的商业模式革命》，中信出版社 2013 年版。

［6］董璐：《媒体营销：数字时代的传媒动力学》，北京大学出版社 2009 年版。

［7］范东升等：《拯救报纸》，广东南方日报出版社 2011 年版。

［8］谷虹：《信息平台论：三网融合背景下信息平台的构建、运营、竞争与规制研究》，清华大学出版社 2012 年版。

［9］官建文主编：《移动互联网蓝皮书：中国移动互联网发展报告（2012）》，社会科学文献出版社 2012 年版。

［10］贺宏朝：《平台：培育未来竞争力的必然选择》，机械工业出版社 2005 年版。

［11］季成、徐福缘：《平台企业管理：打造最具魅力的企业》，上海交通大学出版社 2014 年版。

［12］姜进章：《新媒体管理》，上海交通大学出版社 2012 年版。

［13］刘凤良、周业安主编：《中级微观经济学》，中国人民大学出版社 2012 年版。

［14］刘年辉：《中国报业集团核心竞争力：创新策略与提升路径》，中国传媒大学出版社 2012 年版。

［15］刘琦琳：《免费经济：中国新经济的未来》，商务印书馆 2011 年版。

［16］刘琴：《数字化背景下报纸内容生产及其管理研究》，光明日报出版社 2010 年版。

［17］龙锦：《日本新媒体产业》，中国国际广播出版社 2012 年版。

［18］卢辉：《数据挖掘与数据化运营实战：思路、方法、技巧与应用》，机械工业出版社 2013 年版。

［19］陆小华：《新媒体观——信息化生存时代的思维方式》，清华大学出版社 2008 年版。

［20］麦尚文：《全媒体融合模式研究——中国报业转型的理论逻辑与现实选择》，中国人民大学出版社 2012 年版。

［21］冉华、张金海、程明、李小曼：《报业数字化生存与转型研究——基于产业发展的视角》，武汉大学出版社 2010 年版。

［22］沈拓：《不一样的平台：移动互联网时代的商业模式创新》，人民邮电出版社 2012 年版。

［23］唐绪军主编：《新媒体蓝皮书：中国新媒体发展报告 No. 4 （2013）》，社会科学文献出版社 2013 年版。

［24］田秋生：《市场化生存的党报新闻生产——〈广州日报〉个案研究》，中国广播电视出版社 2010 年版。

［25］涂子沛：《大数据：正在到来的数据革命，以及它如何改变政府、商业与我们的生活》，广西师范大学出版社 2013 年版。

［26］王旸：《平台战争》，中国纺织出版社 2013 年版。

［27］王正鹏：《报纸突围——数字时代传统媒体变身记》，中山大学出版社 2010 年版。

［28］吴小坤、吴信训：《美国新媒体产业》（修订版），中国国际广播出版社 2012 年版。

［29］武汉大学媒体发展研究中心：《中国媒体发展研究报告（2013 年·媒体卷）》，武汉大学出版社 2014 年版。

［30］武帅编著：《免费：最好的商业模式》，化学工业出版社 2010 年版。

［31］徐晋编著：《平台产业经典案例与解析》，上海交通大学出版社 2012 年版。

［32］徐晋：《大数据经济学》，上海交通大学出版社 2014 年版。

［33］徐晋：《大数据平台：组织架构与商业模式》，上海交通大学出版社

2014 年版。

[34] 徐晋：《平台经济学——平台竞争的理论与实践》，上海交通大学出版社 2007 年版。

[35] 徐晋：《平台竞争战略》，上海交通大学出版社 2013 年版。

[36] 许颖：《媒介融合的轨迹》，中国人民大学出版社 2011 年版。

[37] 闫蓉编著：《神一样的产品经理：基于移动与互联网产品实践》，电子工业出版社 2012 年版。

[38] 严威：《媒体转型》，中国广播电视出版社 2014 年版。

[39] 杨步国、张金海：《整合：集团化背景下的报业广告经营》，武汉大学出版社 2005 年版。

[40] 姚宏宇、田溯宁：《云计算：大数据时代的系统工程》，电子工业出版社 2013 年版。

[41] 喻国明：《传媒变革力——传媒转型的行动路线图》，广东南方日报出版社 2009 年版。

[42] 张波：《O2O：移动互联网时代的商业革命》，机械工业出版社 2013 年版。

[43] 张春林：《报业广告经营模式的创新——从服务创新角度探究》，人民日报出版社 2010 年版。

[44] 张金海等：《中国广告产业发展与创新研究》，《中国媒体发展研究报告》，2007 年。

[45] 赵曙光：《媒介经济学》（第二版），清华大学出版社 2014 年版。

[46] 赵忠东、杨庆丰、曾勇、林侏编著：《"魔"式为王：赢在移动互联网时代》，电子工业出版社 2012 年版。

[47] 周志懿：《大传媒时代》，中国书籍出版社 2013 年版。

二　中文译著

[1] ［美］艾伯特·拉斯洛·巴拉巴西（Albert László Barabási）：《爆发：大数据时代预见未来的新思维》，马慧译，中国人民大学出版社 2012 年版。

[2] ［美］彼得·法德尔（Peter Fader）：《顾客中心化》，邓峰译，中信出版社 2013 年版。

[3] ［美］菲利普·科特勒（Philip Kotler）、［印度尼西亚］何麻温·卡

塔加雅（Hermawan Kartajaya）、伊万·塞蒂亚万（Iwan Setiawan）：《营销革命 3.0：从产品到顾客，再到人文精神》，毕崇毅译，机械工业出版社 2011 年版。

［4］［美］哈尔·瓦里安（Hal R. Varian）：《微观经济学》（第三版）第 24 章，财洪译，经济科学出版社 2002 年版。

［5］［美］加里·P. 施奈德（Gary P. Schneider）：《电子商务》（第 10 版），张俊梅、徐礼德译，机械工业出版社 2014 年版。

［6］［美］杰夫·豪（Jeff Howe）：《众包：群体力量驱动商业未来》，牛文静译，中信出版社 2011 年版。

［7］［美］杰伦·拉尼尔（Jaron Lanier）：《互联网冲击：互联网思维与我们的未来》，李龙泉、祝朝伟译，中信出版社 2014 年版。

［8］［美］杰西·詹姆斯·加勒特（Jesse James Garrett）：《用户体验要素：以用户为中心的产品设计》（第 2 版），范晓燕译，机械工业出版社 2011 年版。

［9］［美］克里斯·安德森（Chris Anderson）：《长尾理论》（第三版），乔江涛、石晓燕译，中信出版集团股份有限公司 2012 年版。

［10］［美］克里斯·安德森（Chris Anderson）：《免费：商业的未来》（第二版），蒋旭峰、冯斌、璩静译，中信出版社 2012 年版。

［11］［美］拉杰特·帕哈瑞亚（Rajat Paharia）：《忠诚度革命：用大数据、游戏化重构企业黏性》，张瀚文译，中国人民大学出版社 2014 年版。

［12］［美］李·奥登（Lee Odden）：《优化：高效的 SEO、社交媒体和内容整合营销实践及案例》，史鹏举译，电子工业出版社 2012 年版。

［13］［美］罗恩·沙（Rawn Shah）：《互联网思维：新商业模式与运营革命的行动指南》，钱峰译，中国人民大学出版社 2014 年版。

［14］［美］马克·克鲁贝克（Martin Klubeck）：《量化：大数据时代的企业管理》，吴海星译，人民邮电出版社 2013 年版。

［15］［美］马修·E. 梅（Matthew E. May）：《精简：大数据时代的商业制胜法则》，华驰航译，中信出版社 2013 年版。

［16］［美］迈克尔·哈耶特（Michael Hayet）：《平台：自媒体时代用影响力赢取惊人财富》，赵杰译，中央编译出版社 2013 年版。

［17］［美］麦德奇（Dimitri Maex）、保罗·B. 布朗（Paul B. Brown）：

《大数据营销：定位客户》，王维丹译，机械工业出版社 2013 年版。

[18] ［美］恰克·马丁（Chuck Martin）：《决战第三屏：移动互联网时代的商业与营销新规则》，唐兴通、张延臣、郑常青译，电子工业出版社 2012 年版。

[19] ［美］琼·玛格丽特（Joan Margaret）、南斯通（South Stone）：《什么是管理》，李州平译，电子工业出版社 2003 年版。

[20] ［美］塞拉（Cerra，A.）、伊斯特伍德（Easterwood，K.）、鲍尔（Power，J.）：《商业模式重构：大数据、移动化和全球化》，朱莹莹、廖晓虹、陈晓佳译，人民邮电出版社 2014 年版。

[21] ［美］文卡特·托马斯瓦米（Vincart Thomas WAMI）、弗朗西斯·高哈特（Francis Gauhart）：《众包 2：群体创造的力量》，王虎译，中信出版社 2011 年版。

[22] ［德］比约·布劳卿（Bjorn Bloching）、拉斯·拉克（Lars Luck）、托马斯·拉姆什（Thomas Ramge）：《大数据变革：让客户数据驱动利润奔跑》，沈浩译，机械工业出版社 2014 年版。

[23] ［韩］罗俊皓：《免费经济学》，金香兰译，中国铁道出版社 2012 年版。

[24] ［韩］咸由根、蔡乘秉：《掘金大数据》，朱小兰译，北京时代华文书局有限公司 2013 年版。

[25] ［韩］赵镛浩：《平台战争——移动互联时代企业的终极 PK》，吴苏梦译，北京大学出版社 2012 年版。

[26] ［日］城田真琴：《大数据的冲击》，周自恒译，人民邮电出版社 2013 年版。

[27] ［日］角川历彦：《云端时代：掌握市场脉动的酷革命》，陈美瑛译，湖南科学技术出版社 2013 年版。

[28] ［英］阿瑟·塞西尔·庇古（Pigou A. C.）：《福利经济学》，金镝译，华夏出版社 2013 年版。

[29] ［英］保罗·斯盖尔敦（Paul Skeldon）：《移动就是一切》，李亮译，江苏文艺出版社 2013 年版。

[30] ［英］保罗·斯普林格、梅尔·卡森：《数字化先锋：广告、营销、搜索和社交媒体领导者的成功案例》，徐梦蔚译，机械工业出版社 2014 年版。

［31］［英］基思·威利茨（Keith Willetts）：《数字经济大趋势：正在到来的商业机遇》，徐俊杰、裴文斌译，人民邮电出版社 2013 年版。

［32］［英］勒伯夫（Grant Leboff）：《粘性营销——新时代的营销圣经》，派力译，中国商业出版社 2011 年版。

［33］［英］维克托·迈尔 – 舍恩伯格（Viktor Mayer – Schönberger）、肯尼思·库克耶（Kenneth Cukier）：《大数据时代：生活、工作与思维的大变革》，盛杨燕、周涛译，浙江人民出版社 2013 年版。

［34］［英］维克托·迈尔 – 舍恩伯格（Viktor Mayer – Schönberger）：《删除：大数据取舍之道》，袁杰译，浙江人民出版社 2013 年版。

［35］［比］基恩·希瑞克斯、［美］加雷思·D. 迈尔斯：《公共经济学》，张晏等译，格致出版社、上海人民出版社、上海三联书店 2011 年版。

［36］［加］唐·泰普斯科特（Don Tapscott）、［英］安东尼·D. 威廉姆斯（Anthony D. Williams）：《宏观维基经济学：重启商业和世界》，胡泳、李小玉译，中国青年出版社 2012 年版。

［37］［丹］赫特·H. N. 劳尔森（Gert H. N. Laursen）：《精确营销方法与案例：大数据时代的商业分析》，漆晨曦、林清怡译，人民邮电出版社 2013 年版。

［38］［丹］克劳斯·布鲁恩·延森（Klaus Bruhn Jensen）：《媒介融合：网络传播、大众传播和人际传播的三重维度》，刘君译，复旦大学出版社 2012 年版。

三　英文文献

［1］Anderson，S. P.，S. Coate，"Market Provision of Broadcasting：A Welfare Analysis"，Working Paper，University of Virginia，2003.

［2］Armstrong M，Wright J，*Two – Sided Markets with Multihoming and Exclusive Dealing*，IDEI，2004.

［3］Bolt，W.，A. F. Tieman，"Heavily Skewed Pricing in Two – Sided Markets"，*International Journal of Industrial Organization*，2008，26（5），pp. 1250 – 1255.

［4］Caillaud B，B Jullien，"Chicken & Egg：Competition Among Irrterniediation Service Providers"，*RAND Journal of Economics*，2003，（34）：

309 - 328.

[5] Clark Gilbert, Matthew Eyring, and Richard N. Foster, "Two Routes to Resilience: Rebuild Your Core While You Reinvent Your Business Model", *Harvard Business Review*, December 2012, pp. 67 - 73.

[6] David S. Evans, *Platform Economics: Essays on Multi - Sided Businesses*, Createspace, 2011.

[7] Evans S D, R Schmalensee, "The Industrial Organizaiton of Markets with Two - Sided Platforms", NBER Working Paper, 2005.

[8] Gabszewicz, J. J., X. Y. Wauthy, *Two - Sided Markets and Price Competition with Multi - Homing*, CORE, 2004.

[9] Jean - Charles Rochet, Jean Tirole, "Defining Two - sided Markets", IDEI University of Toulouse Working Paper, 2004.

[10] Katsamakas, E., Y. Bakos, *Design and Ownership of Two - Sided Networks: Implications for Internet Intermediaries*, Citeseer, 2004.

[11] Kenneth C. Laudon and Carol Guercio Traver, *E - commerce: Business, Technology and Society.* Second Edition, New York: Addison - Wesley, August 2003, pp. 67 - 87.

[12] Mark Armstrong, "Competition in Two - Sided Markets", *The RAND Journal of Economics*, 2006, 37 (7): 668 - 691.

[13] Michael Rappa, *Business Models on the Web. Managing the Digital Enterprise*, May 2003. Michael Rappa. The Utility Business Model and the Future of Computing Services, *IBM Systems Journal*, March 01, 2004.

[14] Peter Weil and Michael G. Vitale, *Place to Space: Migrating to E - Business Models*, Harvard Business Press, 2001, 21.

[15] Reisinger, M, "Three Essays on Oligopoly: Product Bundliing, Two - sided Markets and Vertical Product Differentiation", *Dissertation*, Department of Economics*, University of Munich, 2004, pp. 108 - 121.

[16] Richard Wurff, Edmund Lauf (2005), *Print And Online Newspapers in Europe: A Comparative Analysis in 16 Countries.* Het Spinhuis, Retrieved 10 June 2013.

[17] Rochet, J., J. Tirole, "Two - Sided Markets: A Progress Report", *The RAND Journal of Economics*, 2006, 37 (3), pp. 645 - 667.

[18] Roson R, *Platform Completition with Endogenous Multihoming*, IDEI, 2005.

[19] Thomas Eisenmann, Geoffrey Parker, Marshall Van Alstyne, "Platform Envelopment", *Strategic Management Journal*, 2011, 32 (12), pp. 1270 – 1285.

[20] Yannis Bakos, "Evangelos Katsamakas, Design and Ownership of Two – Sided Networks: Implications for internet Platforms", *Journal of Management Information Systems*, 2008, 25 (2), pp. 171 – 202.

后　记

　　这本书稿是我在"媒介经营与管理"的学习过程中，与老师、同学和朋友不断地交流和碰撞中诞生的主题，通过一点点的积累素材和探索发现，借鉴平台经济学的理论来研究中国传媒发展中遇到的困境，希望通过学科交叉与融合探索传统媒介新的发展路径与经营之道。这对我来说，既是一种非常独特的探索和体验之旅，也是对自己传媒理论体系的一次总结与升华。

　　当我在撰写这些话语时，中国的互联网巨头已经用实践证明了平台经济的影响力和巨大的市场价值，也希望传媒业能够借鉴平台经济的理论并付诸实践探索传统媒体平台化转型的发展之路。

　　在漫长的写作过程中，我们家多了一个天使般的小精灵，是女儿给了我继续写作的动力和勇气，让我度过那段艰难的日子。她就如冬日的那一缕阳光，给了我希望和对未来的期待。我更需要衷心感谢我的妻子陈叶琳女士，这么多年以来，她一个人挑起了照顾家庭和孩子的重任，任劳任怨。这部书稿能够问世完全得益于她的鼎力相助和默默奉献，她为我无私地分担了太多家务，我一生中最幸运的事就是遇到了她。

　　感谢我的父母与给我启蒙的叔叔和婶婶，他们一直在背后默默地支持着我，无论我的选择是对或错，他们都坚定地站在我的身后望着我、支持我。

　　感谢我的老师张金海教授和冉华教授在求学期间给予的学术指导，帮助建构媒介经营与管理专业的理论框架和培养严谨治学的学术态度，就像耸立在海岸的灯塔，一直指引着我的前行方向。

　　感谢田文女士不厌其烦对书稿的多次修改和帮助，也留下了这段文字，为书稿画上一个圆满的句号。

　　最后，感谢所有直接或间接对本书的完成给予帮助的人！

门书均

2021 年 5 月 10 日